咨询顾问说内控

田 伟 著

中国财经出版传媒集团
中国财政经济出版社

图书在版编目（CIP）数据

咨询顾问说内控/田伟著．—北京：中国财政经济出版社，2016.10
ISBN 978-7-5095-6942-9

Ⅰ．①咨… Ⅱ．①田… Ⅲ．①企业内部管理-研究-中国 Ⅳ．①F279.23

中国版本图书馆CIP数据核字（2016）第207837号

责任编辑：卢关平　　责任校对：刘　靖
封面设计：孙俪铭　　版式设计：董生平

中国财政经济出版社 出版

URL：http：//www.cfeph.cn
E-mail：cfeph@cfeph.cn

社址：北京市海淀区阜成路甲28号　邮政编码：100142
营销中心电话：88190406　北京财经书店电话：64033436　84041336
北京财经印刷厂印刷　各地新华书店经销
787×960毫米　16开　14.75印张　237 000字
2016年11月第1版　2016年11月北京第1次印刷
定价：30.00元
ISBN 978-7-5095-6942-9/F·5564
（图书出现印装问题，本社负责调换）
本社质量投诉电话：010-88190744
打击盗版举报热线：010-88190492，QQ：634579818

序言

天职国际以审计业务为基础，发展到现如今已然成为国内领先的综合咨询机构，能够实现这种跨越的关键就在于天职国际不断对新业务的开拓和对人才的包容性发展。今天这本《咨询顾问说内控》的推出，也是天职国际这种发展模式的一种成果体现。

天职国际从2006年开始成立了专门的管理咨询部门，成立之初便有幸承接了中石油、中国移动等这样的中央企业的内控服务项目，而随着2008年的企业内控基本规范，以及稍后相关配套指引的推出，中国的很多企业都开始开展内控体系建设。但这一过程却也并非一帆风顺，回头看看，没有什么企业的内部管理提升行为会有如此多的企业聘请咨询机构来协助完成的，其个中缘由则主要是因为虽然有了一些外部规范文件，但是对于大多数从未接触过内控的企业来讲，如何将一些指导性的规范文件落实到企业的业务实际中去，这其中还是存在着不少的困难。而咨询顾问在这一轮企业内控建设中就主动承担起了实现理论与实践衔接的桥梁作用，天职国际的咨询业务也因此获得了快速的发展。也正是在这种项目历练中，天职国际也在不断地进行总结和研究，以求能够更好地解决企业所面临的内控问题，也因此培养了一支熟知内控理论和企业实践的独立咨询团队，这也算是天职国际对人才包容性发展的直接体现。

《咨询顾问说内控》从一名管理咨询顾问的视角对当前的企业内控理论与实践进行了全方位的分析解读，可以算作是天职国际集体智慧的结晶。通读书稿会发现：这是一本从咨询顾问视角对内控进行360度解读的咨询操作教材，不仅视角独特，而且就所分析的内容来看不仅包括了通常所谈及的一些内控基本内容，而且还谈及了几组常见的内控相关关系这样企业经常会碰到的疑惑，而即便是内控的内容也并不是完全的照搬，而是体现了作者的独特视角及其观点。

这是一本最接地气的企业内控人员的工作指南，这本书的目标读者群体可以明显地体现出是企业内控相关岗位和内控咨询顾问这两个群体，几乎完整解答了天职国际在给客户提供服务过程中客户的所有重要疑问，企业内控相关岗位完全可以把本书作为内控工作操作指南。

这是一本源于内控咨询项目实践但又不是案例汇编的案例库，之所以如此说是因为书稿中并未完整地去分析某一个案例，甚至都没有刻意地去揭示读者哪些是案例，但是通读书稿后就会发现书中的所有内容却又都是来源于一个个活生生的案例的，很多的问题就是企业当前所正遇到的问题，而作者都从自己的案例中总结出了答案。

这是一本体现咨询顾问项目实践过程中思考方式与结论的总结，本书不仅服务于企业内控相关岗位，而且对于目前正在从事内控咨询工作，或者有志于从事内控咨询工作的新人都有很好的帮助。透过本书，可以更为清晰地了解咨询顾问这一特殊的角色对内控的思考方式及其结论，对咨询顾问的工作有着很强的现实意义。

这是一本饱含咨询顾问社会责任担当和内控实践人情怀的抒情之作，本书不仅单独用了第八章来表达咨询顾问的这种情怀，而且全书中透露着一名咨询顾问对于企业内控建设、评价及其运行的深度思考。如果不是发自内心的这种服务意识和社会担当，是不可能总结出这样的一些观点和工作建议的。

相信本书的出版将有助于推动企业内控体系的建设和完善，

为企业内控相关岗位和内控咨询顾问的工作带来便利，并将推动中国内控理论的进一步发展。

天职国际会计师事务所（特殊普通合伙）
总 经 理 谭宪才

目录

第一章 内控在中国的十年

章节导读

虽然内控这一概念目前在企业已经变得耳熟能详了，但是只要稍微回头看看就会发现，如果不做学究派的追根溯源式研究，现代内控观念在中国真正的发展充其量也就十余年而已。

了解过去十年间内控在中国的基本形成与发展过程对理解内控大有裨益。笔者认为，作为舶来品的内控在中国过去的十年中主要经历了三个发展阶段：第一阶段是部分在境外上市的企业为了满足上市地的披露要求，首先开始接触内控并将内控这一框架正式引入中国；第二阶段是国家层面开始重视内控，并在上市公司大力推行内控体系，这一阶段最为显著的特征就是内控手册大行其道；第三阶段是更多的企业从提升自身管理水平的目的出发开始重视内控，这个时候的内控已经不完全是为了满足监管要求，而更希望通过内控提高内部管理的效率和效果，目前已经有少部分企业开始了这一阶段的内控。本章将按照这三个阶段的发展顺序介绍每一阶段的基本情况。

第一节 第一阶段：满足境外上市披露要求

所谓满足境外上市企业披露要求，可能首先需要弄清楚的一个问题就是境外企业的披露要求究竟是什么。其实，中国有许多企业在境外上市的，美国、中国香港可能是听起来最多的地方，但除此之外，还有新加坡、英国等地也有中国企业上市。因此，通常所讲的境外上市企业披露要求实际上是一个泛称，并不能直接表示是哪一项具体要求，而要说清楚具体要求，则必须明确到具体的上市地。在所有不同的上市地中，美国是第一个对内控披露提出实质性要求的国家，同时从法理层级上看其要求也是最高的，起始时间也是最早的国家。因此，如果不做内控发展历程的专题研究，那么，清楚美国的要求对于理解基础性的内控发展脉络已经足够了。

一、SOX 法案及其要求

在美国上市的中国企业需要满足的直接法规要求就是 SOX 法案，该法案全称是《萨班斯—奥克斯利法案 2012》（Sarbanes-Oxley Act of 2012）。该法案在 2012 年 7 月 30 日由小布什总统公开签字颁布而成为美国的正式法律。SOX 法案所包括的内容非常广泛，被称为是继美国 1934 年《证券法》之后的最为重要的一部法律，或者说是《证券法》的重要补充，其内容包括创建美国上市公司会计监督委员会（Public Company Accounting Oversight Board，PCAOB）、审计师的独立性要求、公司的责任、财务信息披露以及公司舞弊的刑事责任、白领刑事责任、公司欺诈责任等众多章节和条款，对在美国上市的所有上市公司的信息披露质量与责任进行了系统性的规范要求。但是，通常与内控联系起来的核心条款则主要是 302 和 404 两大条款，这两大条款的内容分别是：

302 条：公司对财务报告的责任

➡ 在本法案生效后 30 天内，证券交易委员会应当要求所有上市公司按 1934 年《证券法》13（a）段和 15（d）段呈报定期报告，主要执行官（们）、首席财务官（们），或履行相似职务的人员，在依上述法案各段的要求呈报的每一份年度或季度报告时应证实：

➡ 签字的官员已经复核了该报告；

➡ 据该官员所知，报告中不存在对重要事项的任何不真实陈述，或遗漏了对必要的重要事项的陈述，从而保证该陈述不会误导读者；

➡ 据该官员所知，报告中包括的财务报表和其他财务信息，在所有重要方面公允地反映了上市公司在报告期内的财务状况和经营成果；

➡ 签署的官员：（A）负责建立和维护内部控制；（B）设计了这些内

部控制，以保证这些官员了解了与上市公司及其合并报告的下属机构有关的重要信息，尤其是那些在定期报告期内的信息；（C）在报告发布前90天内评价了上市公司的内部控制系统的有效性；（D）在报告中陈述了对上市公司内部控制系统的有效性的评价结论；

➡ 签署官员们向上市公司审计师和董事会的审计委员会（或履行相同职能的人员）披露了：（A）内部控制的设计和运作中的所有重大缺陷，这些缺陷可能影响上市公司记录、处理、总结和报告财务数据的能力，并且已经为审计师指明了所有重要的内部控制弱点；（B）涉及上市公司管理层或其他在内部控制系统中具有重大作用的人员的任何欺诈行为，无论该欺诈行为严重与否；

➡ 签署官员们已在报告中指明，在内部控制评估结束之后，内部控制系统或其他对内部控制具有重大影响的因素是否发生了重大变化，包括对重大缺陷或重要弱点进行的任何改正。

404条：管理层对内部控制的评价

➡ 要求证券交易委员会制订规则，规定按照1934年《证券法》第13（a）或15（d）段的规定呈报的每一份年度报告，必须包括一份内部控制报告，它应当：（1）写明公司管理层建立和维护一套充分的内部控制结构和程序的责任；（2）包括一份上市公司最近财政年度末的，对财务报告的内部控制结构和程序的有效性的评价。

➡ 关于本段要求的对内部控制的评价，每一个为上市公司编制和发表审计报告的备案登记的注册会计师事务所，应当对管理层提供的评价，进行审核和报告。该审核应当依据监管委员会颁布或采用的审核业务标准。这种审核不应当作为一项割裂的业务。

上述法案生效后，要求市值超过7500万美元的美国公司自2014年11月15日及之后各财政年度均需要披露管理层报告，即通常说的内控自评报告；审计师也需要在同一时间开始披露鉴证报告。但是对于在美国上市非美国的公众公司则做出了特别安排，几经推迟，最后要求市值超过7500万美元的非美国上市公司自2006年7月15日及之后的各财政年度开始披露管理层报告和审计师鉴证报告，也就是对非美国公司提供了一个缓冲期。而对于中国公司而言，真正被要求披露内控评价报告的时间节点就是2006年7月15日。除了时间之外，无论是美国公司，还是非美国公司在披露的内容要求上则是完全一样的。

也正是在这一时间，部分在美国上市的中国公司，如在美国纽约证券交易所上市的中国人寿、东方航空、中国石化、中国石油、中国联通、中国电信等企业，第一次被要求披露内控评价报告。为了满足这一披露要求，这部分企业，以及另外一部分美国公众公司在中国的分支结构开始系统性地进行内控体系的建设与评价工作，这也意味着内控开始以体系的形式被引入到中国。这也是为什么可以说内控到中国真正的发展只有十年的原因。

二、SOX 法案与 COSO 内控框架

大致了解 SOX 法案之后可能第二个需要重点了解的就是 COSO 委员会的内控框架了。现如今凡是提及内控的无不提到 COSO 内控框架，甚至对大多数人来讲，COSO 的内控框架比 SOX 法案更熟悉。那么为什么这一内控框架如此盛行呢，它又是如何与 SOX 法案牵扯到一起的呢？

首先说说 COSO 委员会，而要说 COSO 委员会，首先必须了解美国全国反虚假财务报告委员会，这个委员会由美国注册会计师协会、美国会计协会、财务经理人协会、内部审计师协会、管理会计师协会联合于 1985 年创建，旨在探讨财务报告中的舞弊产生的原因，并寻找解决之道。1987 年，该委员会成立了一个下属机构委员会，即我们常说的 COSO 委员会，按照中国的一般层级概念，COSO 委员会相当于美国全国反虚假财务报告委员会的一个专业委员会，这一专业委员会的专注领域就是内部控制。COSO 委员会在 1992 年发表了第一份正式的研究成果叫做《内部控制——整体框架》（Internal Control-Integrated Framework）的报告，在这一报告中第一次明确提出了内控的三大目标、五大要素等内容。这一报告中所提出的这些基本内容也就构成了所谓的 92 版 COSO 内控框架了。

那么 COSO 的这一框架是如何成为一个公认的标准的呢，这就要感谢我们前面提及的 SOX 法案了，正如前文所说，SOX 法案要求美国公众公司披露内控有关的报告。但是 SOX 法案中仅规定了应该披露的内容和程序，对于报告应该写成什么样子，这些内容以一种什么样的形式披露出来，SOX 法案并没有对这些细节问题进行规定。于是，2003 年 6 月 5 日，美国证券交易委员会（Securities and Exchange Commission，SEC）为了贯彻落实 SOX 法案中 302 和 404 条款的披露要求，编写了一套有关内控披露的最终规则，在这一最终规则中 SEC 明确认为 COSO 委员会提出的内部控制框架可以作为企业内部控制体系建立的标准，从而正式确立了 COSO 内控框架的官方地位。此外，美国上市公司会计监管委员会（PCAOB）在 2004 年 3 月 9 日，为了贯彻落实 SOX 法案的要求，也相应发布了

第二号审计准则，即内部控制审计准则（AS2），在这一准则中也明确审计师在对公众公司进行内部控制审计时也可以采用 COSO 内控框架作为审计的标准，并在 2007 年的第五号（AS5）中再一次确认了这一标准，由此从理论基础、政府监管机构到行业规范，均认可了 COSO 的内控框架，这也就进一步稳固了 COSO 内控框架在内控领域的地位，也使得 SOX 法案与 COSO 内控框架产生了天然的联系。

简单归纳一下就是，一个非营利组织，即 COSO 委员会，基于自身的行业研究发布了内控框架，这一框架本身仅仅代表 COSO 委员会的研究成果。但是在其发布 10 年之后，随着 SOX 法案的出台，要求上市公司开始披露内控信息，而为了贯彻这一法案的要求，SEC 和 PCAOB 从政府角度和行业角度都推崇采用 COSO 的这一框架作为内控建设、审计与披露的一般框架，从而正式将 SOX 法案与 COSO 内控框架结合到了一起。就好比在中国，财政部等部委发布了《企业内部控制基本规范》，而中国证监会则发布了内控评价报告的披露格式、中注协则发布了内控审计指南等。多方力量一起最终确立了 COSO 内控框架的历史地位。

需要补充一点的是，COSO 委员会继 1992 年发布《内部控制——整体框架》（以下简称 92 版内控框架），又在 2004 年发布了《全面风险管理——整合框架》，并在 2016 年发布了升级版。2013 年 COSO 委员会对 92 版内控框架进行了修订之后发布了 2013 版《内部控制——整体框架》。但这丝毫不能动摇 92 版内控框架的历史地位，而且就目前大多数企业来讲仍然采用的是 92 版内控框架。

根据新规定，所有在美上市的上市公司均需要从 2014 年底开始执行 2013 版内控框架，原版框架也将随之废止，但这与不在美国上市的企业来讲是一点关系都没有的。按照 COSO 主席 RobertHirth 先生的说明，新框架涉及 7 项较大改变，分别是：明确列示了用以支持内部控制五大要素的原则、明确了目标设定在内部控制中的作用、反映了科技发展对企业内控的影响、更深入地讨论了有关治理的理念、扩大了报告目标类别、加强了对反舞弊预期的考虑、更加关注非财务目标。但并未改变内控的基本框架。其列示了支持内部控制五大要求的原则，具体而言总共分为 17 条具体原则，这些原则分别是：

➡ 组织明确承诺将遵从职业操守及道德规范；

➡ 董事会相对于管理层保持独立性并对管理层建立/执行内控情况进行监督；

➡ 在董事会的监督下，管理层建立相应的组织结构、汇报路径、恰当的授权/职责体系，以实现组织目标；

➡ 组织致力于吸引、发展和保留具有职业胜任能力且与组织整体目标匹配的人才；

➡ 组织明确个人的内控职责，以实现组织目标；

➡ 组织制定清晰的目标，进而能够有效识别和评价威胁目标实现的风险；

➡ 组织在整个实体层面识别可能威胁组织目标实现的风险，以便判断如何对这些风险进行管理；

➡ 组织在评价威胁组织目标实现的风险时，考虑潜在的舞弊；

➡ 组织对可能对内控体系产生重大影响的变化事项进行识别与评价；

➡ 组织选择并且设置控制活动，以将威胁组织目标实现的风险降低到可接受的水平；

➡ 组织针对技术选择并且设置一般控制活动，以支持组织目标实现；

➡ 组织通过制定政策（以明确控制期望）和具体流程（以将控制期望转换为具体行为）来贯彻控制；

➡ 组织获取或者产生符合使用者需求的、高质量的信息，以支持内控体系发挥功能；

➡ 组织在内部沟通相关信息（包括控制目标、控制职责），以支持内控体系发挥功能；

➡ 组织与外部相关各方沟通可能对内控功能发挥产生影响的事项；

➡ 组织选择、设计和执行持续和单独的评价，以确认内控各关键要素存在且在持续发挥功；

➡ 组织对内部控制进行评价，并及时的将发现的内控缺陷报给负责执行纠正性措施的主体，这些主体包括高级管理层、董事会，具体视缺陷具体情况而定。

这些原则就可以作为企业开展内控建设的直接依据，也可以作为企业开展内控评价和外部审计师审计时的参考依据。换句话说，内控评价也好，内控审计也罢，如果都能完全满足上述17条原则的核心精神，那么就可以有足够的信心相信公司的内控是有效的。

三、COSO内控框架来到中国

虽然说内控必然会讲COSO内控框架，但是对于在国内上市的公司以及对于绝大多数还没有上市的中国企业来讲，COSO内控框架依然可能是离我们比较遥远的一个概念，充其量只能算作是一种理论渊源。大部分接触到的内控，准确地说是中国版的内控，已经不叫COSO内控框架了，而叫做内控基本规范了，即《企业内部控制基本规范》，这是COSO内控框架中国化后的内控框架版本。

就在在美国上市的中国企业即将被要求披露内控评价报告的2006年，经国务院批准，由财政部牵头发起，证监会、国资委共同参与于2006年7月15日在北京正式成立“企业内部控制标准委员会”，这算是中国官方在总体层面开始探索内控框架的起点。在借鉴COSO框架的基础上，两年之后的2008年5月22日财政部、证监会、审计署、银监会、保监会联合发布《企业内部控制基本规范》，并在发文通知中要求自2009年7月1日起在上市公司范围内施行，鼓励非上市的大中型企业执行。执行该规范的上市公司，应当对公司内部控制的有效性进行自我评价，披露年度自我评价报告，并可聘请具有证券、期货业务资格的会计师事务所对内部控制的有效性进行审计。至此，中国版内控框架算是正式落地，COSO内控框架也算是正式来到了中国，实现了这一舶来品的第一次正式靠岸，由此《企业内部控制基本规范》也经常性地被称之为中国版的SOX法案，可见内控这一概念舶来品之意味的浓烈。

为方便理解，这里还是需要对《企业内部控制基本规范》的内容进行一点简单介绍。基本规范共七章五十条，按照COSO内控基本框架中的五大内控要素依次划分为内部环境、风险评估、控制活动、信息与沟通、内部监督五大核心章节，外加第一章总则和第七章附则构成。这一规范虽然在很大程度上借鉴了COSO框架，但也还算有些小修小补，在一定程度上多少体现了一点中国特色，如基本规范第三条给出了内部控制的正式版定义为：“本规范所称内部控制，是由企业董事会、证监会、经理层和全体员工实施的、旨在实现控制目标的过程。内部控制的目标是合理保证企业经营管理合法合规、资产安全、财务报告及相关信息真实完整，提高经营效率和效果，促进企业实现发展战略。”相比较于COSO中的定义，这一定义中就增加了“资产安全、促进企业实现发展战略”这两个目标。黄京菁博士就对基本规范进行了总结，认为该规范：“开创性地建立了以企业为主体、以政府监管为促进、以中介机构审计为重要组成部分的内部控制实施机制。”但是对于不做专题研究的人来讲这都不重要了，重要的是我们了解到了《企业内部控制基本规范》的发布时间、总体要求。由于基本规范的中条款仍然是比较宽泛的，对实际的企业内控建设工作的指导意义依然还是有限的，所以对于大部分人而言，重要的不是去一条条记住基本规范的内容，而更重要的是要认真理解基本规范中各条款规定所要表达的实质性含义，要切实理解这些含义也只能把这些条款放到具体的企业内控建设中去才可能理解到位。因此，本书就不在此赘述具体的条款了，本书之后的具体内容实际上需要完成的工作就是通过最为通俗的语言，跳出基本规范的条条来告诉读者一个最为贴近企业实际需求的内控。

第二节　第二阶段：内控手册正当时

随着2008年财政部等五部委《企业内部控制基本规范》的发布，内控正式来到了中国并取得了一个官方身份。按照基本规范执行的时间点要求，尤其是上市公司开始了大规模的内控体系建设工作。如果一定要给这一阶段划定一个时间段的话，笔者认为应该是2009年到2013年的五年，之所以如此划分，是因为2009年7月1日，是《企业内部控制基本规范》的发布通知中明确的上市公司正式开始实施的时间点，而2013年，是财政部和中国证券监督管理委员会联合发布的《关于2012年主板上市公司分类分批实施企业内部控制规范体系的通知》（财办会〔2012〕30号）中明确的主板上市公司实施基本规范的最后时间。这一时期最大的特征就是内控手册大行其道。因此，本节我们将重点说说内控手册。

一、也说内控手册

要说清楚内控手册，首先需要说清楚内控手册是什么，是否必需、它包含哪些内容等基础性问题。

内控手册是什么？笔者查了不少资料也没找到内控手册的定义，但是最终还是在百度上找到了一个不知名的定义，贴出来共赏："内控手册是从内部控制的角度按通行的内控框架记录企业关键内部控制活动的一种体系文件。"而之所以贴出来是个人认为这个定义应该还算是比较贴近现实的，权且当作内控手册的定义吧。但实际上纠结于定义并无多大意义，真正重要的是我们需要知道内控手册的具体内容说得通俗一点，无非就是将公司有关内控的政策要求通过遴选，将其中重要的部分内容汇编成册从而成为传说中的内控手册。说到此，可能还有人听说过内控应用手册和内控评价手册，这又是怎么回事呢？其实也是一回事，有的单位会将内控的内容从性质上区分为两大部分，一部分是内控政策要求，汇编成的册子就叫内控应用手册；另一部分是有关内控评价测试的内容，汇编成的册子就叫做内控评价手册，因此本质上无论是叫内控手册还是叫内控应用手册，或者内控评价手册其实都是一样的，差别只是在具体内容上有些许差别，但都是企业内控政策的汇编。

内控手册是必需的吗？这可能是很多单位在最初接触内控时，或者在开展内控体系建设过程中存在的一个疑问。答案是否定的，虽然也有部分政策文件上有提及内控建设可以采用编制内控手册的形式，但是至今尚无任何要求说企业开展内控建设是必须编制内控手册的。因此，换句话说，进行内控体系建设也并不一定需要编制内控手册，除了内控手册，企业还可以采用编写制度、部署信息系统等方式来固化内控建设成果。

既然不是必须编制内控手册，那么这本包含公司内控政策的内控手册通常又采用什么形式，包含什么内容呢？内容与形式实际上是内在统一的，大部分的内控手册通常按照COSO内控五要素框架来组织，将企业对应于内控五要素的内容分门别类地放置到相应的章节中。具体形式上，有以下几种是不得不说说的：一是控制矩阵，控制矩阵实际上就是一个表格，通过在该表格中将业务流程或业务活动、流程目标、风险因素，以及为了实现目标防范风险而采取的控制措施建立对应关系，从而实现通过控制措施防范业务风险的目的，这也是内控的精髓所在。二是权限指引表，这主要是基于授权审批管理的重要性而单独设计出来的，主要是按照业务事项，详细罗列一个企业所有的权限体系，每一笔业务从发生到最终审批完毕需要经过哪些部门与岗位，各自拥有哪些权限通过查阅此表便一目了然。三是不相容职责分离表，这也是考虑不相容职责分类控制要求而设计的，主要是分析了所有业务活动的职责，然后将所有存在不相容关系的职责通过表格的形式列示出来，通过该表可以清楚地了解每项业务活动中的不相容职责，从而可以作为岗位职责分配的参考依据之一。四是内控流程图，虽然流程图并不是内控的核心内容，但是流程通常在内控建设过程中充当了纽带的作用，因此大部分手册也会将内控流程图纳入其中，采用形象化的方式将内控矩阵中的核心内容进行了二次表达。除了上述四种惯用形式之外，有的手册还包括流程目录、风险数据库、流程描述、制度清单、表单清单、考核指标等内容，完全根据企业自身的实际情况而定。

二、为什么是内控手册

简单介绍了内控手册后，可能不仅没能解除疑惑，反而会产生另一个更大的疑惑，那就是为什么是内控手册大行其道呢？既然并没有要求编制内控手册，但内控手册却为何如此盛行呢？笔者认为如下两个方面是主因：

1. 内控建设从上至下的推行模式的影响。中国的内控建设最初的原动力并不是来自于企业内部，而是来自于财政部等五部委发布的《企业内部控制基本规范》。这就从一开始确立了现阶段企业内控体系建设是以从上到下的模式为主导的。在这一模式下，结合中国的文化传统，企业开展内控建设的首要目标是合规，即满足基本规范的要求，而如何才能算是执行了基本规范的要求呢，那么弄一本内控手册吧，这本内控手册看得见摸得着，在其中针对基本规范的要求一条一条的逐一落实，这样企业也可以非常有底气的跟监管机构证实已经完全执行了基本规范的要求。在2010年财政部等部委联合发布了《企业内部控制应用指引》、《企业内部控制评价指引》等配套基本规范后，由于监管机构的规范内容得到进一步的细化和明确，基本涵盖了大部分企业主要业务流程，因此这也在一定程度上加速了内控手册的发展，因为配套指引为满足合规性要求而编制的内控手册提供了更多的素材，在满足外部规范要求的同时，也可以在一定程度上满足内部要求了，那么何乐而不为呢？

2. 咨询公司工作方式与成果的影响。这一阶段轰轰烈烈的内控建设也深深打上了咨询公司的烙印，凡是这一阶段进行集中性内控体系建设的企业，绝大部分都是在咨询公司的帮助下完成的。咨询公司虽然一方面带来了相对成熟的建设方法论与项目经验，但另一方面由于咨询公司所处的角色及其本身的盈利要求，也就决定了咨询公司模式有天然的短板，那就是咨询公司始终面临着时间、成本与质量的选择，为了在尽量控制时间与成本的同时提高质量，提升客户的满意度，咨询公司逐渐认识到出具一本内控手册是一种比较可取的方式，这种方式一方面可以完整的体现咨询公司的劳动成果，另一方面这种看得见的工作成果也更容易为客户所接受，具有时间短见效快的优点；从另外一个角度来讲，通过内控手册，咨询公司将客户应该从设计层面解决的问题采用文字方式已经明确的告知了客户，这样也可以在一定程度上澄清自身的责任范围，因为中国的大多数企业内控的真正问题并不在于设计，而是在于执行，但是对于客户的执行情况，咨询公司往往是心有余而力不足的。

除了上述两大主要原因之外，还有其他因素也导致了内控手册的盛行。第一，榜样的作用。内控框架体系是典型的舶来品，十年之前，听说过内控框架的中国企业微乎其微。由于第一批接触内控的中国企业在完善内控体系时均采用了内控手册这样的模式，如中石油、中石化等海外上市公司，这使得国内企业内控建设过程中也纷纷采用效仿的模式。第二，制度先天不足。除了部分大型国有企业外，对于大部分企业来讲，内部管理制度通常都是相对欠缺的，而内控手册采用体系化的文字方式，系统阐述企业内部的管理要求，在一定程度上可以替代制度，当然不能全部替代，这一点后文还会再说明，因此，内控手册填了制度的缺，这样的方式让企业认为一举两得，更乐于接受。第三，文化的影响。中国人的文化是“法不禁止即可为”的思维方式，所以对于企业内部管理而言，只要没有用制度、用程序文件固定下来的东西在执行上被打折扣那就是完全可以预料到的。企业管理层为了确保辛辛苦苦完成的内控建设成果能够落地贯彻执行，也希望采用类似于体系文件的形式来固化内控建设成果，这样更有利于督促执行。

第三节　第三阶段：向内控要效益

随着为了满足基础合规性要求的企业基本完成了阶段性的内控体系建设工作，内控建设也逐步从单纯的以满足外部合规为主转向了向内控要效益，即更加注重内控对改进内部管理、提升经营效率、实现服务经营目标的作用。这一阶段开始的时间可能无法具体到某一个时点，因为没有几家企业开展内控建设完全是为了满足外部监管要求，都或多或少有服务于内部管理的要求，只是在不同阶段的侧重点可能不同而已。但如果一定要给一个时间点的话，笔者认为2013年算是个起点吧，一方面这一年是合规要求的最后一个明确时间点，另一方面从这一年开始我们开始承接了更多的中小企业板、创业板和非上市公司的内控建设项目，对于这一类企业来讲，截至目前并无强制要求执行基本规范，但是它们愿意承担一定的成本来聘请咨询公司协助完成内控体系建设，可以说更多的成分已经不是满足监管要求了，而是来自真实的内在需求，即是希望通过内控建设能够给企业更多地带来一些实实在在的效益。

一、内控能出效益吗

说到此，可能马上就会有读者有这样的疑问了，内控能出效益吗？有这样的疑问完全是可以理解的，这是因为我国的内控建设从一开始就是从上往下推行的，所以对很多人来讲开展内控建设似乎只是满足监管要求，实际上这种想法是不妥当的。无论从理论层面，还是从实践层面来讲，我们都有理由相信内控完全是可以出效益的。

首先我们看看有关内控的基本定义。1992 版 COSO 内控框架中对内控的定义是："内部控制广义上可定义为一个受企业董事会、经理层和其他人员影响的，为达到下列目标提供合理的保证的程序：经营的效果和效率、财务报告的可靠性、法律法规的遵循性。"并进一步解释道："第一类目标指企业的基本经营目标，包括业绩、赢利指标和资源保护。"再来看看我国发布的内控基本规范中的定义："本规范所称内部控制，是由企业董事会、证监会、经理层和全体员工实施的、旨在实现控制目标的过程。内部控制的目标是合理保证企业经营管理合法合规、资产安全、财务报告及相关信息真实完整，提高经营效率和效果，促进企业实现发展战略。"从定义上来看，无论是 COSO 委员会的定义，还是中国化以后的内控定义，都在内控的服务目标中清楚的表达了内控为"经营的效果和效率"服务的宗旨，也就是说从内控的初衷来看，其本身是应该具备给企业创造价值这一功能的。

看定义可能太过于冠冕堂皇，那么是否相关的研究来证实内控对价值创造的意义呢？这类文献当然是有的，如林钟高、郑军和王书珍[①]在《内部控制与企业价值研究——来自沪深两市 A 股的经验分析》一文中，采用数理方式，以中国上市公司为样本通过研究认为：中国上市公司的内部控制的建立和完善确实对企业价值有高度显著的正向促进作用，并随着改革的深入和证券市场的规范化，呈现出逐年强化的趋势。如杨忠智[②]在

① 林钟高、郑军、王书珍：《内部控制与企业价值研究——来自沪深两市 A 股的经验分析》，《财经研究》2007 年 4 月。

② 杨忠智：《公司内部控制的价值分析》，《经济管理》2007 年第 18 期。

《公司内部控制的价值分析》中则分析了内控创造价值的过程与方法等。诸如此类的研究众多，但详细罗列这些研究成果并不是本书的主要目的，此处只是需要告诉读者从学者们的研究来看，内控是完全可以而且应该创造价值的。另外，笔者本人也在2011年撰写了《企业生命周期视角下内部控制价值导向分析》一文，说明内部控制的出发点本身就应该是可以创造价值的，并进一步认为内控的价值创造功能会随着企业的不同阶段而表现出不同的特点。该文参加了湖南省财政厅组织的“内控建设征文”比赛，并获得了三等奖，此后该文也同时获得了湖南省注协、省会计学会等单位的奖励，并公开发表于北京注册会计师协会期刊上。也从另一面让笔者更加坚信内控是可以创造价值的。

二、内控如何创造价值

如果说内控是可以创造价值的，那么最为关键的问题就在于内控是如何创造价值的？内控创造价值的过程机制是怎样的？笔者依据自身的工作经验认为，如果一家企业的内控体系完善并得到有效运行，至少可以通过如下几种途径来实现价值的创造，即为企业带来效益。

1. 规范出效益。规范化是很多企业叫了很多年的口号，但是跟企业的中高层聊企业规范化管理的必要性仍然总能引起他们足够的注意力，这算是自己的一点工作心得。之所以如此还是与大部分企业的内部管理不规范有关，国有企业层级观念强，搭便车思想严重，所有事情往往第一反应是报告领导，而不是规矩是什么；民营企业则更多地是老板的一言堂，即便是上市公司，大股东实际上仍然对公司经营决策有着绝对的话语权，这使得不规范成为不得不面对的现实。但是，几乎所有的管理层都绝对地同意企业应该规范化管理，这又是为什么呢？这一矛盾困扰了笔者很久。后来想想，其实所有管理层对规范化的优点是毫不质疑的，之所以导致这一现象的出现关键还是规范的标准不明确。虽然很多企业做过制度清理与汇编、质量体系文件建设等，也算是建立了一些规范标准。但是像内控这样，采用统一框架来阐述企业所有管理规范的则没有，因此内控通过梳理业务活动中应该有的控制点，采用内控手册或者其他手段将这些控制点要求逐条明确下来，作为企业规范化管理的标准，从而在一定程度上帮助企业实现规范化管理。

曾经碰到过这样的客户，内控建设前由于缺少规范标准，因此所有工作的“运动式”特征比较明显。现场调研过程中，项目组听到最多的回答是：“我们天天开会的。”“这个问题我需要打电话跟某某部门经理问一下才能答复你。”“这个主要依赖于个人经验。”“我也不清楚应该怎么做，但是我们领导肯定知道。”“这个事情应该是××部门的事情。”“我每天都要接几十个电话呢，太忙了。”通过内控建设，我们协助他们设计了主要业务活动的控制措施，并采用控制矩阵的形式进行了固化，等3个月的试运行之后，我们再去了解试运行情况时，听到的声音已经大有改观了。内控建设后，各部门，尤其是中层管理人员对自身的职责范围、工作标准有了明确认识，发生的业务活动都按照内控的要求来，即便不打电话，不开会，也清楚明了每件事情的处理方式和方法了，这样一来，听到的类似以往回答的声音自然就少了。他们也明显地感觉到了内控的好处，最终还是该客户的内控主管领导总结了一下：“管企业还是需要规范化，规范出效益，内控是一种好的规范化管理手段。”

2. 流程出效益。从流程再造到流程优化，有关流程管理方面的咨询对很多企业来讲已经一点都不感觉陌生了，流程管理咨询之所以如此流行的关键还是在于如果流程优化成功还是可以为企业创造效益的，这一点本身应该没有多少人提出异议。但是，内控与流程又有什么关系呢，为什么说内控创造效益的一种方式是流程呢？这是因为流程梳理工作是内控咨询过程中不可或缺的一个环节，是识别风险与建立控制的基础。笔者所在的咨询公司就提出了“以风险为导向、以流程为纽带、以控制为手段、以制度为平台”的四位一体内控体系建设思路，笔者是比较认同的，尤其是提到内控建设应该以流程为纽带展开。打开任何一家单位的内控手册，都可以发现流程目录是不可或缺的内容，而所有的目标、风险和控制点设计也都是以流程为最基本的单元来组织的，因此可以说内控与流程之间有着天然的联系。

可能这里会有另一个疑问是，不是前文已经说了有专业的流程管理咨询公司提供相应的服务吗？怎么会还有内控什么事儿呢？首先不说实际上真正开展流程咨询的企业并不多，即便是专门聘请过流程管理咨询的公司也可以清晰地感觉到内控流程与流程管理中所说的业务流程还是有一定差异的，正是这一差异体现了内控在流程方面的功能。流程优化中以业务环节是否创造价值来判断该环节是否有存在的必要，将所有流程从大类上分为增值流程与非增值流程，流程优化的基本出发点就是尽量减少非增值流程，从而提高业务的运行效率。但是事实上是，对于大部分的职能类业务来讲，是很难识别其是否增值的，因为从大类来讲，这些流程都属于非增值流程，并不直接创造价值，它们能都取消吗？答案肯定是不能的。所以流程优化里也说对于非增值类流程只能是采取减少、调整等多种手段尽量减少非增值环节，并不能说完全删除。这是因为这些流程其实是有其自身的价值所在的，而这种价值就是内控所说的风险控制价值，这些流程虽不一定直接创造价值，但是它们是控制企业风险的重要手段。就如同一个资金支付的审批流程，它本身绝对是创造不了价值的，但是它能够控制企业资金被随意挪用的风险，所以仍然是有必要的。打开现阶段大部分单位的内控手册，就会发现由于当前的局限性，其实内控手册中很大部分的篇幅阐述的正是这些在流程咨询中被认为非增值类业务的流程，这使得内控通过流程创造效益的功能更加明显。因为，内控从风险的视角，系统审视企业的业务流程，认为应该重点控制那些高风险的环节，而对于低风险，甚至无风险的环节则应该简化，正是从这一视角，内控也可以起到优化内部管理流程的功用，从而与一般流程管理中的价值判断标准构成互补关系。

3. 方法出效益。COSO 委员会最大的贡献笔者认为是提供了一个“筐”，即内控概念框架，而不在于具体采用了哪种具体的控制方式。内控体系最大的价值在于其提供了一个“书架”，而且这个“书架”是结构性的，分为五大部分，每一部分之间有着内在的联系。而在这个“书架”上放哪些书，怎么放，则完全取决于企业自身的业务实际，内控框架中并无规定。这就给了各单位开展系统性的内控建设更大的发挥空间，也正是这一空间让内控有了更多地为企业创造效益的机会。这是因为，从自身的工作经验来看，一个成功的内控体系建设项目，绝对不可能是完全“对标”的结果，即完全按照内控基本规范及其配套指引的要求一条一条地在企业落实。这样的内控体系建设完成后给人的感觉是呆板的、僵化的、与企业实际脱节的，作为咨询公司来讲，这样做的结果绝对是得不到客户认可的。而一个成功的内控体系建设项目，一定是在遵循内控基本框架及其原则的前提下，充分利用内控的框架体系，吸收最新的现代管理思想与方法，将这些先进的管理有效地嫁接到客户的经营业务实际上去，并使之能够开花结果。这样完成的工作，既符合内控的原则要求，也找不到内控配套指引的过多痕迹，这样的内控体系才可能在企业落地生根，并取得实质性的效果。

管理出效益，这也是很多企业喊了很多年的口号，这也使得很多企业不惜花大价钱引入各种现代管理方法，诸如全员质量管理、精益生产或者

ISO质量体系等。内控体系的建设实际上也是离不开这些先进管理思想的，这些管理方法就是前文所说的那一本本“书”，如果这类书越多，放得位置越恰当，那么这个企业的内控体系就会看起来更为丰满完善，也更能体现出内控的真正价值所在。在笔者的咨询经历中，更希望能够在内控建设过程中，结合企业的现实条件引进一些新的管理方式方法，因为这些方法一旦客户诚心接受，并得到切实的执行，通常都会产生比较好的效果。曾经有一个客户的生产计划采用生产调度令的形式，所有的部门都以销售部门的生产调度令为指引组织生产与配套，而调度令是零散的，今天一张，明天两张，由此生产毫无计划可言。生产部门、采购部门都抱怨不已，因为当天上班都不确定需要干哪些事情，自己昨天的计划很可能被一张新的调度令打乱。了解这一情况后，我们在充分考虑其产品销售特征与生产周期后，建议公司开始尝试以三个月为周期编制动态生产计划，并分解到班组。后来这一建议得到了客户董事长的支持，在其推行下顺利得到了落实，而后来听到的消息是生产计划还是很有必要的，生产与采购过程顺畅了许多。

4. 监督出效益。“政令不出中南海”，这是形容中央政策在地方落实效果大打折扣的一句调侃，但其实对于很多企业来讲也可以说是“政策不出办公室”。笔者所接触的客户，没有哪一家的管理层能说不够敬业，为了管理好企业都想了很多的办法，定岗位职责，编管理制度，但最终的效果很多单位却都是收效甚微，很重要的一个原因就是这些管理政策并未得到落实，大多数时候还是停留在纸面上，遇到问题依然是按习惯处理。这可能与中国的文化环境有关，这个暂且不讨论了，但是重要的是如何解决这一问题。其实也很简单，那就是去检查这些政策的落实情况，但很可惜这一块的确尤其欠缺，很多制度几乎都没有关于考核的内容，更别说实际执行了。

但在内控框架中，监督是五大要素之一，内控建设、测试评价、整改完善构成了一个内控的闭环，因此凡是内控体系，不能少了监督这一环。对于一般企业来讲，最重要的内控监督就是一年一度的内控评价工作，对于部分企业来讲，这甚至是外部监管要求，对于没有外部强制要求的客户，我们也是强烈建议客户每年度开展一次内控评价工作的，只有这样才能让内控发挥更大的效益。通过内控评价工作，检查各项管理政策的落实情况，发现各业务环节存在的例外事项，并逐年进行整改完善，这样企业的内部管理就可以稳步地得到提高，从而促进企业内部管理效率的提高。

5. 资本出效益。中国的系统性的内控体系建设工作是从上市公司开始的，这也使得企业的内控水平高低也会影响到企业在资本市场上的表现。这主要体现在：一种是直接影响，对于IPO的企业来讲，在其申报材料中必须有会计师事务所出具的内控鉴证报告，对于已经上市的公司来讲，如果内控审计报告被出具了非标准意见，则会直接影响其再融资；内控审计如果披露出重大的缺陷，也会直接影响到股价。另一种则是间接性的影响。内控之所以会在2012年被SOX法案写进法律条款中，最终要的原因就是监管者认为单纯依靠财务报告这一结果本身不能说明企业的优劣了，而更应该深入了解企业的内部管理水平，也就是内控水平，才能对企业的真实情况作出更为准确的判断。因此，如果企业的内控管理混乱，也往往会被认为会影响到其经营效率的高低，从而影响企业的业绩，资本市场则会作出相应的反应。因此，反过来讲，如果企业的内控体系规范完善则是会对其在资本市场上的表现加分的。

三、内控出效益难在哪里

内控既然是可以为企业创造效益的，但是为什么会有太多的人感受不到呢？导致这种现状的原因仍然要从内控的设计与执行两个层面来寻找：

1. 在内控设计上。由于内控对于大多数企业来讲仍然是一个新鲜事物，对于内控的真实内涵可能还理解得并不十分到位，由此导致的一个直接结果就是大部分企业的内控体系建设仍然处于一个比较初级的阶段，也就是前文所说的第一阶段，目前的内控建设可能更多地考虑外部监管要求、披露要求，而对于自身的实际需求考虑得不周，最为明显的就是以所谓的“对标分析”为基础的内控体系建设，完全是站在企业的外部来搭建内控体系的，这样做的结果肯定是理论与实际脱节，更谈不上通过内控建设引入新的管理思想与方法了。内控建设的规范标准尚且如此，又怎能希望这样一套标准为企业创造效益呢，显然这是不现实的。

2. 在内控执行上。即便是一套设计完善、又能体现企业特色的内控体系，如果得不到有效的执行，则一切终将是一场空谈。执行力，是很多企业不想谈的问题，因为都知道很多问题往往就出在执行上，但是这一问题却是不可回避的。内控虽然通过建立年度评价这一机制来督促内控政策的执行，但真正能够执行的还是所有的业务人员，所有的业务活动是需要在每天的工作中来体现的，这却不是一套评价要求和一份评价报告所能解决的，还必须从上至下严格执行内控的每项要求才能够得到应有的效果。有些客户单位在开项目启动会时，领导讲完话就说自己有事先走开了，丢下其他一群人参加内控建设项目启动培训会，这样的单位总是让笔者感觉非常担心，这是一种企业文化，领导尚且如此，就很难相信员工会如实地执行内控要求了。

第二章

有关内控的几组关系

章节导读

内控作为一个新生事物，就必然会跟企业原有的管理体系产生联系，在工作过程中，笔者经常会被问到内控与这些现有事物之间的关联关系，又应该如何正确地看待这些关系？本章中将挑选与内控有关的几组比较普遍的关系跟读者一起分享一下笔者的看法，这几组关系包括：内控与现有管理体系、内控与制度、内控与内控手册、内控体系与管理层级以及内控与风险管理五种。每组关系中将就经常被问及的问题说说从咨询顾问角度的看法，以欲求能够方便读者更好地理解内控的实质所在。

第一节 内控与现有管理体系

“我们企业的内控是一片空白的，就等你们来给我们建设了。”这句话是笔者在不少项目的开始阶段，客户的负责人给我们介绍公司基本情况时经常说的一句话。这句话的外延无非就等于“我们企业是没有内控的”。真的是这样吗？一个企业真的可以完全没有内控吗？答案当然是否定的，任何一个正常经营的企业，无论规模大小、无论主营如何，无论管理水平高低，都不可能说一个企业没有内控，所以任何管理层都不用怀疑自己的企业是否有内控？那么为什么总能听到这样的声音呢？如果说任何单位都是有自身的内控的，那么又在哪里呢？又应该如何正确地看待内控与管理现状的关系呢？这正是这一小节所需要讨论的问题。

一、我的企业有内控吗？

作为咨询顾问，首先要说的是任何企业都是有内控的，这一点毋庸置疑，但是为什么会有很多人认为自己所在的企业是没有内控的呢？除去谦虚成分外，我们认为也许还有这样三个小问题需要做进一步的说明，第一个是内控与内控体系；第二个是内控的形式；第三个是企业的内部管理水平与内控。

关于内控与内控体系，其实这应该是两个不同的概念了，按照内控的定义，内控本身应该是一种动态的过程，是一个个具体的管理措施；而内控体系，则更多强调的是由内控要素所构成的一种结构，是一种概念框架。因此，笔者更愿意理解为大多数客户其实是想说公司没有形成完整的内控体系，即没有按照 COSO 内控框架或者财政部的内控框架来完成内控体系框架的一种搭建，而不是说企业内部没有任何的内控，没有任何的内控意味着企业没有任何的管控，放任自流，这样的企业还有可能存在于这个世界上吗？显然是不会的，因此任何企业都是有自身的内控的，欠缺的可能是所谓的框架体系。这里需要进一步补充说明的是，笔者也并不认为内控与内控体系是一种整体与部分或者内容与形式的关系，如果一定要将这两个词汇给出一种关系的定义，笔者更愿意理解为动态与静态的关系，即内控更多地表现为一种动态的过程，通过一笔笔业务，通过一个个控制点的执行来体现内控，而内控体系更多地强调的是一种静态的框架，是按照一定的结构在某一特定时点按照一定的方法将所有的控制措施要求汇聚到一起形成的。当然这种静态也是相对的，也是需要定期地进行调整优化的。正是由于内控无时无刻都存在于企业的每一笔业务之中、每一个动作之中，所以反而意识不到它的存在了，反而对某一个静态的内控体系更为感兴趣，因为内控体系可能更为可见、更容易接受。

第二个问题是内控的形式。什么样的企业可以算作是有完善的内控呢？是已经编制了一本厚厚的内控手册？是已经开展过全面的内控测试评价？或者还是已经聘请了咨询机构进行了内控建设？这些都不是，也不应该成为判断一个企业是否已经构建了完善的内控体系的标准。但是，很可惜的是上面提到的这些在很多企业还真的被认为是内控水平高低的标准，也正是这一不合理的认识导致很多管理层说自己的企业“没有内控”。实际上，相比较于这些形式，我们更愿意强调实质上的内控，而不在乎具体采用哪种形式。也就是说，内控本身并不局限于内控手册这一种形式，也不意味着组织过一次完整的内控评价就意味着有了完善的内控，更不能以是否已经聘请过专业的咨询机构作为企业内控完善与否的判断标准。构建完善的内控体系，我们可以采用编制内控手册，也可以采用修订完善制度，或者整理完善业务表单、设计部门岗位职责等等，这些都是内控的形式，其目的都是为了实现企业的内控目标、防范业务风险所采取的控制措施，只有这些实实在在的控制措施才是真正意义上的内控，而不在于其具体表现为何种形式。

第三个问题是企业的内部管理水平高低与内控。现在经常被人挂在嘴边的说法就是我们的内部管理水平太差了，所以内控很差。那么将这句话的意思在外延上作一点拓展则可以表述为：企业的内部管理水平与内控水平之间存在一种正比例关系，内部管理水平越高，内控水平也就越高，反之亦然。真的如此吗？笔者认为内部管理水平的高低只是决定内控水平的必要条件，而绝不是充分条件，即内部管理水平高可能并不意味着内控水平就高，但是反过来，如果一个企业的内控水平被认为是完善的，那么它的内部管理水平则肯定差不到哪里去。回到第一章中的内容，笔者认为内控或者说内控体系更大的意义只是提供了一个概念框架，在这一概念框架下，采用了哪些具体的管理方法则是千差万别的。而这里可能很多被企业认为所谓的管理水平则更多地取决于其采用了哪些具体的管理办法，一般人会认为采用了精益生产、实施了全面质量管理就意味着内部管理水平高了，所以就有了前面的口头禅了。首先姑且不论这些引进各种管理办法的企业是否真的实现了先进管理办法的消化吸收，即便如此，我们可能也只能说生产组织得不错，质量工作管理得不错，而还是不能说内部管理水平高了、内控水平高了。内控可以利用其框架，可以有效地促进企业引进消化并吸收外部管理方法，促进企业实现管理升级，也正是在这一层次上，我们说如果一家企业的内控体系是完善的，其内部管理肯定差不到哪里去。

简单总结一下则是，内控不等于内控体系，而且内控的表现形式也是多样的，也并不意味着有了先进的管理办法内控水平就高了。因此，对于任何企业来讲，只有内控体系的完善与否，水平的高低与否，而不存在有与无的差别。

二、替代、重复，还是互补？

关于内控与现有管理体系，可能更多的读者关心的并不是企业是否有内控，而是内控与现有管理体系之间究竟是一种什么关系，又应该如何正确地看待这二者之间的关系。这也正是本小节的重点内容所在。

第一个问题是内控体系能够替代原有的管理体系吗？答案毫无疑问的是否定的，即内控替代不了任何原有的管理。引申的结论是，内控手册能够替代原有的管理制度、程序文件吗？答案也是否定的，关于第二点后续小节还会重点说明，因此此处重点说明第一个问题。

提及内控与现有管理体系的具体关系，通常比较容易想到的是“替代”、“重复”、“互补”这样三个词汇，那么这三种关系中哪一种关系是正确的呢？首先说说“替代”。如果说一种方法能够替代另一种方法，那么前提是这两种方法是并行的，即对于同一个目的地，A 和 B 两条路都可以去，那么我们说 A 线路可以替代 B 线路，B 线路也可以替代 A 线路。那么，内控与现有的管理体系之间是这样一种并列的 AB 关系吗？答案还是否定的，内控没办法替代现有管理体系，现有的管理体系也无法替代内控。这是因为通常意义上的内控本身不是一种具体的管理方法，不是像全面质量管理那样直接针对质量要素与环节，不像人力资源管理那样直接针对人事管理，也不像流程管理那样是采用一种新的管理方式，内控本身更重要的只是一种概念框架，内控绝对没有任何地方是有强制性执行标准的，如必须经过某一层级的领导审批，必须采用什么样式的业务表单，这是不可能的，真正的内控措施都是根据单位的实际情况量身定制的，并无统一的格式。正因为如此，内控这一概念是替代不了任何原有的管理方法的，只是针对原有的管理中可能有悖内控原则的环节进行调整，以确保能够更好地防范风险以顺利实现控制目标。就如同前面提到的内控更多的时候是提供了一个“书架”，而具体的内控措施，也就有可能涉及原有的管理方法的则是一本本放到书架上的“书”，用一个“书架”来替代一本“书”显然是不合时宜的。

其次说说“重复”。在国有企业建设内控体系时，经常听到的抱怨声就是“我们明明已经有管理办法了，为什么还要做一次重复的工作”。其实，“替代”也好，“重复”也罢，前提都必须是并行的关系，前文已经说了这种关系在内控与现有管理体系之间是不存在的。但为什么在很多单位，尤其是国有企业，或者内部管理相对完善的企业来讲，会认为内控是在做一项重复性的工作呢？笔者认为这其中重要的一个原因还是因为内控与原有管理体系之间的这种千丝万缕的联系导致的，因为内控本身并不直接提供一种或者几种具体的管理办法，其做的更多的工作是在尊重企业现有管理基础上，结合内控要求，对现有管理体系进行诊断，去粗取精，去伪存真，识别出与风险点直接相关的控制点并予以固化。而对于原来已经足以防范风险的控制措施，则可能并无太多的调整，由此导致大部分业务实际上在内控建设前与建设后的实际业务流程、管理方式、乃至业务表单等都没有发生实质性的变化，也因此就可能被认为内控是在做重复性的工作。但是这里需要重点说明的是，内控的价值往往被具体的事物所忽略的，那就是内控虽然没有直接改变管理方式，但是却在控制目标的指引下，以风险导向进行了风险点的辨识，并针对风险点设定控制措施，这一过程正是内控的精髓所在，通过这样一种工作可以让管理层更多地知道每一个环节上控制存在的缘由，也因此可以做更多思考，即原有的控制措施是否还有优化的空间，是否已经是最好的了，理解到这一步的时候，可能就不会再单纯地认为内控与现有管理体系是“替代”或者“重复”的关系了。

再次也说说“互补”。这也是一种比较常见的误解，会被解释为：“企业已经有了一些管理体系了，但是还不够健全，需要内控来完善。”这里需要分两个层面来说明，一方面就单纯的内控与现有管理体系之间的关系，通过前述两个段落的说明，相应大部分读者已经可以直接判断了，这二者是互补不了的。另一方面，也是更为重要的一个方面是内控在一定程度上也的确起到了对现有管理体系的补充功能，这种补充功能对于那些目前管理尚不够健全的企业效果尤其明显。内控之所以有这种补充功能，还是在于其是一种概念框架，而不是一种具体的管理方法，按照内控的思想，从五大控制目标出发，经过层层分解，将这些目标分解到各个业务流程中，进而识别出每个业务流程中影响目标实现的风险因素，并针对风险因素设定相应的控制措施要求，以求能顺利实现控制目标。对于部分单位而言，通过目标分解，流程识别与风险点辨识后，会突然发现企业居然还有很多地方是空白的，居然是在以往的管理中完全没有关注到的，但是经过内控的提醒还真发现的确是一个问题，甚至不禁有些后怕，或者长吁一声："幸亏这个地方以前没出过问题。"而对于任何一个有责任心的管理层来讲，一旦发现这样的漏洞，剩下的自然是采取措施迅速弥补，针对内控提示的风险点设计相应的控制措施，从而充实现有的管理体系。这就是内控对现有管理体系的补充功能。

综上所述，不能简单地将内控与现有管理体系之间的关系理解为"替代"、"重复"抑或是"互补"，而更应该重点理解内控与现有管理体系之间的真实内在关系，笔者的理解是内控是一种工具，它具有去粗取精、去伪存真的功能，这里的"粗"与"伪"的判断标准，就是某一项控制措施对防范影响目标实现的风险的功能大小上，对那些与控制目标不相关，防范不了任何风险的控制措施，应该毫不留情地予以摒弃。但是问题的关键是如何来进行权衡呢，在面对某一项具体的控制措施时，操作起来可能比想象的要复杂得多。因此，下文将重点说说该如何进行权衡与选择，从而构建一套相对高效的内控体系。

三、权衡与选择

现在基本清楚了内控与现有管理体系之间的关系应该是，内控是一个书架，而现有的管理体系则可能是一个内部书库，我们需要从这个书库中取一部分适用的书放到内控这一书架上，然后从外部补充一部分新书上架，就可以初步完成内控体系的建设了。现在的关键问题是如何来挑选这些"书"呢？笔者觉得如下三点应该提示给读者：

1. 关于选择的标准。既然只是从现有管理体系中挑选一部分内容作为内控的要素与内容纳入到内控体系之中，那么自然就存在一个选择的标准问题，符合哪些要求的内容应该纳入，哪些又是不需要纳入的。不管是否已采用明确的文字方式将这一标准固定下来，但在实际工作中这一标准却是客观存在，这也是为什么大部分企业建设内控体系都采用聘请咨询公司的一个理由，因为企业可能不是十分清楚这一标准，而对这一标准拿捏的准确程度也是一家咨询公司水平高低的重要体现。而这一标准之所以如此重要，最根本的原因是其实并无一个统一客观公认的标准，更多地仍然取决于一种职业判断。就笔者的经验而言，结合目前中国大部分企业内控的现实情况，如果一项控制措施存在如下两个方面的属性，则会考虑纳入到内控体系之中来：一是从内控的基本思路着手，如果一项控制措施单独运行起来就足以控制某一风险因素，而这一风险因素又是与该业务事项的核心目标直接相关的，则这一项控制措施毫不犹豫地会被纳入进来，与此同时，针对原来与这一控制措施平行的其他控制点则可能建议客户删除，以简化流程，提高效率。其实这是一种理想状态，现实中对于某一项业务，很少只采取一项控制措施的，这更多的是对于执行偏差的考虑，因为执行力在大部分单位来讲都是一个老大难问题，所以在内控设计上不得不企图通过增加一些控制点来最终实现风险的防范，当然也不是无限制增加，而是有一个度，而这个度很多时候取决于项目开始阶段的诊断效果，如果执行力较好，则我们往往会建议删除更多的控制点，反之则会与企业沟通后考虑现实条件还是暂时保留更多的控制点吧。二是从重要性入手，这里的重要性指的是目标的重要性，企业的目标从上向下逐层分解，分解过程中自然就会产生主次之别，对于企业而言，首要的是要抓住这些主要目标，通常而言，跟主要目标相关的控制点必须纳入，而随着目标重要性的逐步降低，相应的控制点设计也会相对越来越少。比如，在部分国有企业服务时，经常被问及的就是党群工作部似乎流程太少了？其实不是党群工作流程少，而是企业内控大多没有考虑党的领导这一目标，其重要性相对于企业的经营目标而言可能并不是重要的，那么我们相应在控制点设计上也会较少地涉及。除此之外，可能也会考虑公司所处的发展阶段、行业特点、领导的关注点等，但是这些都只是辅助判断标准了。

2. 内控设计过程中应该有全局观。这是很多企业在建设内控过程中很容易犯的一个错误，因为说到底，存在即为合理，所有现存的控制措施都有其存在的理由，单纯就某一个点而言其本身也或多或少地存在着防范风险的功能，否则就压根儿不会存在于企业的现实业务中，于是很多企业在建设内控的过程中就会将所有的业务标准全盘纳入到内控中来，由此更容易导致前文提及的让人感觉内控与现有管理体系完全是重复的印象。其实则不然，内控肯定是有选择性接纳，要比较准确地做出选择，避免在细节上陷进去太深，办法就是在内控建设过程中应该有一种全局观。该始终记住的一点就是，内控是为实现控制目标而服务的，为了实现这一目标，可能存在着一个、三个、十个乃至更多的控制点，这些控制点就单个来看，都有其各自的功能，但是当把这十几个控制点串联起来考虑与目标的关系时，结论往往会有所改变，这时候会发现其实有些控制点并不是必需的，这一控制点所实现的功能，可能有另外一个控制点已经实现了，那么我们相应地也只需要挑选一部分确保可以实现这一业务的目标的控制点就足够了。曾经有一个这样的客户，其受理业务过程中需要其客户提供一份资料这一环节，这一环节的目标是必须保证资料的完整性。而在其原有的业务过程中，业务人员收到客户资料后需要首先清点并填表列明资料清单，然后报送到风控部门法务岗位审查，再经风控总监审查，最后送总经理审批签字。我们不禁要问，每一笔业务受理环节为了确保资料的完整性需要这么多的审查环节吗？内控建设中，我们建议公司首先设计一个资料目录交给客户，客户准备好后送到风控部门法务岗位对照审查一遍就可以了。因为这样已经足以实现目标了，完全可以删除多余的控制点。

3. 内控建设中的权衡与选择本质上最终取决于企业的风险偏好及其风险承受度。企业的内控体系是为了防范风险而生的，因此追根溯源的话，一个企业究竟选择在内控体系中纳入哪些方面的内容终究还是取决于一个企业的风险偏好及其风险承受度。风险偏好属于规避风险型的，可能会设计更多的控制点，采用相对保守的控制措施，反之则可能采用相对激进的控制措施了。如此说的目的，是想强调一个企业的内控水平高低只有企业自身清楚，不存在可以照抄照搬的模式与内容。

第二节 内控与制度

但凡开始接触内控的人，都会遇到一个绕不过的坎儿，那就是如何看待内控与制度的关系。在推行内控体系建设以前，公司几乎所有的“规矩”都是用制度的形式定下来的，制度的完善程度也是体现一个企业内部管理水平高低的一个重要方面。但是，现在内控来了制度还需要吗？有了完善的制度体系还需要搞什么内控建设吗？这是一个问题的两个方面，本节将重点说说内控与制度的那点事儿。

一、内容上的内在一致性

首先可以明确的是内控也好，制度也罢，其在内容上绝对是内在一致的，这种一致性的基础就是无论是内控，还是制度，都不可能脱离一个企业的业务基础，这就直接决定了内控与制度在内容上的内在一致性。如果需要进一步予以说明，那么内控与制度上的一致性又可以具体分析为如下这样两个方面：

1. 从出发点来看。现在我们讨论的问题是制度与内控在内容上的一致性，而要理解这种一致性，追根溯源不失为一个好的方法。不再追求于是制度，还是内控这两种形式，而是回过头想想为什么会存在，或者说为什么会需要制度或者内控呢？为什么会是这两个词放在这里进行讨论呢？说到底那是因为从最原始的出发点来看它们就是一致的，这是决定二者内容上一致的根源。一个企业拟定制度，开展内控体系的建设，无非是为了规范企业的行为，防范经营过程的风险，以期能够实现企业的持续健康发展，为这样一个同样的出发点服务，二者的内容又怎么可能会出现本质上的差异呢？

2. 从关注点来看。哪些地方是制度所关注的呢？哪些地方是制度在强调的呢？如果进行一个对比，就会发现，制度所强调的这些内容恰恰也是内控的关注点，或者叫做关键控制点，而这只是采用了不同的语言来表述而已。这种共同的关注点体现在两个方面：一是二者都是重点关注日常性业务事项的，那些预期不可能重复发生的，或者突发性的事情，虽然可以通过制度或者内控来给出一些处理的程序，但是真正解决问题的可能还是领导人的智慧，而那些重复发生的事项，已经形成了约定的有效标准，对于这部分业务，制度和内控则都会表述得更为完整；二是从本质上来讲，无论是制度还是内控在确定重点的一般思考路径上，都会以风险为导向来思考问题，为什么制度要强调这一部分，为什么内控需要在此明确一个关键控制点，其背后都是因为在这一业务环节可能存在着风险因素，必须通过规定相应的政策来予以防范。如果某一业务发生与不发生，发生得好与坏，都与公司的利益或者目标毫不相干，试想我们还需要在制度中进行强调吗？还需要在内控中作为关键控制点吗？答案显然是否定的。

二、侧重点差异

既然制度与内控在内容上是存在内在一致性的，那么与此相关的一个问题就是对于一家制度已经非常完善的企业，是否就可以不进行内控建设了呢？这一个问题还真不能简单地回答可以或者说不可以，因为这需要根据企业的现实情况来确定，而要得出正确的答案需要首先理解制度与内控体系二者之间的不同点，更准确的说法则是二者之间的侧重点差异。但在具体说明之前，可能也有一点需要澄清，那就是这里的制度仅代表笔者在内控建设中所遇到的大多数企业的制度现状，而不能覆盖所有的企业，因为中国企业之间，或者中国企业与外资企业相比较而言，在制度的建设上采用的形式是有非常大的差距的。曾经为一家澳大利亚的公司服务内控审计项目，检查公司的内控资料时，公司拿出的材料并不是我们常见的内控手册，而是一大堆的政策文件，但是审阅这些制度则会发现，虽然在形式上采用了制度的形式，但是在每一份制度中都有一个专门的部分阐述“controls”，这些“controls”的表述方式与大部分中国企业的内控手册中控制点的表述方式基本一致了，那么对于这样的制度，我们不要内控手册也罢，因为这些制度已经是完全按照内控的思路来编写的了。而我们要比较的可能是大多数中国企业现在正在使用的制度形式，这些制度按照业务事项，甚至是按照职能来阐述一个公司的所有政策，从头到尾，逐条叙述，从总则开始，到附则结束，格式上则更多地参照中国的法律格式。对于这种现状的制度，则需要说明一下制度与内控的侧重点差异，才能确定是否需要在制度完备的前提下还继续开展内控建设。

这种侧重点的差异，在形式上就表现为详略程度的不同。拿出大多数中国企业的制度，感觉基本一样，枯燥乏味，与读那些晦涩的法律条文没什么两样，有的企业为了准确用语，制度还都经过法律顾问审核呢，这样的企业笔者见到的不少。这本身也无可厚非，制度嘛，总是希望能够考虑到所有的情况、所有的步骤、所有的标准，能写上的全部都要写上，这样可以确保企业有规可循，制度的详细程度甚至都可以标榜一个企业内部管理水平的高低？但是内控并不如此，内控并不要求对一个企业的所有事项都事无巨细地去阐述，而是仅仅关注那些对实现企业目标有影响的、可以直接或者间接防范风险的控制活动，注意此处没有说流程或者业务事项，而是说的控制活动，这可能表现在某一个点上，一项业务，虽然经过三五七八个步骤，但是真正关键的可能只有其中的一个或者两个步骤，而内控可能也就关注这一两个点，并命名为关键控制点，而对于剩下的那些步骤，我们的制度老大哥是需要去阐述清楚的，因为不阐述清楚，各个岗位是不清楚该如何一步一步操作的，在这里内控与制度的差异就表现出来了。但是需要补充的一个问题是，按照此种方式来理解，是否意味着制度是包含内控的呢？笔者觉得这样理解也是不妥的。虽然从流程步骤上来看，内控可能只关注了这一个完整流程中的某些步骤而不是所有步骤，内容上似乎要少一些，但是在内控所关注的这几个关键控制点上所花费的笔墨相对于制度上的阐述则可能要详细得多，为了确保可以有效防范风险，内控可能不仅需要考虑流程的完整性，还需要考虑控制的有效性，会从控制措施、标准、频率等角度对这一个关键控制点进行详细说明，以期能够起到对各岗位的提示作用。

说到此可以补充一个小案例，曾经的一个客户是一家经营多年的国有企业，规模不大，业务也不算复杂，但是拿到这个客户的组织结构图，我们有点傻眼了，看看一级部门中，诸如党群工作部、工会、团委、纪检监察、信访部这样的部门在数量上超过了一半。而在内控建设过程中对于这样一些部门我们按照惯例可能并没有作为重点，因为通常而言，我们在内控建设过程中对于与党、与政治相关的事项通常不会涉及。但是，在我们内控建设过程中要求提供一些公司的管理制度时，给我们的则绝大部分是与党的工作有关的制度，而真正与公司主营业务相关的则少之又少。在项目的中期沟通中，汇报完毕后公司领导有了疑问，为什么我们很多部门的业务都没有涉及，而他所说的这些部门则全都是前面提到的那些部门。于是，我们不得不跟领导详细解释，内控为什么没有涉及这些事项。这有可能是中国的内控还没有发展到这一阶段，也可能仅仅是受制于目前的内控基本规范及其配套指引的观点，至少从惯常做法上还没有覆盖到这一内容。在这里，区别也就相当明显了，对于党群工作，有太多的制度来规范，但可能内控上却只有较少涉及，这其中的缘由就是因为从内控的角度来看，也许那些都不是风险所在，而要确保一个企业在市场经济环境中生存发展起来，控制的重点更应该放在经济业务事项上。

三、内控手册与制度汇编

与前面两个小点所讨论问题相关的另一个结论性问题则是内控手册与制度文件之间的关系了。内控手册通常汇集了公司所有的内控政策，尤其是需要关注的关键控制点在其中，而制度汇编则通常是一个企业所有制度文件的归集。正因为有了内控与制度二者之间的侧重点差异，因此我们也认为内控手册与制度汇编之间也不应该是简单的替代与被替代的关系，而更多地表现为一种互补的关系，因为二者虽然在内容有内在的一致性，但是就中国目前大部分企业的制度格式来讲，二者所阐述内容的形式上的差异与侧重点的差异也是显而易见的。而作为一名咨询顾问来讲，如果从为企业减轻负担来讲一定要少掉一样的话，那么我们更愿意的是建议企业按照内控的框架与思路来修订我们的制度，这可能是最具性价比的内控建设方法。

第三节 内控与内控手册

现如今的中国企业中，谈内控必说内控手册，似乎内控与内控手册已经划上等号似的，所以也有必要在这里做一个有关二者关系的澄清，而且笔者认为准确地理解这二者的关系，对于真实内控的理解也是非常有益的，因为从理论与实践都有足够的理由说明，如果将这二者划上等号绝对不是什么好事。

一、内容与形式

如果说二者不能划等号，但是又必须给出一个清楚的关系式的话，那么笔者认为二者在本质上只是内容与形式的关系。内控才是内容，而内控手册只是内控的一件外衣而已，而且仅仅是一件而已，换句话说，内控也可以穿上其他的外衣，如制度、表单、乃至更多人所熟知的所谓程序文件是也，这些都可以理解为内控的一种形式，内控手册也不例外。至于为什么是内控手册正当时，可参见本书第一章第二节的有关论述。

为了更好地理解这种内容与形式上的关系，笔者觉得可以从如下几个方面加深一下理解。

1. 从概念上来理解内控，这里所指的是一个大内控的概念，从本质上是可以区分为设计与执行两部分的，所谓设计乃是指从事前控制的角度，将企业针对所面临的风险因素所需的所有控制手段都提前拟好清单，定好规矩；而所谓执行就相对清楚了，那就是这些事前设计好的控制措施是否确实体现在企业的日常经营活动中了，工作要求是否已经体现在员工的日常行为中了。通过这样的解释，就不难理解了，内控手册充其量算是内控的设计部分，采用这种汇编的形式将所有事前设计的控制点归集到了一起，但是这些要求是否有落实，再大的大部头内控手册也是不知道的。因此，这样来讲的话，内控手册顶破天只占了内控的一半。而这一半，还只是悬在空中的那一半，编写再好的内控手册，如果终究只是摆在桌上，挂在墙上，藏在柜中，检查时递出来，工作中忘干净的话，那么这一半究竟有多大的价值就可想而知了。从这一层含义来讲，内控手册所占的这一半的价值可能还不如内控执行的价值大，因此内控手册这一形式，相对于内控这一内容来讲的重要性，则可以放得更低一些了。当然此处并不是说内控手册或者说内控设计不重要了，只是想更加强调一点内控执行的重要性而已，众所周知，内控设计只有有效地执行起来才有意义，因此二者也是相辅相成的。

2. 即便是单纯从内控设计的角度来看，内控手册可能也没能包含所有的内控设计层面内容。为什么说精心编写的内控手册甚至连内控设计层面的问题都没有解决呢？最为关键的一点是内控手册的设计始终是站在一定的层级来设计，对于大部分首次开展内控体系建设的单位来说，基本上都是站在公司中高级管理层级的角度来进行设计的，而这又是由于中国的内控从一开始就是由外部推动，自上而下展开的，这就决定了第一次进行内控体系建设的时候首先要解决的问题就是管理者所要解决的问题，因此是一个企业所完成的内控体系建设，那么更多地就是要解决一个企业高层至多是中高级管理层级的岗位所要解决的问题。正因为这一立场所在，那么站在一个企业中高层级的领导视角，他所看到的企业所存在的风险因素，以及针对这些风险因素所应该采取的应对措施也是代表这一层级管理层的期望的。从这一层级推广开，那么可能二级下属、三级下属，直至最基层的岗位，不同层级的岗位由于其职责所在，因此其所关心的问题也是不一样的，相应地看哪些是风险，应该采取什么措施去应对，不同层级的人可能提出的意见也就是不同的了，也正因为如此，所以我们说目前处于1.0时代的内控手册，更多地代表的是企业中高层的管理手册，而并不能代表公司所有的内控设计层面内容。如果层级逐渐地下移，那么在二级、三级，乃至基层，都可以在遵循上级管理要求和基本原则的前提下，衍生出更具有操作性的、符合自身业务实际需要的内控手册，而这一衍生，在目前大部分企业尚未开始，但也有企业开始以岗位操作手册、内控操作细则等形式开始步入了内控2.0时代，那么一旦这一过程完成，我们才能说内控手册能够代表企业内控的设计层面内容了。

3. 也可以从基本形态入手进行理解。回到内控的起点，那就是《企业内部控制基本规范》中有关内控的定义："本规范所称内部控制，是由企业董事会、监事会、经理层和全体员工实施的、旨在实现控制目标的过程。"这个定义的落脚点在"过程"二字，更进一步的解释就是这就意味着内控应该是动态的，应该是有时间上的先后顺序、逻辑上的前后步骤的。那么回过头来看看内控手册呢，从基本形态上来说，内控手册是相对静止的，不可能每天都发生变化，如果每天都去调整手册，那么这样的内控手册没有也罢，虽然我们也强调应该对内控手册进行定期的修订与维护，以保证内控手册的规范要求体现实际业务变化的要求，但是在大部分时间，内控手册则是相对静止的，而且作为一个企业的重要内部政策，也应该保持一定的稳定性。说到这里，则可以进一步说内控是做出来的，是由一笔一笔的业务来完成的，是由一个一个的岗位每天的工作内容构成的，只有动起来，内控才能发挥其效益；而内控手册作为规范每一笔业务运行方式、流程、要求的标准，则是相对静止的。打一个比方，内控好比河水，是从业务的起点到终点连续的流动过程，每一笔业务就好比每一滴水，不仅每一滴水会从上游流动到下游，而且众多的水滴汇聚成的河流，也会表现出动态的过程，这就是业务活动在时间上继起、在空间上并存的内控之水；而内控手册角色更多地体现为河堤，在每一滴水流过的每一个河段，都有河堤的保护，河水不能够逾越河堤，必须始终在有河堤围成的河道内流淌，只有这样企业管理才能顺畅，而此处的河堤，则是保持相对稳定，虽然我们每年可能加高河堤，但绝不是每天都在加高。

二、什么样的内控手册最好

既然内控手册依然是目前最为流行的一种内控设计载体，那么与此相关联的一个问题就是什么样的内控手册是最好的呢？最直接的回答莫过于说与企业业务实际相符的内控手册是最好的，这当然不算错，也道出了评判一本内控手册价值高低的关键，但是，从另一方面来说这一标准还是过于宽泛了一点，为了方便理解，笔者通过总结，遴选出以下几条操作性更强一点的标准，作为判断一本内控手册优劣的基本标准以供参考。

1. 控制措施描述不宜超过 50 字。为什么说控制措施描述的字数会成为判断一本内控手册优劣的第一标准呢？这一条主要是结合当前大部分企业内控手册所存在的通病提出来的中国特色判断标准，常理来讲，只要描述得当是没必要对一条控制措施的字数做出限制的。但一个事实却是翻看很多企业编制的内控手册，达到这一条的少之又少，还有许多内控手册甚至出自咨询公司，不免让人叹息。那么究竟为什么呢？笔者认为：一方面，既然是控制措施，那么重点就应该在控制上，如果说 50 个字还说不清楚一条控制是什么，要么是这条控制措施的确够复杂，要么只能说文字表达能力太有限，笔者相信前一种情况是少之又少的，即便够复杂，也可以通过归纳提炼减少文字，至于后一种情形则不便评论了。因此，从最基础的原理上来分析，50 个字应该足够说明一条控制措施的内容了。而之所以作为判断标准则是另一个重要原因，那就是为什么现在众多企业内控手册中的控制措施描述不止50个字，甚至几百字的都有呢，最为重要的一点就是编写手册的人完全没有理解什么是“控制”，什么是控制措施（有关控制措施的详解见第五章，此处仅说明一点）。仔细阅读这些内控手册中的描述，会发现一个通病，那就是这些内控手册在描述控制措施时，严重混淆了“程序”与“控制”这两个词，一旦开始编写控制措施，就把整个程序描述一遍，还可以振振有词地说“程序性控制”，执行了程序就等于有了控制，笔者认为这是对控制措施乃至内控的最大一种误解，认为内控就是走程序，程序有了，内控就有了，因此，控制措施中必须把流程的前前后后都描述清楚。这是一种停留于表面的内控思维，只抓住了表面功夫，而没有理解到内控的精髓所在。之所以如是说，只需要回归到《企业内部控制基本规范》的第二十八条，其第二款规定：“控制措施一般包括：不相容职务分离控制、授权审批控制、会计系统控制、财产保护控制、预算控制、运营分析控制和绩效考评控制等。”这里面提到的七种最为常见的控制措施，有哪一个是程序性控制呢？不相容职务分离控制应该描述的内容是如出纳不得兼任会计、资产管理等职责，而不是描述如何辨识不相容职责的流程；授权审批控制应该描述的内容是如部门经理负责5万元以下采购合同的审批，而不是描述包括从谁起草合同，到合同归档的5万元以下采购合同的呈报审批程序；会计系统控制应当描述内容是如招待费用报销应当齐备的原始凭证包括申请审批单、发票等，而不是描述招待费用的会计处理程序，其他控制措施类似种种。只要能够准确地区分清楚什么是程序，什么是控制，那么就应该很难出现说50个字还描述不清楚的控制措施了，因此如果一本内控手册中的控制措施描述是经常性的长篇大论，那么这本手册的质量自然不会很高，因为编写内控手册的人可能连最基础的东西都没有理解。

2. 每条控制措施都应该明确岗位。既然是控制措施，那么终究就是需要有人去执行的，那么也就是说每一条控制措施就应该有明确的岗位来负责。说到这里，肯定有很多在企业做过内控建设的读者可以举出一大堆的理由来反驳，比如，某些职责是不固定在某个岗位而是由领导安排的；这笔业务发生比较少，部门内部任何人只要有时间都可以做而不会固定给谁；这样的业务是无法预料的，因此事前也没办法严格分到哪个岗位；这件事情是几个人一起做的没办法分到个人的……凡此种种理由。笔者自己在给客户提供服务的过程中也是经常性地听到这样的反馈声音。但是这并不妨碍笔者将这一条依然作为判断一本内控手册优劣的重要标准之一。先不说正如前面提及的，从原理上应该是可以将所有控制措施分到岗位的，更重要的一点是，如果不这么要求，那么编写出来的控制措施中，就会出现大量的“相关部门”、“相关岗位”、“××业务部门”、“××部门岗位”等等含混不清的表达，试想这本手册拿到大部分中国企业去执行的话，效果会怎样，就笔者的切身感受而言，有的控制措施要求甚至会沦落到无人答理的程度，最终导致耗费大量人力物力编制完成的内控手册深藏在抽屉中，内控建设工作实质上以失败告终，而问起缘由则几乎是一致的回答，那就是操作性不强，与企业的实际贴合得不紧密。但是，这其中最为关键的一点就是因为控制措施中少了岗位这一要素。那么如何解决呢，就笔者经验来看，最简单的方法莫过于分拆控制措施，很多控制措施之所以无法描述到某一个具体的岗位中去，往往是由于职责过于笼统，或者说控制措施的要求本身就不够明确，因此采用分拆的办法，尽量细化控制要求，直到可以将这一控制要求与某一岗位紧密联系上为止。如针对中国企业领导安排这样的回答，笔者认为首先应当明确说明哪些事项属于领导安排的，领导是指哪一个领导，这本身就可以作为一条控制措施；其次，领导安排是否有规则，是否会根据工作性质，哪一类的工作安排给哪个岗位，另一类安排给其他岗位；如果是随机安排，那么也总该有个安排的范围吧，领导总不会把事情派给一个完全不相干的人吧，那么是否可以明确一下派活儿的范围呢，如此分拆下去，就可以大大减少控制措施中缺少岗位这一毛病。一旦岗位明确下来，控制措施的可执行性就会明显上升。

3. 引用业务表单数量多多益善。接触过内控工作的人肯定都读过《企业内部控制基本规范》及其配套指引，但是即便通读了这些规范和指引，可能大部分人还是一头雾水。笔者在为企业提供内控建设项目的过程中，很多客户会提前把这些规范和指引通读，甚至说是研究上一遍，以便更好地配合我们的工作，但他们经常性地是更多的抱怨，那就是即便通读了这些指引，还是不知道企业的内控体系应该怎么建设。说得更直接一点就是这些规范和指引还是表现得比较“高大上”，感觉跟企业的实际有点接不着地气儿，而仔细分析一下就会发现有这种感觉的一个重要原因就是这些规范和指引中从来都不会提及任何一个业务表单。然而，在企业的实际运行过程中，除了“吼”，剩下的工作计划全都是靠表单或者报告来解决的，这里我们都称之为表单，即落实到纸面上的东西。业务表单是信息流顺利流转的一种基本方式，是控制措施的重要载体，一份设计规范科学的表单本身就是一种非常有效的控制手段。如果能够在控制措施中清清楚楚地写明白业务表单的名称和流转过程，说明这样的内控手册至少与企业目前的业务实际绝对是紧密联系上了的，喊空话坐在电脑前就可以解决，就跟很多学者写出来的东西一样，但是摸清楚一个企业究竟用了多少表单，就不是一个教授坐在办公室能够完全杜撰出来的了。因此，笔者也经常用这一条去要求项目组成员，去督促项目组成员切实深入地去了解客户，唯有如此做出来的东西才能够接地气。同样，只有用表单，将《企业内部控制基本规范》及其配套指引中的控制措施建议落地到企业的业务实际中去，非常明确地告诉每一个岗位这一项工作应该如何做，填写哪张表，只有在这个时候，才不会出现本段开头提到的那种一头雾水的感觉了。因此，笔者认为，但凡一本内控手册中引用了大量的业务表单，当然这些业务表单必须是企业确实能够用得上的，那么笔者就认为这本内控手册的价值不低。

4. 内控手册厚度不超过500页。看起来就跟第一条一样，怎么又拿数字说话了，没错，这一次的数字本质上就是第一条的延续，只不过第一条说的是每一条控制措施，而这一条说的是整本内控手册，因为只要控制措施表述得够精炼了，手册厚度自然就下来了。而这里之所以还需要单独写成一条，主要的考虑因素有：首先，还是得紧密联系一下当前大部分企业的内控体系建设现状，毫不夸张地说，随意拿一个企业的内控手册过来就几乎没有哪个单位的内控手册是少于500页的，七八百页是常事，多的甚至多达几千页，首先不论这内控手册的质量高低，单纯问问一本1000页的书，有多少人搬得动，更何况是去阅读呢？所以笔者认为，提高内控手册质量，首先一点就是必须压缩手册厚度。其次，很多企业会说，企业就是有这么多业务活动啊，这些都是企业必须的啊，怎么能够随意地割舍呢。但笔者想说的是无论企业的业务活动有多复杂，内控手册都建议控制在500页以内，道理很简单，那就是当我们编制了一大箩筐的控制措施的时候，我们反而忘记了我们为什么要编制这些控制措施了。别忘了，我们编制控制措施的目的是防范风险，实现控制目标，换句话说我们应该紧紧围绕这一方向去展开，关于这一点后文还将进一步说明。而一个人的精力是有限的，作为一个管理者拿着如此厚度的一本内控手册，可能给他的作用与没有这本内控手册是一样的，因为他还是不知道应该管点啥，啥应该重点关注，而内控手册的初衷并不是替代程序文件，而是要明确地告知管理者或者说任意岗位风险点在哪里，关注点在哪里，可现在企业所有的业务活动都在内控手册里了，那么关注点又在哪里呢，可能早就淹没在一大堆控制措施中了。说到这里，可能读者朋友已经明白了，其实这里的500页并没有太大意义，并不是说499页的内控手册就好，而501页的就差，关键的问题是内控手册必须是有重点的，正如在上一节说提到的，内控手册绝对是站在某一个层级来编制的，不同的层级拿着这本手册作用是不一样的，而对于目前的现实来讲，内控手册几乎都是站在企业高层至多是中高层的角度来编制的，这就决定了我们的内控手册的关注点，把握住了这一点，即便手册没能控制在500页，也是一本高品质的内控手册。

5. 互补性控制措施越少越好。首先可能需要解释一下什么叫做互补性控制措施，直接一点说就是两条控制措施所起的作用相同或者基本相同的时候，这两条控制措施之间则互为互补性控制措施，也就意味着这两条控制措施虽然内容不同，但是所防范的风险因素一样，所要达到的内控目标一样。那么可能有读者会问，既然目标相同，风险也相同，为什么要做两条控制措施呢？的确如此，这也正是笔者想说的，我们应该在内控手册中合理地搭配互补性控制措施，而更好的方式则是让互补性控制措施越来越少。那么为什么不干脆不要设计这种互补性控制措施呢？一方面从内控设计的角度来看，针对不同重要性等级的风险因素，尤其是针对中高等级的风险因素，可能某一条控制措施的确不足以防范该风险，因为每一条控制措施都有其自身的局限性，都是有特定的岗位去执行，打个比方，将原子弹密码交给一个人保管可能并不是特别有效的方式，可能两个人各保存一部分比较恰当，这样就不至于一个人保管时因为同老婆吵架而冲动发射了原子弹；另一方面通常一条控制措施可能同时具有防范多个风险因素的功能，虽然在某一方面可能存在互补性控制措施，但可能在另外方面并没有互补性控制措施相对应。因此，完全摒弃互补性控制措施是不现实的，也是不应该的。但是互补性控制措施越少越好则是趋势，虽然存在上面的种种现实情况，但是理想化的控制措施则还是应该不存在互补性控制措施，如果所有控制措施都设计得非常科学，执行都非常到位，胜任能力都没有问题，那么互补性控制措施可以没有，但这是理想状态，所以现实中只能说互补性控制措施越少越好。比如很多企业里的现实是年初编制预算时已经经过几轮的上上下下、领导签字等程序，好不容易把预算给定下来了，但是在执行某一具体业务时又得从零开始走程序，从下到上又从上到下地反馈，走的程序与做预算的程序完全一回事，这里预算控制和业务控制就实质上构成了互补性控制，针对这样的情况，我们的建议是既然预算已经编制得很科学，也都认可了，那么凡是在预算范围内的事项就不需要再去走那么复杂的流程了，这是一个浪费管理资源的过程，管理层应该把更多的注意力放在那些预算外事项上，这样才会更有效率。尤其是针对目前大部分企业所存在的“一支笔”现象，其本质上就是做了太多的重复性工作，一个事项需要一把手审批三四次，计划时审批一次，申请时审批一次，执行时审批一次，报销时再审批一次，这是常有的事情，而这四次审批都是必须的吗？笔者是不敢苟同的。

6. 始终保持目标风险控制的线性关系。在没有开展内控建设的实际操作之前，每个人都明白内控的目的是防范风险因素，而之所以要防范风险因素则是为了实现控制目标，似乎一切都非常自然。但是等到内控体系建设完成后，再来阅读很多企业的内控手册时，却往往会发现写在内控手册上的目标、风险与控制措施已经有点脱节了。根据笔者经验，导致这一现象的原因其实很简单，那就是在具体进行内控体系建设时，几乎所有的内控手册都是依托于内控流程这一纽带来完成的，而在依托于这一纽带的过程中往往忘记了流程本身仅仅是一个纽带，而不是内控最为关键的内容，大部分内控手册把重点放在了如何去描述流程，一旦注意力有所偏差，又岂能希望还能始终保持内控的本质要求呢？最近社会上出了《电力行业内部控制操作指南》，浏览之后，感觉这本指南在这一方面做得还是比较到位的，虽然没能实现目标、风险与控制的一一对应关系，而是分开阐述的，但是从前往后阅读后还是能够感受到编者在严格地遵守着内控的精神实质，所以可以推荐给读者，不是说只有电力行业的企业员工才可以读，其他行业也可以，关键是去体会这种目标、风险与控制之间的严密逻辑关系。而之所以将这一条作为判断一本内控手册的优劣标准之一，道理自然就很明了了，这是内控之所以具有一定的生命力的根源，什么时候如果内控丢失了这一条，那么内控本身可能也就到头了。

7. 一般业务授权应当单独梳理。此处所说的是一般业务授权，换句话说是不包括那些特别授权的，这些一般业务授权本质上是应该嵌入在一个企业的日常业务流程中的。之所以说优秀的内控手册应当将一般业务授权单独梳理主要是考虑两个方面的原因：一方面授权审批控制是一种基本的内部控制手段，这在《企业内部控制基本规范》这样的权威文件中都有说明，而授权审批控制的最直接表现就是一个企业的权限列表。尤其是在中国这样的大环境下，大部分企业还有着非常浓厚的人治气氛，人治的关键又是看这些负有治理职责的人究竟有多大的权限，权责是否已经完全匹配上了，因此对于目前阶段的中国企业内控体系来讲，权限是最容易被接受的，也往往是一个企业在首次进行集中内控体系建设时比较关注的问题。另一方面对一个企业内部一般业务授权梳理得清楚与否也可以在一定程度上代表着这本手册在内容上深入的程度。换句话说，如果一本内控手册中，对于一般业务过程中，各个管理层级与岗位所拥有的权责关系都没有完全弄清楚，那么这样的内控手册只能是一本肤浅的内控手册，也是一本绝对落不了地的内控手册。因此，基于这样两个方面的考虑，笔者将是否单独梳理了一般业务授权也作为判断一本内控手册质量高低的因素之一。

8. 内控流程图必不可少。流程图是在企业中最为喜闻乐见的表达方式，在内控体系建设中现在几乎已经取得了一致的观点。笔者所在咨询公司早几年就提出了“以流程为纽带、以风险为导向、以控制为手段、以制度为平台”的四位一体内控体系建设方法论，其中就将流程因素摆在了第一位，笔者在实际的实践过程中也深深地体会到了流程在内控体系建设中的重要性，所有的目标、风险与控制乃至其他内控属性，很多都是依托于流程的，以流程为基本载体的，虽然流程本身可能在大多数时候不会被视为一个关键控制点，但是离开流程本身，其他的所谓关键控制点会突然发现已经没有存在的意义了，因为都没有这一方面的业务了，还要控制点干什么呢？最近出台的《电力行业内部控制操作指南》中列出了四种内控文档，其中就有两个是关于流程的，一个是流程图，排在第一位，另一个是流程说明，排在第二位，之后依次是控制矩阵、不相容指责分离表等，由此也可见，内控流程图已经成为内控的有机组成部分，这一点已经取得了越来越多的认同。因此，笔者认为一本优秀的内控手册自然也是少不了内控流程图的。

上述这些标准可能过于“苛刻”，或者说过于“形式化”了，但此处也仅代表笔者观点，读者选择性阅读吧。从笔者观点来说，这八个方面，从前往后重要性依次递减，排在最前面的最重要。

第四节　内控体系与管理层级

《企业内部控制基本规范》中对内控的定义是："本规范所称内部控制，是由企业董事会、证监会、经理层和全体员工实施的、旨在实现控制目标的过程。"这一定义中指出了内控工作的全员参与性，但是笔者认为还有很重要的一点没有说清楚，那就是虽然内控是全员参与的，从董事长到文员，每个人都有执行内控的义务，但同时不同岗位在内控体系中的角色又是不一样的，或者说内控体系中对不同岗位的要求是不一样的，当然也可以进一步说内控体系对不同岗位的职责规范是有轻重之别的。虽然，不可能一一探讨每个岗位在内控体系中的具体职责，一来每个企业情况不一样，二来即便落实到一个企业，这样做也无异于写岗位职责或者岗位手册了。但将岗位分类后探讨将是一种可取的方式，而岗位分类的基本方式就是按层级分类，本节中我们大致将所有岗位划分为高层、中层和基层三类，当然探讨更细致一些的话，可以将层级分得更细化一些，但是这不影响分析的基本结论。

一、内控—管理层级曲线

首先我们需要给出一个定义，姑且叫做内控关联度，其含义是指企业内部不同岗位与内控体系之间的关联性大小，关联度越高，则意味着内控体系中规范的内容会越多，该岗位在日常工作中也会需要更为经常性地参考内控手册中的要求行事，即从内容和频率两个方面来讲，该岗位与内控的紧密度更高；反之，关联度越低，则意味着从内容和频率这两个方面来说，该岗位与内控的紧密度更低。

我们将内控关联度与企业内部管理层级同时用一张表格来描述，其曲线走势如图 2－1 所示。

总体上说，内控与管理层级之间的关联度变化可以用一个倒"V"字来描述，此图的基本含义是内控与管理层级之间呈现出一种"橄榄形"的结构关系，基层和高层，即处于企业内部管理层级两端的岗位与内控的关联度低，而处于中间层级的中层管理者与内控的关联度更高，这是最为基本的结论。正确理解这一结论还需要注意如下三点：

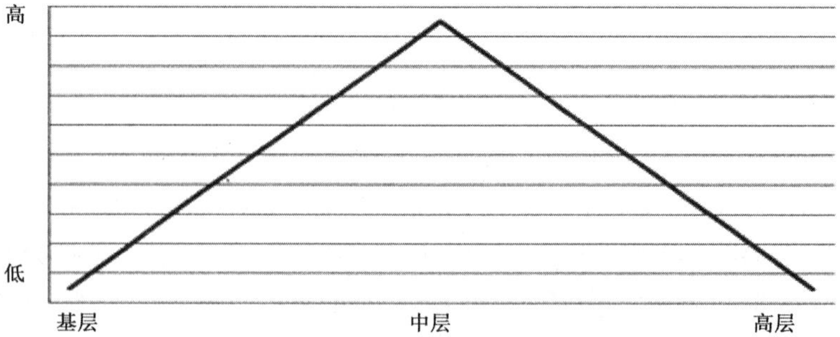

图 2－1　内控—管理层级关联度曲线

1. 关联度高低只是相对而言，而不是绝对的，关联度低不意味着与内控没有任何关系。需要再次提醒读者的是笔者对《企业内部控制基本规范》中关于内控的定义并无异议，只是对这一定义的进一步分析研究而已，因此笔者也不是否认说基层和高层与内控的关系不大，甚至说没关系，这样的理解过于偏激。请注意笔者这里对内控与管理层级之间的关联度的定义是从内容和频率两个维度来定义的，那么延伸一点就是关联度低是指内控在内容与执行频率上与企业内部的基层与高层关联度低，更进一步则是，相对于中层而言，内控体系对基层和高层所规范的内容要少一些，相对于中层而言，内控体系中对基层和高层规范内容的执行频率要低一些，而不是意味着内控中没有对基层和高层规范的内容，也不意味着内控中对基层和高层规范要求的执行频率为零。

2. 曲线意味着在高低之间并没有明确的分界线，而是随着岗位层级变化而变化的一个逐步的过程。其实对于任何一个企业来讲，决然地把内部的管理岗位划分为高层、中层和基层甚至都是不合适的，这种划分始终只是一种相对的划分。对于组织机构复杂的大型企业，可能大部分中层也需要承担一定的决策职责，相反对于小企业而言，恐怕董事长也需要自己亲自去和每个客户谈业务。因此，这里的所谓高层、中层和基层更多地考虑的是他们在企业内部所履行的职责，高层被定义为决策层，主导企业未来发展目标和实现目标的路径；中层定义为执行层，主导公司战略的落地，就实施过程中的问题做出判断；基层定义为操作层，工作过程中以事务性工作为主，不需要考虑太多的判断。随着这种职能从简单到复杂的变化，履行不同职能的岗位与内控的关联度也将随之变化。

3. 基层与高层与内控的关联度低不意味着基层与高层在内控体系中

的角色相同，反而他们的角色存在天壤之别。虽然在内控—管理层级关联度曲线图形中，似乎基层和高层与内控的关联度相同，或者说至少是相似，但是他们在事实上履行的内控职责是不一样的，这里还是需要记住这里的关联度并没有跟具体的内容是什么联系上，仅仅考虑内容在数量上的多少而已。高层虽然与内控的关联度低，但是他们会定调一个企业的内部控制环境，并因而影响企业内控的整体有效性；基层也与内控的关联度低，是因为他们的职责基本属于操作层面的，本身所面临的风险较低，因此内控中对其规范的要求也就较低。因此高层与基层在具体的内控职责分工上是有天然之别的，不能因为他们的关联度相近，就认为他们的内控职责相同了。

说了这么多还没有说到核心问题，那就是为什么会是这样一条曲线呢？最关键的只能说这是不同岗位角色在内控体系中的天然职责所决定的。有关内控体系中的不同角色的职责在第三章中将用一个章节的篇幅来说明，这里只是做一个简单的说明。既然叫做内部控制，单纯从字面上来理解的两层含义是内部和控制，首先是内部，意味着内控的着重点是解决内部资源的配置与优化，也就是说内控的着重点并不在于如何应对外部风险，当然不是完全没有，但是外部风险更多的应该是一个企业的战略决策要去解决的问题，因此内部意味着内控的重心就在企业日常的内部业务过程；其次是控制，控制意味着一种约束，甚至说一种管束，是一套规矩，是一个企业的员工都需要遵守的游戏规则。从这些字面意思来理解，我们初步了解了内控的重心在哪里。再来看看不同管理层级在企业中的基本角色，高层也可以说决策层更多关注的是外部风险，他们是掌舵人，他们需要根据风向来决定向什么方向航行，而至于船舱内发生了什么事情，他们是不需要全部了如指掌的；再来看基层，他们长期在某一个业务环节工作，在专业化的社会中，他们甚至不一定知道自己每天劳动的成果对最终用户有何意义，他们的工作是操作性质的，工作内容基本已经固定，就好比在船舱餐厅工作的厨师不一定知道其他船舱是干什么的一样；最后看看中层，他们的工作重心在哪里呢？一来航向已经由高层决定了，二来操作已经由基层岗位完成了，那么中层的作用是什么呢？他们的工作核心是配置内部资源，他们需要了解企业内部哪个环节是关键环节，并因此对此关键环节多配置资源，哪些环节是低风险的，不需要投入太多的人力和物力去关注，这就是中层每天的工作内容。这一工作内容正是内控的重心所在，即调配企业内部的资源，控制不同环节配置不同数量与质量的资源，因此中层与内控的关联度自然是最高的，这是由企业内部不同层级岗位的天然使命所决定的，是客观存在的。

这样一种曲线对内控工作的指导意义是什么？这一曲线对企业最大的现实意义还在于帮助企业正确地认识内控体系，不要把内控体系妖魔化了。就笔者自己所服务的客户来讲，在内控体系建设项目开展前，很多客户对内控体系的期望值是非常高的，寄希望于通过内控体系的建设能够解决企业所面临的所有问题，大到能够显著快速地改善企业销售业绩，小到能够解决公务用车派车与结算问题，显然，这些期望虽然是美好的，但往往在项目结束的时候，客户仍然感觉我们似乎没有达到他们的期望，甚至表现出有些失望，每当此时，笔者自己也是相当地揪心，除了多做一些解释性工作似乎也显得很是无奈。这一条曲线的意义在于说明内控不是万能的，内控有自己的重心所在，它既不能保证企业的发展战略完全正确，也不能显著改善零件加工效率。它所能够做的，更多的时候是站在一个企业的中层角度，从整体角度辨识企业内部存在的主要风险点，并有意识地去采取控制措施防范风险的发生，从而给企业的稳定发展创造更好的内部条件。有了内控，我们的高层仍然需要密切关注外部风险，及时调整航向；有了内控，我们的基层仍然需要钻研技术，不断总结提高。

二、为什么存在控下不控上

说到内控与管理层级的关系，总是绕不开的一个话题就是内控为什么总是控下不控上，而最为经常拿出来说事的就是中石油集团，这家美国上市公司，是国内第一批按照 SOX 法案披露内控评价报告的中国企业，是第一批在中国实践 COSO 内控框架的企业，也是国内内部控制指数一直名列前茅的企业，中石油集团内控体系的基本框架、建设思路乃至一些基本工具，都是国内很多企业参考的榜样，许多企业都是跟着中石油学习如何建设内控体系的，但是很可惜的是，众所周知的事情发生了，在党中央和习主席铁腕反腐下，中石油集团一大批高层先后倒下了，一时间，很多客户问笔者："你不是说他们内控体系很完善的吗？怎么会这样呢？"这的确是一个让人很是纠结的问题，从经验来看，笔者认为导致目前很多企业内控控下不控上的原因大致有三个：

1. 管理层具备更多凌驾于内控体系之上的机会。内控体系本身具有局限性，最严重的一点莫过于管理层凌驾于内控体系之上，管理层凌驾于内控体系之上与没有内控体系完全是一个样。而企业的高层具备凌驾于内控体系之上的舞弊机会，无论是从前面讨论过的内控关联度中所表达的内控体系内容本身就以内部管理为主，而高层更能绕过内部从外部实现舞弊；还是从企业内部的层级观念来看，往往都是“领导都签了，我们不得不办”。这都让身居高位的领导们有着比中层和基层更多的舞弊机会。

2. 内控体系更多时候是站在管理者的角度设计的。我们已经多次提到了任何一套内控体系始终是代表了一个企业内部某一个管理层级的价值诉求的，集权性质的企业更多代表高层，相对分权一点的企业则更多地代表中层。但无论如何，内控体系本身所体现出的思想本质上都是管理层的思想。这就从根本上为管理层绕开内部控制要求提供了一定的土壤，说得直接一点是，对高层乃至中层有利的，他们希望管控的那么可能在内控体系中就表述得更为详细，要求更为到位；相反对他们不利的，约束高层和中层的，则被选择性地遗漏了。这样一来，内控体系本身在设计上可能就给高层和中层预留了一定的空间了。虽然有了《企业内部控制基本规范》及其配套指引，近来国资委也出了一些通则，还有所谓的行业内控指南等等，但这些始终改变不了企业才是内控体系建设的主体这一根本，也就决定了这一矛盾暂时无法从治理机制上解决，只能依靠管理层人员了。

3. 领导往往没有身体力行地执行内控。执行力一直是很多企业面临的困难，笔者所面对的客户也不例外。在为客户提供内控服务之前，企业本身也是有管理制度的，甚至还挺全面的，规定得还挺细致，但是就是感觉管理不顺手，而问题的症结他们也很清楚，大部分都是因为执行问题。而在笔者看来，解决执行问题的关键，不是去做多少内控评价，而是领导层应该身体力行地去执行内控，上行下效是提高内控执行力最好的方式。但很可惜的是，包括笔者的客户在内，在各种会议上都谈要提高内控执行力，要身体力行，但是一到具体的业务上就有点健忘了。说个很简单的合同会审签字问题，本来应该是先职能部门，再领导，先由职能部门发表专业意见，如财务审核资金、付款等，法律部门审核条款适当性等等，但是一些企业合同会签的时候，先不去部门，而是先送总经理签字，而这些总经理也不问个一清二楚拿笔就签，这样一来，这个会签单再次流转到部门的时候，哪个敢不签，除非不想干了。其实，这里的关键问题就是我们的领导层没有严格执行内控的要求，打乱了内控流程。就自己所服务的客户来看，一把手和副总经理级别的领导，能够认认真真阅读我们所提交的内控手册的少之又少，既然都没有去理解内控体系的要求又怎么能希望执行得好呢。

三、实现管理层级的有效衔接

内控定义就是要求全员参与的，落实到企业就是要求不同管理层级协同作战，只有上下联动，公司的发展战略才能通过内控体系传达到基层岗位，从而实现基本的内控目标。而管理层级之间内控责任的断档往往导致内控体系沦为业务操作手册，已经与内控体系本身所应该具备的防范风险、服务内控目标的初衷相差甚远。这种现象现在其实挺普遍的，在笔者所服务的客户中也是如此，通常都会成立以董事长为组长、总经理为副组长的内控领导小组，从规格上看是够高大上了，也做出了一定的姿态，这对推动内控体系建设是大有益处的，但是真正在内控建设的过程中，我们希望领导层能就公司的内控关注重点或者企业自身的优秀控制方式给出一些意见时，就往往得不到有价值的答复了。高层的责任似乎仅限于成立领导机构而已，而没能够切身地参与到内控体系建设中去。再来看看中层，在内控建设环节也是很容易“打架”的，不仅部门与部门之间，而且有时候与上下级之间都存在，原因很简单，那就是都是站在各自的角度来考虑问题，希望自己职能范围内的事情都在自己的一亩三分地儿解决。而基层呢，就更不用讲了，有了内控手册之后，工作真的简单了，因为他们可以就拿着与其相关的几个控制点来工作，内控手册之外的似乎与他无关了。这样的内控体系，大家可以想象得到会是一种什么样的效果，对企业目标的实现会有多大的促进作用。因此，真正的内控体系必须实现企业内部管理层级的有效衔接。

实现上下互动的有效内控执行体系需要协作。虽然这明显是一个老生常谈的话题，但是在企业的实际中还真是一个普遍的问题，山头主义、部门分割是在中国企业中经常可以看到的现象。如何避免这种现象，笔者也没有好的方法，还是只能说需要协作，上下级之间需要具备协作精神，上级不是直接地管控下级，而是相互协作着去完成某一工作任务；部门之间需要协作，工作任务本身是不具备职能属性的，因此所有的职能资源必须有效搭配才能够顺利实现目标。而实现这种衔接，内控提供了一个比较好的契机，那就是以内控流程为纽带，紧紧围绕着风险与目标来实现协作。通过内控流程打破部门、职能之间的壁垒，将不同的管理层级连接到一起；通过风险与目标在不同管理层级、不同岗位之间实现分工。无论处于流程的哪一个环节，无论处于哪一个管理层级，内控的目标和风险始终是一致的，只要每一个岗位在日常工作中都能够牢牢地记住该流程的目标与风险所在，就应当可以明确自身在该流程中应该是一个什么样的角色了，也就应该不存在因为部门职责、岗位职责的规定而谁也不服谁了。

第五节　内控与风险管理

与内控相关联的还有一个重要的概念是风险管理，在大多数的时候甚至都没有做严格的区分，笔者认为也的确没有必要严格区分开。因为这两个概念在内在逻辑上实际上是非常相似的。本节也简单说说笔者是如何看待这两个概念的。

一、两大基本概念框架

要比较说明这两个概念，就不得不提到 COSO 委员会的两个概念框架，一个是 1992 年 COSO 委员会发布《内部控制——整体框架》，这一框架在 2013 年被修订之后发布了 2013 版《内部控制——整体框架》，也就是通常所说的内控框架；另一个则同样是 COSO 委员会在 2004 年发布的《全面风险管理——整合框架》，也叫 ERM 框架，也就是通常所说的风险管理框架了，这一框架在 2016 年也被修订。因此，从其发展历程来讲，应该说两者之间是存在某种联系的。从内容与形式上来看，内控框架为三大目标、五大要素，而风险管理框架为四大目标、八大要素，其中风险管理框架多出的一个目标是战略目标，多出的三个要素，差不多是将内控框架中的风险评估要素一拆为四，另外四个要素则基本一致构成的，因此，从内容与形式上来看两者也有相似，甚至可以说风险管理框架是升级版的内控框架。有关这两个框架的详细比较，要是咬文嚼字地去研究可能得写上一本书了，这不是本书所要解决的问题，而有关两个框架的大致内容接触过内控的人都有所了解，故此处不想在这个地方纠结，明白上面提到的感觉应该足够了。

此处笔者想多说几句的是上述两个概念框架中国化之后的版本，因为这可能跟更多的人有关系一些。中国虽然目前还没有将内控写进法律中去，但是在规章层面已经有了多个版本，比较有影响力的主要有三个版本，这三个版本分别是财政部、证监会、审计署、银监会和保监会五部委于2008年5月联合发布的《企业内部控制基本规范》，国务院国资委于2006年6月发布的《中央企业全面风险管理指引》，以及上海证券交易所和深圳证券交易所分别于2006年发布的《上海证券交易所上市公司内部控制指引》和《深圳证券交易所上市公司内部控制指引》，这里统称为交易所版本。如果从采用的概念框架上进行划分的话，财政部版本基本采用了内控框架，并根据国情作了部分微调，交易所版本则基本上采用了风险管理框架，但在要素的排序等细节上有部分调整，同时突出了上市公司披露方面的要求，而国务院国资委版本则很难直接将其归纳为内控框架，还是风险管理框架，因为正如其文件标题所示，其更加突出从风险管理的内部程序，如风险管理初始信息、风险评估、风险应对策略、风险管理文化、风险管理组织等方面来阐述其基本框架，这些内容比较接近于在风险管理框架中有关风险管理的四个要素的基础上延伸出来的，因此这里也将其归纳到风险管理框架之中。

从影响范围来看，财政部版本无疑影响是最大的，这个版本适用于所有企业，而国资委版本更多地在国有企业系统中采用，交易所版本所直接约束的企业只有上市公司和拟上市公司。从2010年财政部等五部委再次联合发布了企业内部控制配套指引之后，可以说财政部版本已经逐渐成为中国版的SOX法案了，其定义的基本框架也差不多成为了所有企业的内控框架，因此可以说中国目前的内控体系基本上都采用了COSO委员会1992年版本的内控框架。所以，现在再来纠结于究竟是采用了内控框架还是风险管理框架其实已经没有太多的意义了，这也是为什么本节不想浪费太多文字的原因。

二、不同框架的内在一致性

不想浪费太多文字纠结于内控框架和风险管理框架之间的另外一个原因是，无论是财政部版本、国务院国资委版本，还是交易所版本，其实都有其内在一致性，理解这种内在一致性远比去比较研究这几个版本的差别更有意义。这种内在的一致性就是无论哪个框架其实在本质上都是在强调采用风险来分配内部管理资源这一思想，笔者认为内控也好，还是风险管理也罢，这才是最为重要的理论与现实意义。

企业内部的资源总是有限的，企业内部管理最本质的无非是如何来有效配置这些资源，以求能够达成最高的效率和效果，这也是所有研究企业管理的研究者所面临的终极命题。在如何分配企业的内部资源上，100 年前的弗雷德里克·泰勒提出的科学管理原理和 50 年前彼得·德鲁克提出的目标管理，无疑是两个最广为人知的管理理论。泰勒沿着从下往上的思路，研究工人的每一个作业，然后将其标准化，并采用职能管理的方式来分配资源，分配的标准就是通过实验总结出来的最有效率的生产组织方式，这一过程依赖于职能管理者根据作业标准来分配。德鲁克的目标管理则沿着从上往下的思路，提倡首先在公司层面明确企业的使命与愿景，并制定企业层面的目标，然后逐层分解到高层、中层、基层，直至具体的操作岗位，在这一过程中引导内部资源分配的是目标，怎样配置内部资源有助于完成目标。笔者个人认为，除了这两位大师的代表性思想外，其他管理大师的理论，只要是研究企业的都是在研究着相同的问题，那就是如何分配内部资源，就好比所有的经济学家都在研究合理配置资源一样。

而内控或者说风险管理的本质其实也是一种企业内部资源的分配方式，它是在前人的研究成果基础上，结合新时代的实际情况提出的新理论。正如同泰勒认为分配资源的关键是作业，德鲁克认为分配资源的关键是目标一样，内控则认为分配内部资源的关键是风险。这是因为：首先，风险因素的客观存在，是内控其他要素与活动存在的前提，如果实现一个目标没有任何风险，完全是天上掉下来的馅饼，那么内控认为这样的好事根本不需要投入任何的资源，如果一项业务活动没有任何风险，那么也就不需要采取任何控制措施去应对了。其次，风险因素的大小决定了应该分配资源的多寡。虽然每一项风险因素都是客观存在，但是不同风险因素之间发生的可能性和发生后的影响程度却是不同的，发生可能性大且影响程度大的我们称之为高风险，反之则为低风险，在高风险与低风险之间可能还存在其他居中的组合，被称之为中等程度风险，而根据细分程度，可以将中等风险细分成多个层级，那么在内部管理资源配置上根据内控的观点，就应该优先将管理资源配置到高风险领域，随着风险从高到低的变化，配置的资源也就随之递减，直至耗尽内部管理资源为止。最后，风险因素本身的属性也决定了企业需要的资源内容。为了减少财务核算过程中的错误这一风险，我们即便招聘十个建筑工程师也是无济于事，但是招聘一名会计师可能就解决问题了，因此需要根据风险因素本身的天然属性来配置企业的资源，企业需要什么样的资源，这是由企业所面临的风险因素所决定的。

理解内控和风险管理这两个框架的过程中，笔者认为最为关键的应该是把握住它们是一种企业内部资源配置方式这一核心要义。而至于其他方面，如果我们不是专业研究者，而是企业工作人员，那么个人认为没那个必要去深究，而本书正是写给在企业中工作的内控岗位人员的。

第三章

内控责任体系

章节导读

无论是从内控的理论定义，还是从内控体系的建设与维护实践看，内控的“全员参与”这一特征应该说已经达成了普遍共识。但是在具体的内控咨询或者企业的内控实践过程中更为重要的是需要将这个“全员参与”特征落地，也就是说企业内部的不同部门与岗位究竟在企业的内控体系中充当何种角色，履行何种职能，只有弄清楚了这一点，接下来的工作才能开展起来。非常直观的理解就是，企业内部的所有部门与岗位在内控中的职责不可能完全一样，就如同在日常业务中不同部门与岗位都有不同的职责一样，因此，这需要我们就企业内部不同类型的岗位具体问题具体分析。本章将从有关不同岗位内控职责的经典表述说起，重点说说内控部、审计部、业务部门和企业领导四大类型岗位的内控职责。

第一节　内控职责经典表述

其实在内控经典文献中并不缺少有关企业内部不同岗位的职责表述，

这是我们分析内控责任体系的基础，但是这些表述既然是经典，也就意味着离真正落地还有那么一小段距离，而这正是咨询顾问每天必须面临的问题。本节重在节选部分经典表述在此供读者学习，具体包括COSO委员会的表述、财政部的表述和国务院国资委的表述，其他表述的内容与这三个相比较而言就没必要贴出来了，总体意思差不多了。

一、COSO委员会的经典框架表述

首先看看经典中的经典，即COSO委员会在1992年版内控基本框架中的有关表述。COSO委员会在报告的第一部分“管理层概述”中，用“角色和职责”这一小节，重点说明了不同岗位的内控责任，原文如下：

企业的每位员工都应担负内部控制的职责。

经理层——总裁应最终负责并具有内控系统的“所有权”。与其他人相比较，总裁制定了最高基调，这将影响诚信度、道德品行以及构成一个积极的控制环境的其他因素。在大公司，总裁通过督导高层管理人员检查其经营行为来完成自身职责。高层管理人员，则向各部门负责人分配具体的控制措施和程序。在规模小些的公司，总裁常常身兼所有者和经理人双重角色，其影响也就更加直接。在任何情况下，对于金字塔式的职责分布结构，每位经理人实际就是他所辖管职责范围内的总裁。经理层中具有特殊意义的是财务总监及其下属，他们的控制行为切入企业经营的各部分。

董事会——经理层对董事会负责，董事会提供管理、指引和核查。高效率的董事会成员应该是实事求是、富有才华和钻研精神的。他们熟悉企业经营及环境，留出足够的时间来完成董事会职责。不诚实的经理层有可能越过内部控制，忽视或压制下属的信息反馈，并故意误报结果以掩盖其行径。一个强有力、活跃的董事会，特别是具备了有效的信息自下而上传递的渠道，以及完善的财务、法律和内审职能后，往往能识别和纠正这样的问题。

内部审计人员——内审人员在评价、维护企业内控系统有效性方面起重要作用。由于在企业中的组织地位和权威性，内部审计在监控方面扮演重要角色。

其他人员——从某种程度上说，内部控制是企业中每个人的职责，因此应成为每个人工作职责中明示或暗示的部分。实际上，所有职员都在产出内控系统需用的信息，或在进行与内控有效运行相关的活动。而且，所有职员都有责任向上层汇报经营中存在的问题、背离准则和违规违法行为。

二、企业内控基本规范中的表述

目前国内最有影响力的内控规范，是财政部等五部委联合发布的《企业内部控制基本规范》，其也对不同类型岗位内控职责有所表述。《企业内部控制基本规范》第二章控制环境中有四条可以认为是重点在定义不同岗位类型的内控责任，原文如下：

第十一条　企业应当根据国家有关法律法规和企业章程，建立规范的公司治理结构和议事规则，明确决策、执行、监督等方面的职责权限，形成科学有效的职责分工和制衡机制。股东（大）会享有法律法规和企业章程规定的合法权利，依法行使企业经营方针、筹资、投资、利润分配等重大事项的表决权。董事会对股东（大）会负责，依法行使企业的经营决策权。监事会对股东（大）会负责，监督企业董事、经理和其他高级管理人员依法履行职责。经理层负责组织实施股东（大）会、董事会决议事项，主持企业的生产经营管理工作。

第十二条　董事会负责内部控制的建立健全和有效实施，监事会对董事会建立与实施内部控制进行监督。经理层负责组织领导企业内部控制的日常运行。企业应当成立专门机构或者指定适当的机构具体负责组织协调内部控制的建立实施及日常工作。

第十三条　企业应当在董事会下设立审计委员会，审计委员会负责审查企业内部控制，监督内部控制的有效实施和内部控制自我评价情况，协调内部控制审计及其他相关事宜等。审计委员会负责人应当具备相应的独立性、良好的职业操守和专业胜任能力。

第十五条　企业应当加强内部审计工作，保证内部审计机构设置，人员配备和工作的独立性。

内部审计机构应当结合内部审计监督，对内部控制的有效性进行监督检查，内部审计机构对监督检查中发现的内部控制缺陷，应当按照企业内部审计工作程序进行报告；对监督检查中发现的内部控制重大缺陷，有权直接向董事会及其审计委员会、监事会报告。

三、国务院国资委的表述

国务院国资委发布的《中央企业全面风险管理指引》，其首先在第一章“概述”中进行了概括性表达，原文如下：

第十条　企业开展全面风险管理工作应与其他管理工作紧密结合，把风险管理的各项要求融入企业管理和业务流程中。具备条件的企业可建立风险管理三道防线，即各有关职能部门和业务单位为第一道防线；风险管理职能部门和董事会下设的风险管理委员会为第二道防线；内部审计部门和董事会下设的审计委员会为第三道防线。

除了在总则中的上述表达外，该指引还专门利用了一个章节，即第七章“风险管理组织体系”来重点阐述不同类型岗位的责任体系，原文如下：

第四十五条　董事会就全面风险管理工作的有效性对股东（大）会负责。董事会在全面风险管理方面主要履行以下职责：

（一）审议并向股东（大）会提交企业全面风险管理年度工作报告；

（二）确定企业风险管理总体目标、风险偏好、风险承受度，批准风险管理策略和重大风险管理解决方案；

（三）了解和掌握企业面临的各项重大风险及其风险管理现状，做出有效控制风险的决策；

（四）批准重大决策、重大风险、重大事件和重要业务流程的判断标准或判断机制；

（五）批准重大决策的风险评估报告；

（六）批准内部审计部门提交的风险管理监督评价审计报告；

（七）批准风险管理组织机构设置及其职责方案；

（八）批准风险管理措施，纠正和处理任何组织或个人超越风险管理制度做出的风险性决定的行为；

（九）督导企业风险管理文化的培育；

（十）全面风险管理其他重大事项。

第四十六条　具备条件的企业，董事会可下设风险管理委员会。该委员会的召集人应由不兼任总经理的董事长担任；董事长兼任总经理的，召集人应由外部董事或独立董事担任。该委员会成员中需有熟悉企业重要管理及业务流程的董事，以及具备风险管理监管知识或经验、具有一定法律知识的董事。

第四十七条　风险管理委员会对董事会负责，主要履行以下职责：

（一）提交全面风险管理年度报告；

（二）审议风险管理策略和重大风险管理解决方案；

（三）审议重大决策、重大风险、重大事件和重要业务流程的判断标准或判断机制，以及重大决策的风险评估报告；

（四）审议内部审计部门提交的风险管理监督评价审计综合报告；

（五）审议风险管理组织机构设置及其职责方案；

（六）办理董事会授权的有关全面风险管理的其他事项。

第四十八条 企业总经理对全面风险管理工作的有效性向董事会负责。总经理或总经理委托的高级管理人员，负责主持全面风险管理的日常工作，负责组织拟订企业风险管理组织机构设置及其职责方案。

第四十九条 企业应设立专职部门或确定相关职能部门履行全面风险管理的职责。该部门对总经理或其委托的高级管理人员负责，主要履行以下职责：

（一）研究提出全面风险管理工作报告；

（二）研究提出跨职能部门的重大决策、重大风险、重大事件和重要业务流程的判断标准或判断机制；

（三）研究提出跨职能部门的重大决策风险评估报告；

（四）研究提出风险管理策略和跨职能部门的重大风险管理解决方案，并负责该方案的组织实施和对该风险的日常监控；

（五）负责对全面风险管理有效性评估，研究提出全面风险管理的改进方案；

（六）负责组织建立风险管理信息系统；

（七）负责组织协调全面风险管理日常工作；

（八）负责指导、监督有关职能部门、各业务单位以及全资、控股子企业开展全面风险管理工作；

（九）办理风险管理其他有关工作。

第五十条 企业应在董事会下设立审计委员会，企业内部审计部门对审计委员会负责。审计委员会和内部审计部门的职责应符合《中央企业内部审计管理暂行办法》（国资委令第8号）的有关规定。内部审计部门在风险管理方面，主要负责研究提出全面风险管理监督评价体系，制定监督评价相关制度，开展监督与评价，出具监督评价审计报告。

第五十一条 企业其他职能部门及各业务单位在全面风险管理工作中，应接受风险管理职能部门和内部审计部门的组织、协调、指导和监督，主要履行以下职责：

（一）执行风险管理基本流程；

（二）研究提出本职能部门或业务单位重大决策、重大风险、重大事件和重要业务流程的判断标准或判断机制；

（三）研究提出本职能部门或业务单位的重大决策风险评估报告；

（四）做好本职能部门或业务单位建立风险管理信息系统的工作；

（五）做好培育风险管理文化的有关工作；

（六）建立健全本职能部门或业务单位的风险管理内部控制子系统；

（七）办理风险管理其他有关工作。

第二节　有关内控职责体系的调查

2012 年和 2013 年，笔者所在的咨询公司与湖南省证监局合作，在湖南省连续两年开展了面向所有上市公司的内控规范实施问卷调查。从调查结果来看，有关内控责任体系的结论可以归纳为如下两个方面，这里也拿出来与读者共享。

1. 关于内控工作的领导机构。首先从责任主体来看，共有 60 家上市公司明确公司的董事会是公司内部控制体系的最终责任主体，占有效问卷的 86%；同时还有 6% 的问卷将审计委员会明确为内部控制体系的最终责任主体；仍有 4% 的问卷尚未确认内控的最终责任主体。其次从内部控制规范实施工作的领导机构来看，则相对比较分散，有 38% 的上市公司将董事会下属审计委员会确定为公司实施内控规范的领导机构；分别有 16 家上市公司将董事会或者董事会下属临时机构作为内控规范实施的领导机构，分别占比 23%；还有 10% 的单位确定了其他机构作为领导机构，同时只有 2% 的单位将董事会下属风险控制委员会作为内控规范实施的领导机构。最后从组织内控工作的主管领导来看，有 41% 的上市公司由总经理直接负责；由其他领导、董事会秘书、总会计师、运营副总经理和其他专职副总经理负责的上市公司占比分别是：28%，22%，4%，3% 和 3%。

2. 关于内控的组织实施机构。总体来看，公司内部审计部门在内控工作中承担了主要的实施工作。从反馈问卷来看，有 51% 的上市公司的内部控制体系建设实施部门为审计部，同时有 71% 的上市公司将审计部作为内部控制年度自我评价的组织部门，进一步统计内部控制体系建设和内部控制年度自我评价的组织均为审计部门的数量高达35家，达到有效样本的一半。同时，我们也注意到，有5家上市公司在内控建设与自评环节均由内控部完成。由此，同时由一个部门完成内控规范建设和自评的上市公司总数为40家，占有效样本量的57%。

虽然我们无法去查证被调查单位反馈的是否是实际情况，但是至少从结果来看，大部分单位还是已经从领导机构与执行机构两个层面开始逐步建立起了完整的内控责任体系框架。

第三节 内控部的应有职责

内控部，如果时光回到三五年以前，可能太多的人没有听说过这样一个部门，但在今天这一部门说起来已经不会那么陌生了，这不仅有内控在企业中持续推广完善的原因，同时一个现实的情况是越来越多的企业已经组建了内控部，或者正在计划组建内控部。因此，探讨内控的责任体系，首先我们将分析一下尚未得到普及的内控部所应有的职责，并希望这一说明能够对内控部门的建设起到一定的促进作用。同时我们还应该注意的一点现实情况是，虽然很多单位没有单独成立内控部，但已经指派了相关的部门，如很多单位会指定企业管理部门、证券投资部门或者综合管理部门等代为履行内控部的职责，如果把这些也定义为广义上的内控部门的话，那么内控部跟大部分人可能就更为接近了。当然此处所讨论的内控部的职责，也是这一层面上的内控部的职责，或者更准确地说我们是在讨论一个企业中的内控管理职责在职能部门层面的所有职责。

一、内控部职责分析

笔者认为作为一个部门的话，内控部的职责至少应当包括如下五个方面：

➢ 拟定并完善企业内控管理制度，构建内控体系建设、评价、提升机制；

➢ 提炼归纳企业内控基本政策并在企业范围内进行有效宣传；

➢ 跟踪内控理论与实践发展方向并制定、优化企业内控体系概念框架；

➢ 设计并优化企业内控管理工具，指导业务部门正确使用内控工具；

➢ 总结企业内外部先进内控经验并在企业内部进行有效推广。

之所以提出上述几个方面，笔者的考虑是这样的：

（一）拟定并完善企业内控管理制度，构建内控体系建设、评价、提升机制

“无规矩不成方圆”。内控体系本身在大多数时候可以理解为给企业内部的各种业务上的管理“定规矩”，当然不是说所有业务规则都是内控的范畴，而只是说从工作的性质和形式上来讲如此。但是很可惜的可能是由于内控在企业的实践较短，因此很多企业在推广内控规范的时候一开始就将重点或者全部注意力集中到了如何在各条业务线上去构建内控体系，但却忘了给内控自身制定内控，即内控体系本身应该如何建设，有哪些标准和要求，内控评价的程序是怎样的？评价要求和方法是什么？内控体系的持续完善通过何种路径来解决等等。诸如此类的有关内控自身的内控在很多单位反而被遗忘了，这不能不说是一种遗憾。如果以前还能说是因为企业没有专职内控部门，虽然这一理由并不充分，但现如今既然已经是探讨内控部的职责了，那么为内控自身搭建内控就是首要任务，自身都不够规范，又如何去要求其他部门规范呢？所谓己所不欲，勿施于人，莫过于此吧。

具体而言，笔者仍然建议需要根据外部规范和内部实际情况，制定企业的内控管理制度，并形成内控管理制度体系，这种内控制度体系框架笔者建议如下：

公司层面：内部控制管理规定。

业务层面：（1）内部控制建设实施规范；

（2）内部控制测试评价规范。

操作层面：（1）内控业务流程梳理细则；

（2）企业风险数据库管理细则；

（3）企业业务表单管理细则；

（4）内控体系更新维护管理细则；

（5）内控日常监督细则；

（6）内控年度测试评价管理细则；

（7）内控缺陷认定标准维护细则。

当然上述制度框架仅仅是一个参考，企业需要更多地考虑自身的实际

情况后拟定自身的内控制度管理框架，并根据内控体系的不断完善而完善自身的制度体系。

（二）提炼归纳企业内控基本政策并在企业范围内进行有效宣传

此处的企业内控基本政策可以从狭义和广义两方面来说，狭义的内控基本政策是内控本职工作范围的一些基本政策，包括企业内控方面的总体要求、基本策略等；广义的内控基本政策则可以上升到企业总体层面的内控政策，这就包括如控制环境、风险评估、信息与沟通、内部监督等内容在内的基本内控政策，而作为一个专职的内控部门来说，笔者认为应该考虑从广义角度去提炼归纳企业的内控基本政策。

为什么说提炼归纳企业内控基本政策应该作为内控部的基本职责之一呢？主要基于如下考虑：首先，联系到自己所服务大部分客户的实际情况，虽然不能说这些企业没有内控政策，但是这些政策都零散分布于如公司战略、文化手册、管理制度、乃至公司宣传标语、工装等上，但是总体而言，笔者仍然认为这些单位对这些企业的内控基调提炼的不够，甚至没有提炼，在最初协助客户构建内控体系的时候，梳理控制环境总是让人头疼的，因为这需要查阅大量的资料，即便是去访谈企业的如文化专员这样的岗位，能够得到的有效信息也非常有限；其次，大部分企业都会梳理有如公司发展远景、文化理念、道德规范、行为守则等等这些内容，这些可以认为是一种内控环境的组成部分，但是这些内容板块分割，与内控的联系还不够显性化，当我们说员工行为规范中的部分内容应该作为内控环境的一部分时，很多单位都不以为然，认为这是为了单纯的凑字数，但事实并非如此。因此，需要内控部门在深入研究的基础上进一步厘清企业内部的这些规范与内控的关联关系，并采用内控的语言进行表达，纳入内控框架之中，这样一来公司的这些基本政策就会更加的一目了然，而且整个内控体系也会变得更加的“丰满”和“匀称”。

那么应该如何来进行梳理呢？一方面从内容上来说应该囊括公司的控制环境、风险评估、信息与沟通和内部监督四大要素的总体控制要求；另一方面从形式上来说，应该采用统一的格式或者语言来表达，笔者建议的梳理结构是这样的，按照性质将所有内容划分为不同的主题，如诚实守信、管理层基调、治理层责任等等，在这些主题之下，分要点逐一阐明企业的基本政策，而在每一个要点之中则应该包括：（1）该要点的核心要义，直接表述该要点的核心主旨，如诚实守信可以分解为对客户诚信为本和对同事以诚相待两个要点，第一个要点则应该进一步说明企业产品与服务货真价实，对客户用心服务。（2）表达了核心要义之后应该说明该要点对业务、员工的一般要求，如产品要货真价实，就必须要求员工不使用有瑕疵的配件，不缺斤少两等。（3）要清晰地说明对执行该要点的监督机制或者奖惩机制，如当员工弄虚作假时的惩戒机制，如企业将会采用何种措施来保证企业产品不缺斤少两等。通过上述三点的阐述，就可以将一个以往看来高高在上的所谓基本政策与所有员工有效地联系起来，也只有这样的政策才可能有效地落地。而一旦这些基本政策深入人心，那么也必将开始影响员工的具体业务行为，从而才能够真正实现内控基本政策四两拨千斤的效果。

（三）跟踪内控理论与实践发展方向，制定、优化企业内控体系概念框架

提到内控体系概念框架，可能很多人会说不是都已经有 COSO 框架了吗？财政部不也发布了中国版的内控框架了吗？企业采用这一框架不就完了吗？为什么还需要“制定、优化”企业内控体系概念框架呢？的确如此，外部框架早已成熟，但是需要说明的是那个框架叫做内控概念框架，并不叫做“××公司内控框架”，也就是说 COSO 委员会提出的这一基本内控框架有着广泛的适用性，无论是大企业，还是小企业，都可以用；无论是营利性的企业，还是非营利性的行政机关、社会组织也可以用；无论是美国的组织，还是中国的组织也可以用。也正因为其有如此广泛的适用性，也就决定了其个性不足，而一旦具体到某一个企业，则必须根据 COSO 内控概念框架来搭建企业自身的内控框架，甚至说也不一定就必须采用 COSO 的这一框架，可以探索出更加符合企业自身实际的概念框架体系，因为鞋子穿在脚上才知道是否合适。这就是为什么 COSO 内控框架已经发布多年，甚至是中文版本也已经翻译出版多年了，但是当大部分企业拿到这一框架后，仍然需要聘请咨询公司来协助构建内控体系的原因之一，咨询公司对企业业务的了解比起企业自身的员工要差得太远，但是咨询公司有众多相对成熟的适用于不同企业的内控框架，利用这些框架可以有效地将 COSO 的大框架与企业的实际业务联系起来，从而实现内控的落地。

但是，需要提醒一下的是，在构建企业自身的内控概念框架过程中，一定不要忘了前提条件，即应该“跟踪内控理论与实践发展方向”。COSO框架之所以如此流行，是因为这是被大部分企业的实践所验证的有效框架，既然可以站在巨人的肩上，那么又为什么要从零开始呢，所以构建企业自身的框架过程中，也不要忘了博采众长，唯有如此才是真正意义上的创新。而且，这种企业的内控框架应该不断地优化与完善，绝对不可能说今年设计出来的一套框架可以用上十年二十年，这是不现实的，也不是科学的态度。笔者认为企业的内控从合规内控、到价值内控再到创新内控的过渡，在这一进程中就包括了企业内控框架本身的逐步完善与优化，能够创造价值的内控框架与仅仅只能满足合规要求的内控框架应该是不一样的，这是笔者的观点。

（四）设计并优化企业内控管理工具，指导业务部门正确使用内控工具

这里所指的内控管理工具，包括如现如今比较常用的风险控制矩阵、权限指引表、不相容职责分离表、内控测试底稿等等。这一方面的工作较为可喜的是几乎笔者所有的客户都已经设计了部分工具，并尝试着在内控建设范围内统一使用。但此处笔者想重点说明的是另一方面的事情，那就是内控部更重要的职责是需要不断优化内控管理工具，并且让这些工具能够在业务部门得到有效的利用。这里最关键的一个问题就是应该如何来设计内控管理工具，怎样的内控管理工具是较为合理的。根据自身的工作实际情况来看，这些工具应该具备如下特征：第一，系统性特征。即内控部门在设计一个企业所通用的基本内控管理工具的过程中，应当具备系统性思想，从内控体系建设、测试评价、后期维护更新等综合性考虑后设计内控管理工具，从而避免由于考虑不全而导致的不同用途之间的管理工具之间的不衔接，并因此而导致一些重复性的工作。同时更为重要的是，通过这样的考虑，可以实现内控不同阶段的内部关联，从而构建起PDCA内部闭环流程，如风险控制矩阵与测试评价矩阵的衔接确保了所有内控建设内容都可以无遗漏的进入测试评价选择范围基础库。第二，标准化特征。既然是统一使用的工具，那么合理的内控管理工具，就应该从形式与内容上均具有标准化特征，形式上每一个工具包括哪些字段，每个字段填写规则等这些形式上的都应该具有统一标准；内容上每一个字段的填写要求也应该有统一的内控语言，如控制频率，严格填写年度、半年度、季度、月度、每周、每日、按需等其中之一，如控制措施在描述的时候应该包括哪些要素，如现在通用 4W1H 方式，每一个要素有应该明确到何种程度等等，这些内容在表述上也应该考虑标准化。

而内控管理工具更为重要的一种趋势则是信息化，越来越多的企业正在尝试着使用专用的内控管理系统，并将内控体系的建设、测试评价等集成到一起，充分共享基础数据资料，从而不仅提高了效率，提高了监督的科学性，同时也能够快速地从整体上了解整个企业的内控现状，如中石油正在使用的内控系统已经基本实现上述功能。虽然对于大部分企业来讲，开发或购买单独的内控系统似乎还是一种奢望，但是作为一种趋势还是不得不提及，而且笔者也相信会有越来越多的单位选择系统化的内控管理工具。

（五）总结企业内外部先进内控经验并在企业内部进行有效推广

既然是专职内控部门，那么就应该对整个企业的内控水平承担起责任，而要承担起这种责任首先必须要做的则是练好内功，练好内功的一种重要方式则是不断地总结企业内外部先进内控经验并积极在企业范围内进行推广完善。此处也想说两点：第一点是，应该将内控作为一种创造价值的活动来看待。在自己的客户中，成立内控部，或者专职从事内控工作的部门也有一些，但是这些部门负责内控工作三两年，甚至是一两年之后，这个部门在企业里的“地位”悄然下降了，并不像成立之初被领导强调的那么重要了。将这些单位的内控部门整理到一起分析，就会发现一个重要的原因是这些内控部门将内控工作完全事务化了，被动的接受着其他部门提出的修改要求，根据要求完成形式上的调整，仅此而已，而根本谈不上主动作为，主动去分析研究如何改善企业业务流程、优化控制措施等。因此，一个内控部要想在企业里占有一席之地，除了外部监管要求不停地“吼”以外，更重要的还是需要提升自身的服务能力。第二点是，说到管理提升，内控改善，更多的单位首先想到的则是聘请咨询公司来开药方、做手术，认为只有第三方提出的新思路、新方法才能算是提升，只有外部单位提出的才算是科学的。然而事实也并非如此，实际上一个企业究竟应该建成什么样的内控体系，哪些地方是真正的关键控制点，只有企业内部的员工最清楚，一个具体的业务事项究竟应该如何管理，也只有一线基层管理人员最为明白。基于此，企业提升内控水平与能力应该更加重视内部先进经验的归纳总结与推广，逐步探索出适合自身企业实际的内控体系。

此处所称的内部推广可以从两个维度去理解，第一个维度是空间，即从一个企业推广到其他企业这主要是针对集团型而言的，就笔者所服务的集团型客户而言，鲜有企业一次性在所有空间范围内完成内控建设，这本身就存在着从试点单位到所有单位推广之必要，而且，同一集团属下不同单位之间总会有相互可借鉴之处，第二个维度是同一个企业内部不同管理层级之间的推广。正如前之所述，每一个企业的某一次内控建设都建立在某一个特定管理层级之上，这也就意味着不同层级的岗位所需要的内控是不一样的，这也就为不同层级间内控经验的借鉴提供了基础，内控部应该承担起不同层级间内控经验借鉴的桥梁作用，这也就是此处第二个维度推广的含义。

二、内控部岗位员工的胜任能力

说完了内控部，下面也来简要地说说内控部岗位员工的胜任能力，由于笔者自己也没有在企业内控部工作的经历，所以说只说说从对内控工作的理解角度出发，认为要成为一名合格的内部控制员工，从知识与能力两个方面来看，应该体现“3+3”特征，即知识方面需要三种，能力上也需要三种。在基本知识上，笔者认为应该掌握一定的财务知识、管理知识和业务知识。具体而言，财务是基础性的商业语言，财务活动贯穿于所有的业务活动之中，尤其是在目前财务报告内控更加被重视的大环境下，如果一点财务知识都没有的话，可能很难与其他人去沟通；内控本身仍然属于管理学科，本质上仍然是一种管理活动，而且这种管理活动还不同于其他职能部门的专业化管理，而更多地体现了一种综合管理能力要求，因此从总体概念上对管理有一个充分了解必定是有助于内控工作开展的；当然，无论是财务，还是管理，都是建立在公司的基本业务基础上的，公司的主营业务价值链是唯一创造价值的活动，因此内控部岗位也需要根据自身所在企业的不同了解企业的主营业务流程，掌握必要的行业知识，这样才能确保内控真正落地，也才能体现出个性化的内控体系建设要求。在个人能力上，同样有三点，分别是学习能力、沟通能力、分析能力。需要具备一定的学习能力，不仅是因为内控本身仍然年轻，各种新动向更新较为迅捷，不具备学习能力就可能跟不上最新的发展，同时由于内控业务的复杂性，涉及面之广是其他职能活动所不能企及的，因此要在如此广的范围基础上能够将内控与业务实现结合，就必须要求内控部岗位能够迅速地学习了解不同业务需求；无论在内控工作的何种阶段，沟通都是必须的，由于内控岗位对于企业的其他业务了解程度往往是不够的，这个时候就必须借助于优秀的沟通能力，准确、完整地理解业务部门的需求，同时清晰、明了地将内控的控制要求传达给业务部门，从而尽量减少由于信息不对称而导致的误解；分析能力是内控管理水平持续提升的重要基础，只有通过不断地分析了解企业的内控现状，总结内控设计与执行上的不足，提炼出优秀的控制方式并推广实施，才能够在全企业范围内不断地促进内控整体管理水平的提升。

第四节　审计部的角色

说到内控工作，审计部是肯定会被提及的一个部门。但是从现实情况来看，却并不是所有企业的审计部都清晰准确地找准了自身应有的定位。因此本节简单探讨一下审计部门在内控体系以及日常内控工作中应有的角色定位。

一、审计部内控职责分析

审计部在企业的基本角色定位就是监督，这种监督角色细化到内控工作中按照事前、事中与事后的一般顺序，审计部至少应该承担如下三个方面的职责：

- 复核审定内控部设计的关键控制措施是否符合内控原则；
- 参与关键控制点的执行过程监督；
- 组织实施日常内控测试与年度内控评价工作。

之所以认为审计部的职责为上述三条，笔者是这样考虑的：

（一）复核审定内控部设计的关键控制措施是否符合内控原则

事前防范胜过事中监管；事中监管胜过事后追责，这种对企业内审的内在价值定位应该是越来越受到更多企业认同的，也正是从这种角度考量，所以我们建议审计部应当将事前参与审定内控部设计的关键控制措施作为其基本职责之一。具体而言，审计部的这种参与内控规则的制定又体现在两个着力点上：其一是审计部门作为整个内控体系中内部监督这一要素中大部分控制措施的执行者，就相当于其他业务中的业务部门一样，审计部对于自身负责的业务必须参与设计过程，只有他们才是对自身业务最为了解的部门，这一点在讨论业务部门的内控职责的过程中还会提及；其二是与其他业务部门不同的是，因为审计部门大多数时候履行内控有效性监督的责任，而要更为有效地完成这种监督的任务，首先则必须清楚地了解企业的游戏规则是什么，否则就只能是纸上谈兵，监督过程中提出来的不切实际的管理建议自然也不会受到重视，也就在事实上没办法履行应尽职责。

到此，可能有些读者会问，这是否还符合不相容职责相互分离控制的基本要求呢？因为似乎审计部在自己定规矩，同时将来又要来检查这些规则是否被执行？是的，如果处理不恰当的话是有可能的，因此在这里需要强调的是审计部参与的方式中需要注意两点：第一是审计部是复核与审定职责，而不是编制或设计职责，换句话说最为直接的控制措施不应该是审计部亲自操刀设计的，而仅仅是参与其过程，了解企业的控制要求；第二是审计部在参与过程中应当把握的是内控设计上是否符合原则性要求，而不宜对具体业务的处理过程、方法等提出太多的要求，这些应该是内控部和业务部门考虑的问题，因为它们有更充足的理由来说明如此的设计更为合理，更为与企业的现实需求相一致，只有当存在明显的违背内控原则的控制措施设计提议时，审计部才应该出手，这叫该出手时才出手，而千万不要把手伸得太长了。

（二）参与关键控制点的执行过程监督

作为事中监督的必要部分，审计部则必须参与部分关键控制点的执行过程，使得过程监督真正落到实处，如参与项目招投标过程。同样，审计部在参与事中监督过程中也应该审慎地权衡内部监督的独立性要求与过程监督效果二者之间的平衡，既要始终保持审计部门相对于业务部门的独立性地位，同时也需要始终保持对关键控制点执行效果的监督深度，要更好地履行这一过程，笔者觉得如下方面应该加以思考：首先，是哪些过程需要监督？一个企业的控制点可能有上千个都是很正常的，因此，审计部门不可能对所有的控制点都去参与其中，这是不现实的，因此审计部需要对所有的控制点进行评估，从重要性出发，从所有控制点中挑选出一部分对企业而言重要的控制点，然后针对这些控制点的执行过程，审计在哪些环节予以切入，乃至如何切入等。其次，除了审计部自身的业务以外，如内部审计、内控评价等，本身就是由业务部门组织实施的，除了这些业务外，审计部在监督过程中始终需要清楚自身的角色定位，那就是独立的第三方角色，换句话说就是审计部在监督过程中，任何时候都不能直接对业务直接做出决策。如项目招投标的评标，可能是一个关键控制点，审计部应该介入，但是并不能够让审计部的人员作为评委参与评标，而应该是一个第三方角色，监督评标前标书是否密封完好，评标人员组成是否符合要求，回避要求是否执行到位等，只要这些做到了，那么至于评标小组如何评标，打分多少，最终确定谁为中标方，审计部则不应该具有相应的权限。

过程监督如果审计部门对自身的定位出了问题，那么出现影响独立性的情形将会是经常性的，而且也将会直接影响到后续的监督效果，因为开展真正意义上的自我批评并不容易。

（三）组织实施日常内控测试与年度内控评价工作

目前取得广泛认识的莫过于审计部应该承担起组织实施日常内控测试和年度内控评价工作这一项了，这是审计部的监督职责的题中之一，似乎也是最毫无争议的一项。对此，笔者还是想在此处多写几个字，增加说明两点：一是有关日常内控测试。这一点现在被太多的企业所忽视，往往都是等到 12 月以后，或者即便早一点也是等到 10 月份以后才开始考虑一年的内控测试工作，实际上这是不太妥当的，无论是从测试监督的效果来说，还是从工作量的合理安排来讲，都应该更加重视一些日常的测试与监督工作，如日常可以开展一些专项的内控测试，如采购专题、费用报销专题等，这样的专项测试针对性更强，放在日常时间上更充裕，可能会取得意想不到的效果，这是笔者的客户告诉笔者的。二是在年度测试过程中现在大部分企业都会显得人手不够，这一方面可能的确是工作量太多，毕竟涉及的内容不仅多，而且杂；另一方面可能也与集中安排在年度有关，无论原因如何，现在越来越多的企业想到的解决之道无非是两种，要么外包，要么从其他部门抽调人员组成内控测评小组来完成一些现场测试工作，笔者认为这也是可取的，但是也需要注意从整体评价测试安排上考虑如何利用并非专业的内控人员来达到更好的测试效果，如是否考虑组织培训，是否更为具体地列明测试重点等，同时采用这种方式，也需要注意尽量让测试人员回避自身所在的部门，甚至业务线，而是相互交叉测试，否则会导致自己测试自己，效果自然会打折扣。当然不得不补充一句的是最好的状态还是审计部门依靠自身的力量独立完成内控评价工作，这样就不会存在刚才提到的问题了。

二、审计部与内控部的衔接

依据现有的规范要求，也是从内控有关不相容职责相互分离控制的基本原则出发，通常要求负责内控体系建设和运行维护的部门不能直接负责内控有效性测试评价工作，而应该正如上文所探讨的如此分别由内控部和审计部负责，那么与之相关的一个问题就来了，一套内控体系的不同工作内容，如何实现二者的有效衔接呢？尤其是在目前大部分笔者的客户都还是职能制组织结构的时候，这一问题显得更为重要。此处就不再多说部门之间应该加强配合之类的话了，简单分别从审计部视角和内控部视角就具体的操作层面提示如下两个方面：

1. 审计部门的审计思路应该转向内控审计思维。无论是经营审计、费用审计、工程审计等等这些以往的内部审计项目，其重心依然是在“结果”上，如经济增加值经审计后具体是多少，工程成本经审计后具体是多少，是一个具体的数字，而从送审数据到审计后的数据之间存在的差异调整，往往就是审计部门经常所做的事情，审计部所追求的是要一个最终合格的结果，而对于之所以需要调整的过程差错，这其中，可能是故意的，有可能是无意，可能是客观原因造成的，也可能是主观原因造成的，这些都不是审计部所关注的重点，而内控审计则与此有所不同，内控审计所关注的重点恰恰是“过程”，只有当过程有效的时候才能认定内控体系有效，而跟最终的结果是否正确没有直接的关系。可能有读者朋友会有疑问了，是不是意味着即便结果错误也可能是内控有效呢？从现实情况来看，这种关系可以概括为：结果对了过程不一定对，结果错了过程一定错了。一方面当最终结果正确时，并不能说明内控本身没有问题，因为在内控体系中存在补充性控制，或者不同控制点之间的功能抵消作用等，如某一个控制点执行错误，但是可以在下一个控制点发现并纠正，这样并不会导致结果错，但是第一个控制点的确是执行无效的；另一方面，所有的结果都是内控运行的产出，最终大产出都与预期偏离了，那么过程总之是会有问题的，这里的预期应该是指内控的预期产出，而不能理解为公司的经营目标要求。如一个公司的经营目标是 1000 万元，但是由于外部市场条件急转直下，之后企业迅速调整战术，但是依然只完成了 600 万元，在这种情况下，一来在当时的条件下，在内控的框架下根据程序做出了决策，之后又根据条件变化及时的进行了调整，这样的内控体系本身是有效的，就不能因为还有400万元的任务没有完成而认为内控是无效的，所以必须清楚这里的预期是什么。审计部门如果能在内控审计，或者评价过程中顺利转变这种审计思路，那么衔接起来将会更为顺畅。

2. 内控措施设计过程中应当考虑内控的可评价性。还记得我们在探讨什么样的内控手册最好时说明的八个方面吗？其中的第二条和第三条分别强调："每条控制措施中应该明确岗位"和"引用业务表单数量多多益善"。这两条都是从提高内控可评价性方面提出的。所谓内控体系的可评价性，就是指内控运行过程中保存足够的过程痕迹，可以让第三方根据这些痕迹有信心对内控体系是否有效下结论。这其中最关键的就是一方面所有控制点必须能够找得到人，另一方面就是做的工作通过什么证据可以证明已经做过。为什么说这也是确保内控部与审计部衔接的关键因素之一呢？审计部不可能亲自参与所有的业务过程，而内控测试评价关注的又是这一过程，所以审计部只能通过事后留存下来的这些表单来还原当时的场景以确认某一控制点是否得到运行。而在现实中让不少审计部头疼的一个问题就是，访谈业务部门所有内控要求都执行了，但一旦开始索要过程表单时，则回答往往是："我们主要是通过电话联系确认的，没有表单"，"这件事情我们是开会决定的，领导都表态了，但是没记录"，"这笔业务一直这么处理的，不是每次都有表单的"……这就是笔者客户的审计部经常跟笔者抱怨的，在这种情况下到底是判断这些控制点有效呢，还是无效呢，心里非常没底。因此说，内控部在设计控制点的时候就应当考虑内控的可评价性，在设计层面，从源头上厘清每一个控制点的执责任人、表单要求等，这样一来，审计部就可以非常有底气地要求业务部门提供这些资料，否则审计部审计过程中业务部门可以理直气壮地回答："内控只要求做这件事情，也没说要什么表单啊？"

三、原有业务框架下履行内控职责

就那些"多一事不如少一事"的审计部门来讲，最为担心的一点莫过于内控工作的开展是否意味着他们的工作量将会增加，因为审计部门资源配置不足这是目前大部分中国企业所存在的普遍现象。那么，咨询公司经常不得不面临来自审计部的提问："我们一年的工作已经排得很满了，什么事情都要我们去，请问我该如何有效地履行监督内控这一角色呢？"针对这个问题，笔者想核心要义只有一点，那就是在原有业务框架下履行审计部内控监督职责，而就实际工作而言，可以从如下两个方面来实现：

1. 借鉴外部审计师所通常采用的“整合审计”思路。从 2012 年开始，上市公司开始大面积地披露《内控审计报告》，这对于会计师事务所来说，就如同企业的审计部所面临的情形，审计师原本在年报期间的主要工作是财务报告审计，也就是通常大家理解的外部审计，但从 2012 年开始，越来越多的上市公司开始要求内控审计，审计师又是如何确保在披露时间节点前高效完成相应工作任务的呢？对此，中国注册会计师协会在 2011 年先后出版和印发了《企业内部控制审计工作底稿编制指南》和《企业内部控制审计指引实施意见》两个重要的指导性文件，这其中最重要的一点就是帮助审计师建立“整合审计”的基本审计思路。鉴于本书读者可能大部分不是注册会计师，因此此处不对“整合审计”本身做过多说明，而是简单说明一下它的原理。通俗地讲，在审计部的工作中贯彻整合审计的工作思路，就是指在制定具体的审计计划或审计策略的时候，综合考虑对过程和结果的审计思路，也就是将内控审计和其他审计的内容综合到一起进行考虑，并在其中部分引用内控审计成果，减少部分实质性程序，从而达到完成一套审计程序，可以分别形成内控审计意见和其他审计意见。打个比方，在一个有关费用开支的审计项目中，如果在以前可能需要去核实每一笔费用开支的合理性，这样我们才能得出审计结论说费用开支是否合理，但逐笔核对所有的费用开支本身也将是一个费时费力的工作；在整合审计思路下，我们第一步可能不是直接去核实单笔费用开支，而是去了解费用开支流程，梳理在这一过程中的关键控制点，并通过抽查样本确认这些控制点，如费用预算、报销审批等这些控制点是否在现实业务中得到了执行，如果经过抽样验证这些控制点都得到了遵循，那么这时候我们首先可以判断关于这一点的内控是有效的，接下来第二步我们可能不需要再逐笔去核实每一笔费用开支了，要么可以直接认定公司目前实际列支的费用开支项目就是合理的，要么可以抽查一部分样本进行核实，如果也合理那么也就可以直接形成结论了。因此，在这一过程中，有关费用开支的过程和结果审计部门都关注到了，而且在对结果的审计中合理引用了内控审计的结论，从而降低了抽样要求，如此一来，就可以在合理控制工作量的基础上同时完成内控审计和其他审计任务，而不会因此而增加大量的工作量。如果不采用这种思路，一方面需要辛辛苦苦地验证内控的有效性，另一方面依然对所有开支逐笔去核实，那么工作量显而易见会增加。

2. 重新规划年度审计计划，让内控监督成为其题中之义。其实，对于内部审计而言，内控审计才应该真正成为其本源。为什么如此说呢？因为内部审计不同于外部审计的一个重要方面就是内部审计不是单纯地为了追求最后一个可靠的报表或者可靠的独立数据，而应该更多地从服务于管理层提升服务出发来思考如何更好地开展内部审计工作，而内控关注的内容恰恰就是企业内部的行为过程，从这一点来讲，审计部不应该认为内控审计工作是在原来的工作基础上增加了一部分内容，而是审计部本身的监督角色所应该履行的义务。当然，作为咨询顾问，笔者不是来找理由的，而是帮助审计部开展工作的，因为正如前文提到的，一方面目前内部审计资源配置普遍性不足，另一方面转变这种思路可能也的确需要一段时间。那么究竟如何做呢？笔者认为首先的一点就是从年度审计计划或者叫做规划上，就应该将内控审计纳入其中。这是笔者客户的审计部门经常最为被动的一种情形，在编制年度审计工作计划的时候，似乎内控跟他们没关系，列示的审计计划中全是经营审计、工程审计、跟踪审计等等各种类型的审计项目，唯独没有内控，只有等到年度评价测试了，才知道还有一块内控工作，或者即便把内控纳入到了工作计划中，但是也与目前的其他审计项目之间基本上是隔离的，这是导致审计部“忙不赢”的一个重要原因。将内控的日常监督和年度评价测试作为正式的审计项目列入到审计计划中去至少有两个好处：一是前面第一点提到的，在采用整合审计的思路时，内控审计与其他审计项目之间其实是可以有交集的，充分利用这种交集，可以减轻工作量，但这就需要我们在编制计划的时候就有这样的思路，合理计划审计项目，通过这些项目的实施可以同步实现双重审计目标；二是鉴于内控审计与其他审计项目之间可能存在的这种互补性关系，那么我们可以进一步思考的一个问题是，当我们安排了某一些内控审计项目的时候，对于一部分其他一般审计项目是否可以做一点减法，换句话说，是否因为执行了某些内控审计项目，那么可以直接取消一部分其他审计项目呢？因为从风险导向的原则出发，这是完全可以的，既然过程已经验证有效，那么对于最后的一个单纯结果的验证就可以减少一些资源的投入，这样从总体上来讲，对公司而言也是经济的。

第五节　业务部门的内控责任

无论是内控部，还是审计部，最终的服务对象还是各业务部门，狭义上是指除了内控部和审计部以外的部门，广义上来说也可以包括内控部和审计部，因为这两个部门自身也有业务活动，也应该纳入内控的体系之中。对于业务部门的内控责任，就笔者自身的经验来讲，可以归纳为两个字：被动。这种被动表现在，内控体系设计环节被要求怎样怎样，执行环节被认定种种例外事项。而此处笔者想做的是帮大家纠正一下这种状态，变被动为主动，这种变化可以从内控设计层面、执行层面和领导层面三个方面展开。

一、内控持续完善的最终来源者

在笔者所接触的客户中，大部分业务部门在设计环节的被动表现尤为突出，甚至在一定程度上还会影响整个内控体系建设的质量。要改变这种状态，首先需要分析一下导致这种现象的原因，了解了原因也就知道相应的应对之法了。笔者认为导致目前这种现实的原因无非有三个方面：首先，是由于中国企业的内控从诞生的第一天起就带有浓厚的外部导入特征，而在导入过程中又主要借助于政府部门的推动作用，比如财政部发布《内部控制基本规范》，国资委发布《中央企业全面风险管理指引》，以及其他如银监会、保监会等甚至先于财政部发布了类似指引类的文件。而在美国，内控的基本框架是由 COSO 委员会发布的，而 COSO 委员会本身没有政府背景，没有监管职责，完全是一个民间组织。而正因为中国是由政府部门来推动的，因此对于很多企业来讲就有一种天生的畏惧，认为政府推动的都是要求执行的，既然是政府要求执行的，那么作为企业的一个业务部门来讲就只能接受了，笔者觉得这一条是主因。其次，过于依赖外部咨询机构。笔者的不少客户在接受现场访谈时通常会这样说：“内控我们非常不清楚，你们怎么做我们就怎么执行。”这样的企业完全把主动权交给了咨询机构，认为咨询机构所设计的都是最优的，照着执行就准没错，这是让笔者倍感压力的地方。但他们往往忽视了最重要的一点，那就是只有他们自己才真正了解他们每天所从事的工作究竟应该怎么做才是最佳方式，咨询机构的做法也许不会错，但是要达到最优又岂是一件容易的事情！最后，可能是由于前两个原因的影响，笔者发现有的客户也容易放大自身的不足之处，以至于都掩盖了合理的做法。这种情况，往往在项目前期的诊断了解阶段表现得尤为明显，当我们根据掌握的情况指出某一个细节之处可以进一步优化调整时，一些客户也认为有道理，并因此可能要求完全重新设计相应的内控环节，而忽略了其前后的其他节点都控制到位了，也正因为这一细节他们自己可能没有发现，而主动将更多的主动权交给了咨询公司，认为咨询公司知道这一点，肯定也知道其他的，而这些是他们自己所不知道的。

而在这里，笔者想做的是告诉客户以及所有的读者，只有业务部门才是内控持续完善的最终来源者，外部监管机构也好，咨询公司也罢，终究是不可能给企业提供一套完全符合企业实际的内控体系的，哪怕咨询公司非常敬业，也很难做到比企业自身员工更了解企业的症结所在。因此，业务部门的所有岗位都应该树立主人翁意识，真正融入企业内控体系的完善中去。通过上面三个原因的说明，相信读者应该明白为什么不需要完全被动了，政府的监管文件只能提供一个框架，且目前所有的文件都是指导性的，因此企业应该发挥主观能动性，构建具备自身特色的内控体系；咨询机构限于成本、时间、经验等因素，对企业的了解毕竟是有限的，咨询机构能够提供的往往是程序、方法论和基本框架，这只是一副骨架，而要使这副骨架更为丰满，变得有血有肉，只有企业的业务部门才能办到；最后就是业务部门的业务骨干应该有足够的自信，咨询顾问不可能比你更了解企业，因此你的建议可能要比咨询顾问的建议更好。

树立了自信，笔者想补充一点，那就是业务部门在有咨询公司参与的内控体系建设过程中，如何变被动为主动，从而既发挥业务部门的优势，又能充分利用咨询公司的资源，从而构建起高效的内控体系呢？就笔者自身的经验来看，笔者比较喜欢具有如下四个方面特征的人来配合完成内控体系的建设，前两个方面有助于咨询顾问快速高效地了解企业业务，后两个方面有助于形成具有公司特色的内控体系。具体来说：第一，了解全流程的人。这里所指的全流程倒不是说企业内部所有的流程，而是指与自己相关的业务流程，当然也不仅仅指自己经手的那一部分流程，而是与自己经手的业务有关的全流程，即自己所参与的业务活动从始至终的全过程。就自己所服务的客户来看，真正能够达到这一点的人寥寥无几，通常都需要顺着业务流程，逐个环节地去找不同的人进行现场访谈，这无疑会将降低工作效率，而更糟糕的是不同的人站在流程的不同节点还会告诉笔者有时甚至完全不一致的信息，这时笔者又不得不通过去查阅业务表单进一步验证哪一位说的是实际情况，这样一来麻烦自然就更大了。而对于业务岗位来讲，要想在内控体系的设计过程中发挥能动性，首先就需要了解全流程，因为只有站在超越流程的高度，才能真正辨识清楚流程中的风险点所在，而哪一点又是最为关键的一环。不同节点的人站在各自的立场上，都希望上一个环节把基础资料准备得妥妥当当，都希望下一个环节能够主动承接，但每个人都抱有这种想法的时候，工作就很难开展下去了。第二，知道所以然的人。项目实践过程中，在现场访谈环节也发现一个有趣的现象，那就是似乎越是工作时间越长的人，越是不知道其工作的所以然，反而是入职两三年的人最容易知道自己所处的这一环工作重心应该放在哪里，这一点在国有企业客户中更为明显。而对于咨询顾问来讲，要能提出建设性的咨询意见，则必须知道每一个环节、每一个控制点的所以然，一来这是决定取舍的依据，二来这是经常需要回答客户的问题。而对于业务岗位来讲，也应该知道每一个岗位工作要求的所以然，只有这时才可能把工作做好。对于配合咨询顾问来讲，跟知道所以然的人交流起来会顺畅得多，否则听到的回答永远是“我们一直是这么做的”。第三，对现状不满意的人。任何的咨询项目都意味着一次变革，而之所以需要变革原因之一就是因为现状已经不能满足企业发展的需要，而与依然感觉良好的业务人员来交流，对于咨询顾问来讲无疑是一种挑战。因为这样的人始终固守在现有的业务模式中，对于咨询顾问所提出的所有问题和建议，不会主动去思考是否会比当前更优，而是首先想到的是如何来驳斥这些建议。而对于现状有改变想法的人则会大不一样，会更为主动地去考虑咨询顾问的建议是不是与自己的想法相吻合，不吻合时也会进行建设性探讨，而这种探讨往往能够碰撞出火花来。第四，善于独立思考的人。咨询的本质，笔者理解就是“现状+思考”，即在了解客户现状的基础上进行思考，从而可以提出客户自身所不能完成的变革。而对于业务岗位来讲，咨询顾问也更希望能够与一些善于独立思考的人交流，只有思考才会有改变。与这种人交流，可以相互影响，提出创造性的想法。笔者很不愿意与抱有“你们给我们做好，我们执行”这样想法的人交流。

二、内控体系的真正落地者

内控执行，这是让咨询顾问最为无奈的一环，无论如何，咨询顾问不可能去替客户执行日常的所有业务活动。这就好比一个刚刚出世的婴儿，无论爸爸妈妈如何关爱呵护，但是呼吸、心跳总是要靠他自己完成的，即便是买来最好的奶粉，但终究也还是需要他自己一口一口咽下去，这样小孩子才可能长大。因此笔者想没必要浪费再多的文字来说明这一点了。

此处，说到业务部门的内控执行责任，笔者倒是想说说业务部门的领导，也就是通常的部门负责人或者部门经理，在内控执行中应该担当的角色问题。笔者认为至少如下两个方面的角色部门经理应该是知道的。第一，部门经理在内控体系中本身就承担着数量最多的控制点。还记得我们在关于内控与管理层级之间的关系时所做的探讨吗？笔者的观点是目前的内控体系主要是服务于中层管理者的，其实就大部分企业来说就是部门经理层级了。那么，自然在内控体系中实际上很大一部分关键控制点的执行人就是部门经理。而更经常的情况是，基础业务岗位会完成相关业务的操作，但是大部分业务都是需要经过部门经理复核或者审批的，实际上部门经理的这一环是最为重要的，一来相对于其他基础岗位来讲，部门经理是第一层级的领导，通常也是直接的领导，对业务最为熟悉，是最有资格来进行复核审批工作的人。二来大家所熟知的“搭便车”现象，在很多企业往往是只要有人带头签了字，那么其他领导在签字复核过程中的注意力就会大打折扣，甚至完全是流于形式了，虽然这种现象我们可以说一万个不对，但是现实就是如此，还是必须面对的。因此，部门经理自身首先需要明确自身的执行人角色。第二，“上梁不正下梁歪”的道理恐怕没有人不知道，但在现实中却往往经常出现。在所接触到的一些内控评价项目中，经常可以遇到部门经理带着自己部门的人一起为项目组发现的例外事项寻找客观理由，而这其中很多的例外事项往往就是在部门经理和员工配合下才完成的，或者是部门经理明明知道不符合内控要求，但是考虑工作量或者个人喜好，种种原因吧，就放水了。如果部门经理是这样的，那么对这个部门的员工就不能再提出更高的要求了，毕竟朝夕相处的是自己的领导，而不是笔者这样一个外部第三方。因此，部门经理应当知道自身行为实际上无时无刻不在影响着自己的下属，自己某一次执行不到位，可能带来的是下属十次不执行。

第六节　内控体系中的领导角色

公司治理层与管理层在内控体系中的角色其实读者应该不陌生了，我们在探讨内控与管理层级的关系时已经有过说明。而此处需要进一步从责任角度出发再做点说明，通俗地说说公司领导具体在内控执行中应当担当哪些角色。之所以有这种想法，是因为现在内控“控下不控上”的现象似乎越来越明显，领导的角色在大部分时候是在内控建设的时候强调一下重要性，在监督评价环节追求一下责任而已，而对于其自身应该承担的内控责任，似乎并不是那么清楚。虽然这一节写出来，可能不太好看，但作为一个有良知的咨询顾问，笔者想还是有必要说道一下。从 2012 年开始，在每一个笔者所负责的项目中，都会强调公司的管理层应该至少承担三种角色，分别是榜样角色、导师角色、监督角色。

一、榜样角色

“火车跑得快，全靠车头带”，这句俗语用到今天的内控体系中定位管理层的角色依然有效。董事会成员的行为是公司内部控制体系中控制环境的重要组成部分，同时也是其他企业成员严格执行公司内部控制体系的标杆，所谓“上梁不正下梁歪”说的应该也就是这个道理了。在一次内控评价测试完成后在跟公司领导沟通确认项目组所发现的例外事项时，其中有一个例外事项涉及该领导，具体内容是有一笔采购，由于当时公司搬家，各种杂事比较多，业务部门为了早日转入正规，因此在给该领导打了一个电话后就直接到市场上采购了一批电脑，金额还不低，但事后发现可能不妥，因此就补充了一个采购申请审批单报送该领导审批，这位领导看到后自然是签上同意，并署了日期。我们发现后提出采购存在事后审批的情形，即实际物资验收的时间远远地早于审批单上的日期。在所有项目组成员、公司中层干部以及部分业务骨干人员参加的沟通会上，这位领导看后直接来了句：“这件事情问题不大，就只怪我自己蠢，不写日期不就没事了吗?”参会人员当然是以该领导的“机智”而一阵爆笑，这个事项也就算这么确认沟通了。这样的情形，如果经常在公司发生，我们对这样公司的内控执行就真的不敢抱太大的希望了。

再说一点，企业普遍存在的审批问题。只要在企业，只要有两个及两个以上的岗位，就存在着授权审批这样的控制方式，这也是内控基本规范中定义的基本控制措施之一，本身是一种普遍适用的控制方式。但是只要在企业待过的人可能都很清楚，大部分的审核审批是怎样进行的。有一次发现的一个例外事项真是有点离谱，一个客户在对外支付款项时，业务部门岗位填写了一份付款审批单，依次经过了部门经理、会计、财务经理、业务副总和总经理审批，审批单上字都签满了，看起来已经执行很到位了，但仔细看看收款单位栏，就傻眼了，因为在收款单位一栏中非常明显地更确切地说字体都非常大地写着这个单位自己的名称，也就是说从付款单的逻辑来讲，这一笔付款是自己付给自己，还经过了所有环节的审批。当我们把这一例外事项提出来时，参与沟通确认的领导还不相信，于是我们不得不拿出复印的证据资料，这时领导们才算是相信了公司真的发生了这种事情。当然后期经过当事人再次了解，的确系笔误写错了。发现这样的例外事项，一方面感到很“低级”，但另一方面也不得不让人深思的一个问题是，一张笔误如此明显的付款审批单，居然通过了三四个领导的逐层审批。但其实原因也不难理解，就是因为很多领导在“搭便车”，认为“只要有人签字了，自己跟着签也错不到哪里去”，而前面签字的人可能在想“反正后面有人看，最后签字的人承担责任”。正是在这一思想的影响下，才出现了如此低级的错误。但更进一步来说，则是我们的各层级领导们似乎并没有认真地执行内控的要求，在内控设计上，之所以需要经过这一环节的审核和审批，肯定是因为这一环节的审核与审批是必要的，虽然经过多个人的审批，但是每个人看的内容与侧重点应该是不一样的。如果领导们都如此执行内控，那么又怎能要求一般员工来严格执行呢？而笔者想强调的领导榜样角色，却正是应该体现在这些日常的工作中，在每一次审核的时候，对于不符要求的申请单打回去，严格按照审批的顺序审批，只要领导如此坚持两三次，那比组织若干次的培训效果都要好。

二、导师角色

公司领导在企业内控体系中应该扮演的第二个角色是导师角色。为什么需要这一个角色呢？这是因为：首先，内控体系的建设工作总是在某一个时点完成的，而企业的业务发生则是连续的，如此一来，以某一时点有效的内控体系去要求连续不断的业务活动时，就有可能发生内控体系的要求与实际业务的内在要求不符的情形。这个时候，就需要领导充当导师角色，就这些内控体系设计中存在问题，但尚未来得及及时修订关键控制点，指导业务岗位按照内控的内在本质要求来执行，而不是机械地执行内控手册上的要求。其次，我们前面多次提到过，内控体系更多的是为中层管理者设计的，其核心是阐述了企业日常经营管理中应该关注的风险点，以防范风险为根本出发点，那么换句话说就不会像业务标准那样把所有的业务都描述得非常详尽。从总体上看，某些点风险较小而未有相关表述，但是执行人员执行过程中仍然觉得风险较大而需要关注的情形，此时也需要领导层从企业的全局出发，根据内控体系当前的定位来确定某些业务应该如何执行。最后，影响内控体系执行过程的一个关键因素是执行人员的胜任能力，可能针对某一项控制措施，不同的岗位站在不同的角度以及自身的经验，可能读出不同的含义，自然这些控制点不同的人来执行时，效果就会出现偏差。为了保持内控要求的前后一贯性，这个时候就需要领导来发挥导师角色，指导业务岗位正确地解读控制措施要求，以便能够得到正确的执行。

通过上面三点原因的说明，相信读者对于领导应该如何才能算是履行了该角色的职责已经有了自己的理解，再来说说笔者自己在现实中碰到的情形，也许对读者朋友是有益的。现实中的企业领导充当这一角色做得好的自然也大有人在，这样的企业管理通常都是非常顺畅的，但这一部分企业所占比例相当小，更多的是这样两种情况：第一种可归纳为“简单粗暴型”的导师。这种类型的导师，从外在表现形式来看对内控不可谓不重视，具体表现在：有关内控的会议通常都会主题发言，并且强调内控的重要性；内控建设与运行中的重要事项都会亲自审核审批等等。但是这种导师更多的时候除了说“内控是非常重要的”、“各岗位对内控工作应当高度重视”等等如此之类的话外，至于为什么重要，如何来重视，通常都说不出个一二三。这是一种比较普遍的现象，因为现阶段，至少在笔者的客户中说不重视内控工作的，几乎没有，要不然可能用不着咨询公司进场了，但是见到这样的情形又不得不让人心痛一阵。第二种可归纳为“无为而治型”的导师。表现在内控建设环节，大多数时候是“完全听从咨询公司的建议”，运行阶段则是“完全依照内控手册要求执行”，好像自身在内控工作中一点关系都没有似的。笔者认为，上述两种情形都不能算作较好地履行了导师角色，原因正如上一段所分析的那样，他们没有给三个原因中的任何一个给出相应的指导。换句话说，领导们要更好地承担起导师这一角色，还需要从上一段的三个原因入手多做些工作。

三、监督角色

董事会负有对公司内部控制体系设计与执行有效性的最终责任，必须亲自确认公司重大和重要内部控制缺陷，并通过正式签署内控自评报告落实这一责任。作为构成董事会的主要企业领导，自然也就应该具备监督角色，这是内控规范中唯一一个提及的角色，也应该是最基础的角色了，通常也是最容易理解的角色了，因此对于原因应该不需要再说明了。

此处想说的只是可能容易引起误解的一点，那就是在内控基本规范中有两条规定：第一条是第十二条："董事会负责内部控制的建立健全和有效实施，监事会对董事会建立与实施内部控制进行监督。经理层负责组织领导企业内部控制的日常运行。企业应当成立专门机构或者指定适当的机构具体负责组织协调内部控制的建立实施及日常工作。"第二条是第十三条："企业应当在董事会下设立审计委员会，审计委员会负责审查企业内部控制，监督内部控制的有效实施和内部控制自我评价情况，协调内部控制审计及其他相关事宜等。审计委员会负责人应当具备相应的独立性、良好的职业操守和专业胜任能力。"很多领导看到这两条以后，似乎认为监督这一角色应该是监事会，或者说审计委员会的领导去承担，而既不是监事也不是审计委员会成员的则似乎没有了监督责任，甚至还有可能认为不应该承担监督角色，因为规范中明确了经理层和董事会的责任，现在又来监督，是不是存在"不相容职责"的问题了。这里要说明问题，其实只需要说清楚一点，那就是规范中所指的是机构，是监事会和审计委员会本身在内控体系中的基本角色定位，而此处我们想说的是领导个人行为，是每一个领导应该承担的角色，二者不可以混淆，我们所想说的是每一位企业的领导都负有这种监督角色，而不一定非要是监事，也不一定非要是审计委员会的委员，也不一定是董事会、监事会的成员，而仅仅是在企业内部管理中位于领导地位的管理者。企业领导，由于其在企业内部的特殊地位，具有较高的权威性、公信力，由他们承担日常监督角色，时刻提醒普通业务岗位，所能起到的作用绝不是一个监事会所能完成的。

第四章

内控建设一般思路

章节导读

《企业内部控制基本规范》及其配套指引没有如何构建一个企业的内控体系的内容，这导致很多企业拿到这套规范性文件后很是犯愁，究竟应该如何做才算是形成了一套完整的内控体系，应该包括哪些阶段，每个阶段又应该完成哪些工作任务？尤其是对于负责一个企业内控体系建设的部门或者岗位来讲，这就显得尤为重要了，笔者理解，这也是为什么大多数单位即便在有关内控配套指引出台之后，依然需要聘请咨询公司的原因之一，因为咨询公司自身通过经营积累和研究已经形成了相对成熟的落地之法。不同的咨询公司可能有不同的方法论来开展内控体系建设，但其中也不乏共性的部分，本章将重点说说这些共性的部分，理解这章对于部分企业来讲，已经可以尝试着自己开展内控体系的建设了。本章首先简单说明一下内控建设的基本思路，其次分阶段说明目标辨识、风险识别、控制活动设计、成果汇编等重要阶段，最后也补充一点有关内控执行的问题。

第一节 总体思路——内控三要素

内控建设的总体思路是指导内控体系开展的基本指引，也只有在开展具体的工作之前，首先从全局出发，理顺不同内容、不同阶段之间的逻辑关系，才能在后续的具体工作中不至于迷失了方向。作为总体思路，本节不想占用太多的文字，重点在于说明“内控三要素”也就足够了。而所谓“内控三要素”，即目标、风险和控制。本章的结构也基本上按照这一思路来安排。

一、三要素还是五要素

说起内控要素，可能很多人会不假思索地答内控五要素，或者更进一步，会有人答八要素，这是目前为止最具权威的两个 COSO 报告中的定义，此处也没有否定内控五要素或八要素理论，而另创立一个三要素理论的想法。此处所说的内控三要素与前述的五要素和八要素只是从不同的角度来审视内控罢了。笔者以为，五要素和八要素理论都是从内控的结构上来阐述的，即这五大要素在内控体系中的具体结构、相互之间的关联关系以及各自在内控这一整体中所扮演的部分角色。即便是现在笔者自己所从事的内控咨询业务，在给客户设计内控体系时也基本上都是基于这一理论基础展开的。而此处所提及的内控三要素则是从内容上来阐述的，无论在控制环境、风险评估、控制活动、信息与沟通与监督的哪一个环节，笔者认为从内容上都可以将内控政策文件的核心内容归纳为目标、风险与控制这三个要素，而这一分类方法对于指导具体的咨询业务以及企业在将诸如内控基本规范这样的指引性文件落地上可能更具有现实意义。

具体而言，目标，即内控目标，这是内部控制体系存在的基础性理由。还记得 COSO 报告中的立方体模型吗？模型的最上方即是内控目标，在 1992 年的体系中概括为合规、经营和财务报告三大目标，到了 2013 年的体系中则增加了一个战略目标。在诸如内控基本规范这样的国内规范文件中首先阐述的也是内控目标。因此，这一内容并不是什么新鲜事物，与现有的理论基础也是完全相吻合的。风险，即内控风险，这是内控体系建设的基本导向。2004 年 COSO 委员会发布了全面风险管理框架，通常认为这一框架只是1992年框架的一个升级版，也就是说内控与风险管理有着天然的联系，这一点我们在前文中已经探讨过。不过这里所指的内控风险，更多强调的是日常业务流程中的风险因素。控制，即控制活动，这是内控的基本落脚点，是为了达到内控目标，防范内控风险而采取的具体措施，也就是内控配套指引中的大部分篇幅所阐述的内容。

二、三要素之间的逻辑关系

内控目标、风险与控制之间的逻辑关系，可以用一句话来概括，那就是“依据目标识别与评价风险，依据风险等级设计控制”，即三者之前存在前后的逻辑关系，目标在前，控制在后，风险是桥梁。在具体运用过程中，可能还有如下两点也是需要注意的。

1. 有关是否一一对应的问题。“依据目标识别与评价风险，依据风险等级设计控制”，当笔者把这句话说给客户时，他们的一个基本反映就是目标、风险与控制之间是否应该是一一对应的关系呢？即一个内控目标对应一项风险因素，并因此设计一个控制点。需要澄清的是，笔者并无此意，在实际运用中也不可能存在如此标准化和精细的内控体系，笔者理解这是一种完美的内控体系。现实中的情况往往是，一个内控目标，可能同时会受到多方面风险的影响，而为了防范每一项风险因素，也可以采取一个、两个甚至更多个控制点来控制。因此，基本架构上，从目标到控制，应该是一种发散型的结构，就好比一把折扇，握手的地方是目标，骨架则是风险，而扇面则是控制点。

2. 有关控制选择的问题。第一点已经谈到了针对一个内控目标，或者一项内控风险，本身可能而且应该存在着多种控制的选择，三五个、七八个控制点都可以防范某一项风险、实现某一个内控目标，这都是极为正常的，但与此同时相关的另外一个问题则是这么多的控制点都需要设计进内控体系中去吗？答案自然也是否定的，这就涉及一个控制点优化选择的过程了。为了防范一项风险而并存的多个控制点之间是一种互补关系，而在前面讲述最佳内控手册的时候，曾经提到过应该是补充性控制措施越少越好。换句话说，只要能够防范风险，达成控制目标，那么就应该选择尽可能精简的控制点纳入到内控体系之中去，这一点往往也是代表一个咨询公司能力与水平的地方。有些企业内控体系建设完成后的感觉就是工作量增加了，似乎做了很多重复性工作，这可能不一定是员工的单纯抱怨，而极有可能是在内控体系的设计中纳入了过多的补充性控制措施。

第二节 目标辨识

按照前文所述的内控三要素框架，内控目标是首位要素。在具体的内控体系建设过程中，针对目标这一要素最为关键的工作就是要准确、恰当地辨识出所有应该纳入内控体系之中的目标，只有保证了目标的完整性和科学性，后续的工作才会有意义。但是与此相关联的一个问题就是：目标还需要辨识吗？不是都很清楚了吗？这是很多企业在开始阶段的一个疑问。因为我们通常在介绍内控的基础知识的时候都会介绍内控目标，即内控基本规范中的五大目标，而具体到更多的企业，目标则更为清楚明了了，每年都会有目标责任书啊，也会有部门工作目标啊，甚至每个岗位都有工作目标了，在内控建设中怎么还需要一个单独的环节来辨识目标呢？现成的目标体系为什么不用呢？这就有必要对目标辨识的必要性以及内控目标的特征和具体辨识方法做一些说明，了解了这些内容，回过头来看这个问题，也许就没那么难理解了。而一旦完成了这一阶段的工作任务，所取得的基本工作成果应该是目标分解结论，即明确每一项业务流程的具体内控目标。

一、说道内控目标

开始具体讲如何辨识内控目标的内容之前，觉得有必要耗费一定的笔墨单独说道一下内控目标，虽然前文有所提及，但前文为了保证体系的完整性从而让读者有一个整体概念并未进行详细的探讨。正如读者所看到的，笔者习惯于用“内控目标”这样一个词来说明内控体系中的目标这一要素，而不是单纯地用目标、管理目标之类的词汇。为什么如此呢？内控目标的内涵是特有的吗？这是本节想重点说明的内容。

1. 内控目标与业绩目标。企业里最常听说的可能就是业绩目标了，如今年的目标是实现销售收入多少、实现净利润多少等等，这种经营类的业绩目标几乎成了目标这一词的同义词。那么，读者朋友们可以进一步想想，能够将“今年实现 1 亿元销售收入”、“今年业务招待费用控制在 1000 万元”等直接作为内控目标来开展内控建设吗？此时，读者可能已经感觉到有点不对劲了，似乎没有哪个单位的内控手册中会有这样的目标表述。有不对的感觉就对了。从笔者自己的实践经验来看，可能理论上不一定正确，笔者理解的业绩目标更多的是企业应对外部风险的结果，如果应对恰当那么就可以用实现了多少销售收入来衡量业绩，实现的销售收入越多说明外部风险管控得越好。而内控目标，更多强调的是应对内部风险的结果，是内部日常运营过程中应对风险的结果，不能直接用多少销售收入来衡量。或者换一个角度来审视这两种目标，可以理解为两种方向的目标，企业要发展、要实现利润需要从正反两个方面来设定目标，正面的目标即是企业的业绩目标，是牵引企业前进的胡萝卜，挂在前面，是企业需要去争取的方向；而内控目标恰恰是从相反的方向来为企业确定的目标，即企业要发展、要实现利润，至少有一些事情是不能发生的，有一些错误是不能犯的，即是从反面来设定的目标，是促使企业前进的鞭子，如果企业在这些方面都做不好，就谈不上前进了。因此，内控目标与业绩目标，一前一后，一正一反，共同促进企业终极目标的实现。也正因为方向不一样，所以不能用业绩目标代替内控目标，也不能用衡量业绩目标的方法来衡量内控绩效，这是一种简单粗暴的方式。

2. 内控目标与项目目标。对于诸如咨询公司、工程施工类企业、软件类企业等来讲，可能更为熟悉的是项目目标，即就某一个单纯的项目来讲，应该达成什么样的目标，这包括从质量、时间、成本、收入等角度来衡量的目标。虽然目前大部分企业的内控体系建设通常采用项目制方式来开展，但是内控目标与项目目标也有着截然的区别。其中最重要的区别就是时间上的区别，项目目标是有时间界限的，有一个起点和终点，如 1 月 1 日到 2 月 10 日完成某一个项目，然后就可以从质量、时间、成本等角度来衡量这一项目的效率效果。但是内控目标是没有一个绝对的时间界限的，而是连续的，从企业诞生开始，一直到企业清算解散，内控目标就会一直存在着，不会说企业还存在而内控目标已经没有了，那是不可能的。而且进一步说，内控目标可能在短期内的效果更难以衡量，或者更难于表现出来，如果用对待项目目标这种短视化的方式来审视内控目标，可能得不到正确的结论。这就是经常在做项目的过程中，不得不跟客户强调需要从更长远的角度来审视内控，而不是三个月或者三年。

二、内控目标的层级关系

了解了内控目标的基本内涵与外延，笔者认为内控目标的另外一个属性对正确理解内控目标的含义也是必须清楚的，这个属性就是内控目标的层级关系。这里所指的内控目标的层级关系属性，具体而言可以从两个维度来理解。第一个维度是内控基本规范中不同目标之间的层级关系，第二个维度是内控目标分解过程中的层级关系。

就第一个维度而言，所谓内控基本规范中不同目标之间的层级关系，是指在财政部等五部委联合发布的《企业内部控制基本规范》中列示了中国内控框架的五大目标之间的层级关系，即“合理保证企业经营管理合法合规、资产安全、财务报告及相关信息真实完整，提高经营效率和效果，促进企业实现发展战略”之间的层级关系。虽然从基本规范到应用指引、从官方文件到民间解释，都对这种层级关系尚未明确表达，但是就笔者自己的内控咨询服务经验来看，索性将这种层级关系说清楚些可能更有利于客户将内控体系建设工作落到实处。所说的层级关系，就是指这五大目标之间并不是完全平行的关系，对于不同规模、不同发展阶段的企业来讲，一开始就讲内控要实现五大目标可能有点故弄玄虚或者有点不接地气，而是应该将这五大目标分层看待，从最基础的层级开始，逐步实现高级目标。笔者认为，从最基础到最高级的目标层级依次是：企业经营管理合法合规、资产安全、财务报告及相关信息真实完整，提高经营效率和效果，促进企业实现发展战略。实际上也就是基本规范中所表述的前后顺序，只不过这种层级关系一直不够明确，也因此导致很多客户在拿到这个定义后一脸茫然，不知道这个内控体系该如何去服务于发展战略的实现，也因此对内控产生了天然的畏惧。但是一旦理解了这些目标的层级关系就简单多了，从最简单的“合规内控”开始，首先保证不违法违纪，不能碰的红线是哪些，将这些红线标准纳入内控体系，就可以实现这一目标。在此基础上，然后讨论如何实现资产安全等其他目标，直到最终实现促进企业实现发展战略这一终极目标。

现实中笔者自己服务的大部分客户在第一次开展内控体系建设的时候，能够完成前三个目标已经很不容易了，最后两个目标笔者认为只有在内控这一观念深入人心、经过一段时间的完善后才有可能逐步实现。进一步理解的话，可以认为促进企业实现发展战略可能本身并不应该独立成为一个目标，而是前四个目标实现后的自然结果。道理很简单，战略解决的问题是如何应对外部环境的变化，而内部控制更多地解决企业内部的日常管理问题，两者本身在处理的对象上是存在差异的，无论如何完善的内控体系都不可能完全应对来自外部风险事件的影响，因此内控体系充其量只能是“促进”实现企业发展战略，而只要内控体系已经完全实现了前四个目标，可能本身已经达到了"促进"实现企业发展战略的实质性效果。而明确这种层级关系对现实工作的意义则在于识别内控目标时必须是有所侧重的，换句话说应该在目标的层级上是有所侧重的，而不可能一次性地要求全部照顾周全，尤其是对于规模偏小、处于初创与成长期的企业来讲，可能更多地考虑做一些合规的内控体系更贴近现实需求一些。关于这一点笔者曾经在参加2012年财政部组织的"内控建设征文"比赛中提交过《企业生命周期视角下内部控制价值导向分析》一文，该文获得了湖南省财政厅、会计学会以及注协的认可与表彰，也说明在事实上很多人是认可这一观点的。

第二个维度，即内控目标分解过程中的层级关系，则是指在总体目标逐层向下分解过程中，如何将总体目标分解到企业内部不同部门与岗位层级中上下层级目标之间的层级关系。这一类层级关系应该不用做详细说明也都能够理解了，因为大部分企业和岗位都可能参与过这样的目标分解，企业的总体目标只有不断地经过分解，落实到具体的业务上、具体的岗位上，目标才有实现的可能，内控目标同样需要经过一个这样的层级分解过程，因为总不能拿《企业内部控制基本规范》中的五个基本目标来开展内控体系建设吧，所以必须将这五大目标也分解到业务流程中去，分解到具体的控制点上去，才能够最终实现这些最顶层的内控目标。

在实际的内控体系建设中，在识别目标这一环节中遇到的最大问题就是目标究竟应该分解到何种程度为恰当。就一个企业而言，基本的目标自然是实现公司发展战略，为股东创造剩余利润，但问题是这一目标对内控所规范的日常业务只具有指导意义，而没有操作意义，因此这就必然涉及目标的分解问题，而目标的分解过程则是分层的，目标可以逐层地向下分解，每多一个层级，则目标会进一步细化，因此目标分解中的困难就在于究竟需要细化到什么程度，一套站在企业中层目标与基层目标构建的内控体系是有截然区别的。因此，我们还需要回到前文中有关内控与管理层级的关系章节中，对企业的内控体系有一个更为精确的定位，是偏向于中层管理一些，还是偏向于基层操作一些，只有清楚了内控的基本定位，才能确定将内控目标分解到何种程度。

三、基于流程分析的内控目标辨识

到此，总算是可以开始正式的工作了，即内控建设的第一步：目标辨识。提到目标辨识，可能很多人自然会联想到很多有关的目标辨识方法，如以内控五大目标为基础进行分解，以部门工作目标为基础进行分析等，这些方法本身也的确是一种辨识内控目标的有效方法，但是从系统性的角度来说，内控目标辨识完整性水平最高的方法莫过于基于流程分析的内控目标辨识。

现代流程管理观念认为，流程具备五大要素，即输入资源、输出资源、业务活动、业务活动之间的关系以及顾客，而每一个流程的最终目的都是为了给流程的顾客创造价值，一个流程能够给这个流程的顾客创造价值，这是这个流程存在的基础。基于这一思想，在内控建设的目标识别环节，同样可以基于流程为顾客创造的价值出发来识别目标。实际工作中可能步骤需要细致一些，具体来说，至少有这样几个步骤：第一，准确识别每一个末级流程的顾客。内控建设的基础是梳理业务流程，这里称之为内控流程，而真正需要识别流程目标的可能是末级流程，即根据内控建设的整体要求出发，已经不再继续分解的末级子流程。即便是不能再分解的末级子流程，仍然不得不面对的一个现实问题是，并不是每个末级子流程都有唯一的顾客，甚至有的末级子流程的顾客都没有那么容易辨识出来。比如现金盘点这样一个流程，它的顾客是什么呢？是出纳还是会计？或者是财务经理？可以说这些都是正确答案，因为这个流程本身就可能同时服务于上述三个岗位，对于出纳而言，通过这个流程确保账实相符，确认自身已经履行职责；对于会计而言，能够有效地了解公司的实际现金状况；对于财务经理而言，则可以掌握公司现金安全状况，因此都可以算这个流程的顾客。那么在目标识别环节该如何处理呢？笔者的建议是从两个方面来考虑该问题：一方面是尽可能全面地识别流程顾客，只有这样才能降低遗漏关键顾客或者流程的真实顾客的可能性；另一方面是考虑公司内控体系的定位，前文不止一处提到，内控体系始终是站在一定的利益团体角度来建设的，就目前而言，通常是站在中层管理岗位的角度来建设的，因此在识别流程顾客环节也同样应该始终牢记这一点，即更多地考虑这些岗位的价值追求。

第二，识别顾客的价值是什么。Zaithaml 在 1988 年将顾客感知价值定义为：顾客所能感知到的利得与其在获取产品或服务中所付出的成本进行权衡后对产品或服务效用的整体评价。或者被更广泛认可的 Woodruff 的观点，认为顾客价值是顾客对特定使用情景下有助于（有碍于）实现自己目标和目的的产品属性及其属性的实效以及使用的结果所感知的偏好与评价。笔者不想去深究这些概念性的东西或者说研究顾客价值究竟是什么，此处之所以引入这样一个概念，实质上只想说明一个问题，那就是目标识别环节过程中必须将顾客所期望的放在第一位，而这种顾客期望根据西方学者的研究，一个共同特点就是这种顾客价值来源于顾客的主观评价。因此，在内控建设过程中分析每一个末级流程中顾客的真实主观期望是一个非常重要的环节，也是体现目标识别是否准确的关键，也是最终建成的内控体系是否真正体现了客户需求的关键所在，道理很简单，因为到目前为止，内部控制所能提供的依然只能是一个框架，而暂时无法用数量化的方法来衡量一个单位的内控体系究竟好到一个什么程度，而直接决定内控建设成果好与坏的就是每一个末级子流程的流程顾客。而要真实地识别每一个末级子流程顾客的真实需求并不是一件容易的事情，甚至可以说是整个内控体系建设过程中最困难的一环，所谓人心难测嘛。而对于咨询顾问能够做的，只能是一遍又一遍地去与客户沟通，试图通过对业务的了解来分析每一个末级子流程的真实目标所在。

第三，为了实现顾客的一个或几个顾客价值，末级流程应该做成什么样子，这个应该的样子自然就是这个流程应有的目标了。而基于流程顾客价值的分解，一个末级子流程可能会同时存在多个目标，甚至在大多数时候一个末级子流程都会存在多个具体目标，这时候也需要进行一定的权衡取舍，从企业整体内控体系的定位出发，按照一致性的标准将流程目标遴选出来。

采用上述三步骤的策略，即顾客—价值—目标的思路来分析流程目标是基本的思想指引，但是在业务操作上很有可能这一方法还是比较宽泛，有的时候一下子识别出来了很多目标但却不知道取舍，有的时候识别出来的目标不清楚是否应该纳入内控体系之中，等等。因此，在内控建设的目标识别环节，除了需要始终牢记这一基本思路外，还有一个辅助性的工具，那就是内控目标分类体系。还记得《企业内部控制基本规范》中关于内控的五大目标吗？即合理保证企业经营管理合法合规、资产安全、财务报告及相关信息真实完整，提高经营效率和效果，促进企业实现发展战略。这五个目标可以简单概括为战略目标、运营目标、报告目标、安全目标和合规目标，从内控框架的基本原理来思考，无论末级子流程的目标如何被细化分解，这些末级的目标始终应该是这五个基本目标分解而来的，换一种说法的话，就是任何识别出来的末级子流程的目标都可以分类到这五大类目标中去。因此，这五大目标的分类实际上就为末级子流程的目标识别环节限定了范围，即在识别末级流程的目标时，应该始终从这五个方面去考虑，是否存在相应的目标要求。

将流程价值分析与内控目标的分类体系结合起来，就可以初步形成一个末级子流程目标识别的简单模型。此处，在顾客价值分析上我们引入Weingand的顾客层次模型，这并不是要推翻上面的说明，而只是更进一步细化。将上述两个维度结合在一起，可以绘制一个如表4-1的矩阵：

表4-1　　价值/目标表1

价值/目标		内控目标				
		战略目标	运营目标	报告目标	安全目标	合规目标
顾客价值	未预期价值					
	需求价值					
	期望价值					
	基本价值					

在这个矩阵中，纵向的代表顾客价值，并依据Weingand的顾客层次模型，将顾客价值从底层到最高层分为基本价值、期望价值、需求价值和未预期价值四个层次；横向的代表内控目标的类别，分别为战略目标、运营目标、报告目标、安全目标和合规目标；纵向和横向的每一个交叉单元格中，则是可能存在的末级子流程中应该被识别出来的流程目标。从这个矩阵出发，针对每一个末级子流程，首先可以从顾客的基本价值追求出发，考虑该流程顾客在五大内控目标类别上是否存在相应的目标诉求，然后可以逐步向上一层级的顾客价值分析，直至最高层，逐层分析，罗列出所有的流程目标，然后从内控的整体定位出发，按照一致性原则遴选出具体的流程目标。

不过，在这里需要特别说明的一点是，就目前大部分企业的内控体系建设而言，恐怕更多还停留在顾客基本价值分析这一阶段，很少有企业可以跨越这一阶段去做更深层次的分析，这可能主要与目前内控在中国的发展现实有关，即仍然以合规性质的内控为主，因此内控目标在识别过程中则往往只关注了流程顾客的基本价值，而没能向着价值内控乃至创新型内控发展。但即便如此，也并不妨碍本模型的适用性，相信随着内控在中国企业的逐步发展与完善，内控能够服务的目标也将趋于高级化，也将能够为流程顾客创造更多的价值。而照顾到当前大多数企业的实际情况，可能将上述模型做一个变形，更能够为当下的多数人所接受，变形之后的模型如下（见表4－2）：

表4－2　　　　价值/目标表2

价值/目标		内控目标				
		战略目标	运营目标	报告目标	安全目标	合规目标
顾客价值	价值内控					
	合规内控					

上述变形模型中，直接将顾客价值的四个层次替换为了合规内控和价值内控，其本质上也可以算是顾客价值在内控领域的两个层级，因此这种替换也是可行的。替换后，在目标识别环节上，即要么从满足基本的合规要求出发，要么从融入其他管理方法出发来识别流程顾客的价值，并进而辨识末级子流程的流程目标。个人倒认为这样的变通也是很不错的，至少比较乐于被现在的大多数客户所接受。但是，从内控的长远角度出发仍然建议采用变形之前的框架，只有能够为流程顾客提供超出预期的顾客价值，内控体系才可能具备持久的生命力。

四、控制目标的表述要点

有关目标识别，最后还需要补充一点操作上的小问题，即控制目标该如何表述。这可能本来并不足以成为一个应该拿出来讨论的问题，但是从笔者自己的项目实践经验来看，往往是这种小细节上的不统一最后可能影响内控体系建设的整体水平。此处也只想补充表达有关控制目标表述的两个小要点。

1. 有关控制目标的表述格式。可能很多人认为，只要内容表述正确，格式又有何重要呢，毕竟不是写八股文嘛。这种思想本身似乎没有不妥，但是从实践来看，很多时候就是因为格式不规范、随意表述，而最终导致表述的控制目标走了样，因为中国的文字实在是太博大精深了。具体而言，笔者提倡两种控制目标的表述格式：第一种是："动词＋名词"的格式，如确保货币现金安全；第二种是："名词＋动词＋名词"的格式，如采购计划反映当月实际物资需求。

2. 控制目标立场的一致性。前文已经多次说明过，任何一套内控体系都是站在特定的立场进行建设的，目标辨识过程中也强调了这一点，即从识别出的众多目标中挑选一部分纳入到内控体系之中来，而哪些纳入进来、哪些不纳入进来的关键因素也就是内控体系的基本需求定位。因此，在表述具体的控制目标时依然需要牢记这一点，尤其是保持不同内控主题、不同末级子流程的控制目标在表述上的立场一致性。无论什么类型的流程，无论是哪一个具体的流程，控制目标表述的口径应该是一致的。

第三节　风险识别

内控是为防范风险而生的，防范风险是内控存在的基本理由。风险因素在内控三要素体系中起着承前启后的连接作用，风险是依据目标而来的，影响目标实现的不确定因素才叫做风险因素，离开控制目标谈风险因素，那只能是无源之水；而控制是依据风险因素来设计的，设计控制措施的根本目的就是为了防范风险因素，以将风险因素对企业的影响降低到风险承受度范围内，不能防范风险的控制措施是没有存在意义的。因此，内控体系建设一般思路中，通常都会将风险识别单独作为一个环节，通过这个环节，有效地辨识出影响控制目标实现的所有风险因素，并且给下一步的控制措施设计圈定了基本的范围。而相对于控制目标的识别来讲，风险因素的识别是一个相对陌生的环节，且从内容上来讲，要真正辨识清楚所有的风险因素比识别所有的控制目标可能要更为困难一些。因此，凡是搞内控体系建设的企业都务必在这一环节投入相对较多的精力。

一、风险识别方法

风险识别环节最重要的是要尽可能地掌握更多的风险识别方法，因为在内控体系建设实践过程中，往往也很难一次性就把所有风险因素完整准确地识别出来，因此，通常也是采取两步骤的战术：第一步是采用尽可能多的风险识别方式把所有认为可能的风险因素都罗列出来，第二步则是研究控制目标与所罗列风险因素的相关性与可控性，从中将与控制目标直接相关且通过控制措施可以防范的风险因素挑选出来，从而完成风险因素的识别工作。风险识别方法多种多样，很多一般的分析与管理方法都可以运用到风险识别上，此处联系实际工作说明一部分风险识别方法。

1. 基准化分析法：即关注并跟踪外部环境，将企业各项活动与相关的法律法规以及监管制度等进行对比、分析，识别出潜在风险。基准化分析法在目前的内控体系建设中是应用最多的一种方法，这与前文提到的中国大部分企业目前仍然处于合规性质的内控现状有关。很多企业内控体系建设的目的就是满足外部监管要求，因此在内控体系建设过程，很正常的一种方法就是所谓的“对标”分析，即对照《企业内部控制基本规范》及其配套指引以及如《上市公司规范运作指引》之类的外部规范文件，逐条地分析研究企业应该如何遵守这些规定，根据这些分析所辨识出来的风险因素就成为了企业内控体系中风险因素的很重要一个来源，因为毕竟内控体系建设完成后，首要目的就是满足这些监管要求，采用基准分析可以较为完整地达成合规目标。基准分析法受所分析的基准规范的限制，如果外部规范文件收集不完整、不熟悉，就可能导致遗漏；同时，基准分析也只能解决最基本的问题，这些问题基本上属于通用性的，因为已经都被当作监管规范写成条文了，因此使用这一方法时，应该注意到这两点局限性。

2. 检查表法：即对本企业可能面临的潜在风险列于一个表上，供风险识别人员检查核对，用来判别公司是否存在表中所列或类似的风险。这种方法之所有经常用，一来是因为咨询公司的作用，咨询公司通过项目实践实际上已经形成了一些特定的风险数据库，因为类似企业所面临的风险实际上具有较大的同质性，因此，采用检查表法并由咨询公司依托自身的经验总结，将与企业可能相关的风险因素罗列到表上由企业打钩或打叉，是一种企业乐于接受的方式，因此这种方法也是使用非常广泛的。二来这种方式的效率可能是所有方法中最高效的了，通常而言，即便是非常认真的核对人员，可能也用不了一个小时就会将检查表上的风险因素选择完毕，因为时间如果再长，估计选择的也没那么准确了。但是，如果是企业自主开展内控体系建设，则可能需要慎重使用该方法了，因为单独凭几个负责企业内控建设的人员可能很难将检查表中的风险因素选得足够完整。而采用检查表方式，很少有核对人员会主动添加其他风险，基本上是适用与不用的二选一。

3. 问卷调查法：即依据企业目标，确定相应的风险类别并形成表格，用以向相关人员发放，获得有关公司风险的重要信息。这是最完整的方法，以识别出来的流程控制目标为基础，要求企业自身的员工参与到风险识别这一环节中来，对照流程目标逐条地辨识风险因素。从理论上说，这是严格依据内控的基本原理而采用的方法，因此也是经常采用的方法。不过采用问卷调查法的期望不宜太高，一来可能是中国人的习惯，大多数的客户可能不会那么认真地对待这样一份需要动脑筋的问卷，很多时候填上来的问卷大部分是空白；二来企业参与人员可能大部分都不是专业的风险管理人员，因此难免对于风险因素的概念在理解上存在一些偏差，如一种普遍的现象就是一提到风险很多人都理解为是在说自己的不是，因此填写问卷的时候就是越少越好，这种现象尤其是在国有企业更为明显，无论做几次培训，无论怎么解释，效果还是很一般，这是笔者的切身感受。因此，后来凡是应用其他方法能够基本保证完整性的时候，笔者就很少用这种方式了，一来增加客户负担，二来效果不佳。

4. 流程图分析法：即通过对企业相关业务流程的分析，可以发现和识别企业各个环节存在的风险及其起因和影响。这是一种对于内控建设可能更为适用的方法，但是可能不需要就此单独作为一种风险识别的方法。因为，内控体系建设过程中除了少部分公司层面控制外，大部分的篇幅还是业务层面的控制，而这些业务层面的控制基本上是以内控流程为基本纽带的，而且识别出来的业务层面风险因素终究也需要落实到内控流程中去，从而实现内控与日常业务活动的无缝衔接。因此，在内控建设过程中，内控流程是一个不可少的概念，因此分析这些流程的环节与要素，并从中提炼出影响流程顾客目标实现的风险因素，似乎是一件理所当然的事情，因此说这是一种在不经意间经常使用的风险识别方法。

5. 事件分析法：即利用风险事件库识别发现相关风险。这种方法的一个基本假设是历史会不停地重演，因此通过总结过去已经发生的风险事件的经验，从中提炼出导致风险事件发生的风险因素，作为未来内控体系规范的直接对象，也是一种非常可取的方法，而且这种方法识别出来的风险因素更具有说服力，尤其是在业务人员比较抵触与其相关的业务活动存在较多风险因素时，拿出实例往往比用再多的理论都更有效。事件分析法最好的方式是直接分析企业过往所发生的一些风险事件，这样更具有说服力，而且与企业的实际联系得更为紧密，但对于内控体系建设企业来讲，往往在以往并没有能够较好地留存相关风险事件的资料，导致分析的时候往往资料不全或者不愿意讲等。所以，采用这种方式时，引入相关的外部风险事件也将是一种不错的方法。因为，对于很多国人来讲，说别人家的不好相比较于说自己的不好，更为顺耳，也更愿意接受一点，这都是国情所决定的。

6. 财务报表分析法：即通过对企业的资产负债表、损益表、现金流量表、财务报告附表等有关资料的分析来识别和发现与之有关的风险。这是外部审计师在审计一个企业的内控时常用的风险识别方法，作为企业自身建设内控体系所需，自然也可以借鉴过来。按照报表科目—重要账户—重要科目—重要认定—风险因素的逻辑顺序，从财务报表出发，逐层分解下去，最终实现对风险因素的有效辨识。这是一种识别财务报告相关内部控制活动的风险因素最为直接和有效的方法。但这同样也是局限性的，即对于非财务报告内部控制相关的业务而言，这种方法则显得有些力不从心了。因此，这种方法不宜单独使用。

除上文介绍到的六种常用的风险识别方法以外，还有更多其他的风险识别方法，例如，事故树分析法：即从要分析的特定事件或问题开始层层分析其发生原因，一直分析到不能再分解为止，以获得引起风险的风险源或事件；情景分析法：即通过有关数字、图表、曲线、想象、推测等方法，对未来可能出现的多种风险状况进行预测，从而识别出引起风险的关键因素及其影响程度；头脑风暴法：即通过营造一个无批评的自由的会议环境，使与会专家（专业人员）畅所欲言，充分交流有关公司的相关风险的看法，发挥集体的智慧，产生出大量风险管理方面的意见，以提高风险识别的正确性和效率。这些方法也会在项目中经常用到。实际上，在风险识别过程中，各种识别方法可以单独使用，也可以结合起来使用，而且更准确地说应该多种方法结合起来使用，以确保能够完整地识别出所有的风险因素，当然也不推荐毫无章法的随意罗列，只有是与内控目标相关的风险因素才应该纳入进来，只有通过内控措施可以防范的风险因素才应该纳入进来，把握住这两点，其他的内容则应大胆放弃，毕竟内控不是万能的，不能解决企业所有的问题。

二、风险描述

与目标识别环节一样，对于所有辛辛苦苦识别出来的风险因素需要进行规范化的描述，这一点比较容易忽略，因为都认为识别风险是重要的，至于怎么表述好像没那么重要吧。还是这层意思，即从项目实践经验来看，准确规范地描述风险与识别风险一样重要，因为识别出来的风险如果表述不清或错误，与没有识别出来的最终影响是一样的，甚至会更糟，因此这一点还是应该引起重视。

那么究竟该如何表述呢？还是推荐《企业内部控制应用指引》上的描述方式，一来这种方式还算规范，二来也具有一定的权威性。现从《企业内部控制应用指引》上引用一些有关风险的描述如下：

——《企业内部控制应用指引第 1 号——组织架构》

（一）治理结构形同虚设，缺乏科学决策、良性运行机制和执行力，可能导致企业经营失败，难以实现发展战略。

（二）内部机构设计不科学，权责分配不合理，可能导致机构重叠、职能交叉或缺失、推诿扯皮，运行效率低下。

——《企业内部控制应用指引第 2 号——发展战略》

（一）缺乏明确的发展战略或发展战略实施不到位，可能导致企业盲目发展，难以形成竞争优势，丧失发展机遇和动力。

（二）发展战略过于激进，脱离企业实际能力或偏离主业，可能导致企业过度扩张，甚至经营失败。

（三）发展战略因主观原因频繁变动，可能导致资源浪费，甚至危及企业的生存和持续发展。

——《企业内部控制应用指引第 3 号——人力资源》

（一）人力资源缺乏或过剩、结构不合理、开发机制不健全，可能导致企业发展战略难以实现。

（二）人力资源激励约束制度不合理、关键岗位人员管理不完善，可能导致人才流失、经营效率低下或关键技术、商业秘密和国家机密泄露。

（三）人力资源退出机制不当，可能导致法律诉讼或企业声誉受损。

——《企业内部控制应用指引第 4 号——社会责任》

（一）安全生产措施不到位，责任不落实，可能导致企业发生安全事故。

（二）产品质量低劣，侵害消费者利益，可能导致企业巨额赔偿、形象受损，甚至破产。

（三）环境保护投入不足，资源耗费大，造成环境污染或资源枯竭，可能导致企业巨额赔偿、缺乏发展后劲，甚至停业。

（四）促进就业和员工权益保护不够，可能导致员工积极性受挫，影响企业发展和社会稳定。

——《企业内部控制应用指引第 5 号——企业文化》

（一）缺乏积极向上的企业文化，可能导致员工丧失对企业的信心和认同感，企业缺乏凝聚力和竞争力。

（二）缺乏开拓创新、团队协作和风险意识，可能导致企业发展目标难以实现，影响可持续发展。

（三）缺乏诚实守信的经营理念，可能导致舞弊事件的发生，造成企业损失，影响企业信誉。

从上文引用的五个指引中有关风险因素的描述来看，可以发现在《企业内部控制应用指引》中，撰写人对于风险因素的描述实际上采用了一种相对固定的格式，这种格式的典型特点体现在两个方面：首先，从整体上开，都采用了“风险” + “可能导致” + “不利结果”的结构，这种结构不仅表述了风险因素，还表达了与该风险因素直接相关的不利后果，二者之间的逻辑关系也很清晰地展示出来了。其次，在有关风险的这一部分表述上，又基本上可以分为两种，一种是一个名词加上一个修饰语，如“安全生产措施不到位”、“发展战略过于激进”等；另一种则是动宾结构，如“缺乏积极向上的企业文化”、“缺乏明确的发展战略或发展战略实施不到位”等。如果要规范风险因素的描述，个人建议至少在上述两个方面可以参照《企业内部控制应用指引》的描述方式以规范表达。

三、风险分析与评价

识别出来风险后的环节则是针对这些识别出来的风险因素进行风险分析与评价，从而确定一个相对的重点出来。实际上对于应该如何开展风险分析与评价，目前已经有了相对成熟的标准，如《风险管理标准》（ISO31000）和《风险管理——原则与实施指南》（GB/T 24353 - 2009），后一个国家标准还正是在内控建设掀起高潮的背景下起草发布的，甚至还有《企业法律风险管理指南》（GB/T 27914 - 2011）这样的专项风险管理标准。为了方便理解，本节还是首先简单地说一下上述规范文件有关风险分析的基本做法。最简单地归纳一下的话，风险分析就是通常从风险发生可能性和风险影响程度两个维度，采用定性与定量相结合的方法来对风险的整体重要性进行分析，一般采用五分制，即将风险发生可能性分为五个等级，从低到高，分值相应的为 0 ~ 5 分；与此类似，风险影响程度也采用五分制，根据影响的严重程度，从轻微到严重划分五个等级，从低到高，分值相应的为 0 ~ 5 分，针对每一个风险因素采用统一的标准，均从上述两个维度进行综合分析后，每条风险因素会得到一个综合分值，这个分值是风险发生可能性和风险影响程度各自分值的乘积，即理论上应该是 1 ~ 25 分之间，分数越低，则代表重要性越低，反之则代表风险越严重。而风险评价，则是根据风险分析的结论，参照企业的风险等级标准或者是所有被分析风险因素之间的相互比较后，从中评价出几个重大风险，通常而言就是风险分析综合得分从高分到低分，选取前几位的风险因素作为重大风险，当然也可能根据公司的决策进行适当的调整，但是风险分析与评价的基本原理与过程大致如此了。

上述这种方法既然已经作为国家标准颁布实施，应该是比较科学的风险分析与评价方法了，从理论上来看也觉得是可行的，而且笔者自己在项目实践过程中也不止一次采用这种方式来开展风险分析与评价工作，不过需要说明的是笔者是用这种方式做企业全面风险评估，换句话说，更多的时候是采用这种方法开展公司层面风险的评估，而不是业务层面的风险评估，也就是说笔者认为上述这种风险分析与评价方法可能对于公司层面风险或者项目风险等都是有效的，但可能并不是最有效的业务层面风险分析与评价的方法。因为道理很简单，凡是接触过内控体系建设项目的人都知道，一旦说到业务层面风险因素，就意味着一个庞大的表格，在这个通常称之为业务层面风险数据库的表格中，都是以百为单位在罗列风险因素，数量庞大是业务层面风险因素的典型特点，也正因为如此，笔者认为可能并不是十分适合采用国标中的规范方法来开展风险分析与评价了，可以简单计算一下，假设一个企业的业务层面风险因素为 200 条，这是一个并不多的数字，可以说就笔者自己完成的内控项目来说，很多单位业务层面的风险因素都远远大于这一数字。那么开展风险分析的人员，需要针对这 200 条风险因素，逐条地从风险发生可能性和风险影响程度两个维度去分析，也就是每个人需要做 400 个选择，但一个人连续做 400 个选择的效果可想而知。就实际工作量来说，可能参与风险分析的还不止 1 人，而且通常一旦按照正规程序开展风险分析，就不可能只有 1 个人，如果按照 20 个人来计算，那么统计计算也就不是一点工作量，因为这 20 个人中可能还需要根据他们的职位、主管业务的不同赋予不同的权重。工作量倒还不是最主要的问题，最主要的问题是通过这样的方法最终分析出来的结论，可能过于平均化，因为太多的人员参与、太多的综合过程，导致最后拿到的结果是很多风险因素的得分都十分接近，也就是说可能风险分析的区分度并不如想象的那么明显，也就是说可能不能实现对风险因素重要与否的判断目的。

在内控体系建设项目中，针对业务流程风险因素进行风险分析与评价的目的其实很简单，就是要将这些风险因素进行一个基本的分类，通常分为两类或者三类，至少笔者自己是不会区分出四类乃至五类的。这个分类的目的是从实现控制目标出发，将影响目标实现的风险按其影响程度和可能性划分为两类，如高和低，或者三类高、中、低，这样划分的好处是可以依据风险类别的不同有针对性地来设计控制措施，或者说提高内控体系建设中对重要风险的重视程度，与高风险相关的控制点通常会被认为是关键控制点，而其他的可能被认为是一般控制点。明白了这一点，在内控体系建设中，针对业务流程层面的风险因素在进行风险分析与评价时，就并不需要通过两个维度甚至三个维度计算出每一条风险因素的综合得分了，而只需要作出一个基本分类即可，而这个基本分类，通常笔者自己采用的方式是自己初步判断一遍，直接将所有业务流程风险因素根据项目经验和客户实际首先进行一个类别上的划分，并且按照 20%、30% 和 50% 的比重来综合考虑高、中、低风险的分布，这样也符合通常的二八原则，即真正存在的高风险需要重点关注的可能只有 20%，管住这 20%，可能大部分问题也就解决了。在划分之后，然后在一般业务骨干岗位和主管领导两个层面进行一次确认，并根据确认沟通结果进行适当的调整，这样就算是完成业务层面的风险分析与评价工作了。可能很多读者会说，这样是不是太随意了，太主观了，这样完成的结论可靠吗？笔者认为应该是可靠的，理由说出来，大家可以讨论。首先，哪怕是国标中的规范方法，虽然在形式上从风险发生可能性和风险影响程度两个维度采用了五分制的方法来评估，表面上似乎已经量化了，但是这种量化只是形式上的量化，在真正的风险分析过程中，其背后还是依赖于风险分析人员的主观判断，因为，即便是对于同一个风险分析标准不同的岗位看到了其理解上也是存在偏差的，有的人觉得这个风险发生可能性大，可能是从公司所处的行业来说的，而有的人觉得这个风险发生可能性小，可能是从公司的过往经验来说的，这都有道理，原因就在于国标中的方法依然摆脱不了主观分析的本质。因此，在流程风险因素中直接进行主观风险分析本身是没有问题的，风险是未来的不确定性，这就决定了不可能通过统计数据来进行完全正确的预测，一旦确定的事情，也就不叫作风险了。其次，在规范风险过程中通常都会尽量吸纳更多的人参与到其中来，以提高风险分析的广度和深度，但这样做的不利之处在于，目前风险这一概念还尚未完全被接受，因此，不同岗位站在不同立场所分析出来的结果会存在比较大的差异，通过综合统计后会发现各个风险之间的差异没那么明显，甚至可能因为某几个职位高的人的判断而实质上影响了风险分析的有效性。而采用咨询顾问分析加企业业务相关岗位确认的方式，至少可以在对风险因素的认识上要统一一些，因为在咨询顾问确认的过程中，也会再次对风险因素以及如何确认等进行说明，这样分析出来的风险重要性等级，虽然不能量化，但可能相对而言与企业的实际更为适用一些，更能够真实地体现不同风险因素的重要性。最后，工作量也是不得不考虑的一个因素，这一点在前文实际上已经有所表述了。对于咨询公司来讲，其面临着成本、质量、时间等项目管理上的限制，咨询顾问肯定是尽可能采用性价比最高的方式来完成咨询服务。而对企业来讲，这也是最省成本的一种方式。

四、公司层面风险与业务层面风险

上文多次提到公司层面风险与业务层面风险，可能有些读者也想了解一下这两个概念，所以也简单地说一说。首先从形式上来区分一下，就笔者理解而言，笔者认为本节第三部分在做有关风险描述的说明时，笔者曾经从《企业内部控制应用指引》中引用了部分风险描述，认为应用指引中表述的这些风险因素就是属于业务层面风险，那么公司层面风险又长什么样儿呢？这里笔者再引用一下 2014 年国务院国资委发布的中央企业风险分类框架见表 4－3。认为这样的风险就属于公司层面风险，而国务院国资委发布这个风险分类框架的目的也是指导中央企业编制年度企业风险管理报告的，所以笔者理解这样的风险就属于公司层面风险了。

表 4－3　　　　中央企业风险分类框架

一级风险	二级风险	三级风险	一级风险	二级风险	三级风险
战略风险	投资风险	投资决策风险	运营风险	健康安全环保风险	安全生产风险
		投资实施风险			职业健康风险
		投资中止退出风险			环境保护风险
	政策风险				节能减排风险
	国际化经营风险	境外投资风险		人力资源风险	人力资源规划风险
		国际工程承包风险			招聘与留任风险
		海外市场开拓风险			人员配置风险
	战略管理风险	战略规划风险			关键人才流失风险
		战略实施风险			人才储备风险
		战略调整风险			培训与发展风险

续表

一级风险	二级风险	三级风险	一级风险	二级风险	三级风险
战略风险	宏观经济风险		运营风险	人力资源风险	绩效考核风险
	产业结构风险				薪酬与福利风险
	改制风险				劳动关系管理风险
	并购重组风险	估值与定价风险		其他项目管理风险	
		尽职调查风险		技术风险	技术变革风险
		执行与整合风险			技术停滞、落后风险
	公司治理风险				技术引进风险
	组织结构风险				技术应用风险
	集团管控风险				技术创新风险
	社会责任风险			产品风险	产品结构/规划风险
	企业文化风险	企业文化建设风险			产品生命周期风险
		廉政建设风险			产品质量风险
		职业道德风险		资源保障风险	
	公共关系风险	政府关系风险		保密风险	
		媒体关系风险		研发与开发风险	产品研发风险
		危机沟通风险			技术研发风险
		社会舆情风险		存货风险	
	业务合作伙伴风险	业务合作伙伴关系风险		信息系统风险	信息系统安全风险
		业务合作伙伴信用风险			信息系统规划风险
市场风险	竞争风险				信息系统架构风险
	价格风险				信息系统运行风险
	汇利率风险			运行控制风险	

续表

一级风险	二级风险	三级风险	一级风险	二级风险	三级风险
市场风险	市场供求风险	市场供应风险	运营风险	稳定风险	
		市场需求风险		执行力风险	
	衍生品交易风险			采购风险	
	市场营销风险			业务伙伴风险	
	行业前景风险			生产管理风险	
	客户风险	客户信用风险		销售风险	销售渠道风险
		客户关系维护风险			产品交付风险
		客户商业模式风险			退货风险
	品牌与声誉风险	品牌策略风险			销售实施风险
		品牌推广及维护风险		供应链风险	
		声誉风险		物流管理风险	
财务风险	现金流风险	融资风险		贸易风险	
		资金短缺风险		工程项目管理风险	工程设计风险
		债务风险			工程造价风险
		应收/预付账款风险			工程概预算风险
	资金管理风险	资金使用风险			工程招投标风险
		资金安全风险			工程分包风险
	预算管理风险	预算编制风险			工程进度风险
		预算执行风险			工程质量风险
		预算考核风险			工程安全风险
	会计与报告风险	会计核算风险			工程竣工风险
		财务报告风险		资产管理风险	有形资产管理
	成本费用风险				无形资产管理
	担保风险			审计监察风险	审计计划风险

续表

一级风险	二级风险	三级风险	一级风险	二级风险	三级风险
财务风险	税务管理风险	税务操作风险	运营风险	审计监察风险	审计执行风险
		税务筹划风险			审计报告风险
		税金缴纳风险		新业务开发风险	
	关联交易风险			退市风险	
	资本运作风险				
法律风险	合同管理风险				
	法律纠纷风险				
	合规风险				
	知识产权风险				
	重大决策法律风险				

单纯从形式上看，可能还是不理解两者的实质区别。那么从内容上看，则可以从两个维度去辨识：第一个维度是风险来源。通常而言，公司层面风险兼具内部风险和外部风险，即凡是从公司整体角度来讲，无论这些风险是来源于企业内部，还是外部，只要足够重大就应该成为公司层面的重大风险；而业务层面风险通常则来源于企业内部，很少会涉及企业外部的风险，道理很简单，内控体系本质上仍然属于企业内部管理，其真正能够管理的是企业的内部资源，因此，对其而言，外部风险是心有余而力不足的。第二个维度是风险影响广度。通常而言，公司层面风险具有全局性、长期性、重要性等特点，这些风险的不利后果会对企业的整体经营目标，乃至战略实现构成不利影响，而业务层面风险的影响更多局限在流程层面，仅仅影响到该末级子流程的顾客价值实现，不具有全局性特征。那么，公司层面风险和业务层面风险就是完全截然不同的两种风险吗？这倒也未必，只要是对公司整体而言重要的风险都属于公司层面风险，因此，企业内部存在某些业务流程上的风险，如果足够重要，影响面足够重大，那么实际上也可以上升为公司层面风险

了。因此，也不能绝对说二者没有关系。

第四节　控制活动设计

完成控制目标与风险因素的识别之后，就进入了整个内控体系建设中工作量最大的一环，也是内控体系真正落地的一环，这就是控制活动设计。这一环节，可以说很难，这是因为在这一环节如果真能够运用管理学等学科知识，学以致用，将当代先进的管理方式方法，甚至理念融入内控体系之中去，那将是存在难度的，这需要具备扎实的理论功底与丰富的工作经验为后盾，才能够拿捏得当；这一环节，也可以说并不难，这是因为在内控体系建设中真正重要的是控制目标和风险因素的识别，而一旦这两者确定了，那么控制活动的设计则是针对风险因素，逐条拟定控制措施，当然说不难的时候，可能拟定的控制措施水平就比较有限了，但只要能够顺利达成控制目标，控制风险恐怕也没办法要求那么高了。这就算是对自己的一种安慰吧，毕竟自认为要达到第一种情况的确需要历练，虽然自己从事内控工作时间也不算短了，但要真正在内控体系建设中融入现代管理方法仍然是一个非常大的挑战，也可能是自己这一辈子都没办法完全掌握的，因为在如今这个信息爆炸的年代，各种先进思想日新月异，实在是跟不上这种步伐，只能是尽量少掉队了。本章侧重于讲程序，因此本节也主要是说明控制活动设计的思路与过程，而对于控制措施的具体内容则留在第五章中再去探讨。

一、控制活动设计的逻辑思路

如果读者朋友是按照章节顺序读到现在的，可能已经非常明了控制活动设计应有的逻辑思路了，这种思路就是本章第一节所说的内控三要素思路，即目标、风险与控制的逻辑思路，这也是控制活动设计的基本逻辑思路。这里简单重复一下，即根据控制目标识别风险，为了防范风险而设计控制措施。为了表述方便，此处我们将这一思路概括为第一思路，并总结为“目标导向、防范风险”。

在实际的控制活动设计过程中，除了需要清楚这一基础的逻辑思路以外，还有一个方面的内容也是必须领会的，那就是如何权衡目前的管理现状与所需要制定的控制活动之间的关系。这一思路更多的是要解决一些操作性的问题，因为这是在控制活动设计过程中最为经常碰到的问题，足以提升到总结一般逻辑思路的层次上说说。现阶段主动开展内控体系建设的企业，基本上都是已经有了一定规模和实力的企业，达到这种规模和实力，这些企业通常都已经运行了一段不短的时间了，可能十年八年，甚至四五十年，因此在如此长的实际经营中往往也会有一些优秀的做法，否则就不可能有今天的成就。但另一方面，我们任何时候恐怕也不能说哪一家企业已经是完美的了，不知道这样的企业有没有诞生。因此在控制活动设计中，非常困难的一点就是如何吸纳现有经营中的有益经验，同时又能够调整并不妥当的地方，说起来似乎挺容易，但是操作起来就没那么简单了，因为这个环节我们经常听到的话是："控制活动设计需要与公司业务实际一致。""我们往常如此操作都是非常成功的。"等等。诸如此类的不愿改变的声音，对于真的优秀的、符合内控原则的，这样的要求当然是合理的，但是对于的确存在不一定符合内控原则的内容也用这样的理由来搪塞，恐怕就不是什么好事情了。但就个人经历来说，对于一些经营历史比较长的单位，这种情况并不少发生。因此，要总结出控制活动设计中的第二思路，那就应该是"总结经验，稳步提升"。

具体而言，一方面是总结经验。正如前文所述，这些企业自然是有自身的先进经验的，不然不可能有今天的成就，哪怕是成立时间并不长的单位，只要能够生存，笔者都认为是有自身优势存在的。同时，对于内控体系建设来说，也不是要将现有的所有管理推倒重来，这本身就是不现实的，因为目前的内控框架仅仅给我们提供了一个"书架"，尚未提供给我们具体的"书本"清单。所以，在控制活动设计过程中总结企业现有经验是很大一部分控制活动的来源依据。而是否需要总结，是否能够总结后放入到内控体系中去，决定因素就是控制目标和流程风险，只要是能够防范风险，达成控制目标的有效控制活动都应该纳入到内控体系中去。但是存在的底线是也需要考虑内控的一些基本原则性要求，如很多单位普遍存在的出纳编制银行存款余额调节表问题，客户会解释一个相同的理由，那就是出纳经常跑银行，又记录日记账，出纳编制理所当然。但是，从内控的角度来讲似乎并不应该是如此的理所当然，这是一个基本的不相容职责应该分离控制的典型代表。虽然这一经验做法对企业过去来讲可能是有效的，也可能的确从未出过错，但是我们还是需要对这样的经验抱有一种审慎的态度，依然建议客户能够进行调整，而不是将此也作为经验总结到内控体系中去。

另一方面是稳步提升。任何的改变总是会让人痛，尤其是目前大部分开展内控建设的企业仍然为规模较大、经营历史较长的企业，在目前仍然以“合规”为大背景下进行内控的大幅优化与调整，恐怕还是有点不现实。但同时也必须要看到的是改变是注定的，不改变内控就没有生命力，并最终会成为一种摆设，并迅速被人遗忘，因此改变又是必须的，那么结合这种情况能够采取的策略只能是制定一个稳步提升计划。通常而言，我们更愿意建议客户在基础相对较好、较容易接受新方法新思路的业务单元，甚至是部门开展专题性内控建设，以内控建设的形式对现有业务流程进行一些实质上的优化调整，改变一些现有的管理方式与控制要求，从而完成试点性质的价值内控建设，希望通过这样一种努力让更多的业务单元看到内控的真实价值所在，同时又能照顾到大部分人的情绪，并最终能够通过内控帮助企业实现提高经营效率效果的目的。

二、控制措施来源

有了正确设计控制措施的逻辑思路，那么下一步就是正式开始设计控制措施了，在设计控制措施的过程中最大的一个问题莫过于解决控制措施的来源问题，总不能全部依靠咨询顾问来拍脑袋吧。根据以上逻辑思路，实际上所有的控制措施有其自身的来源渠道，可把这种来源渠道根据自身的项目经验总结为如下几种：

1. 企业自身管理经验。根据相关报道，截至 2014 年底，中国的企业数量超过 4200 万家，而这一数字每天都还在增长，但尽管如此，恐怕依然很难找到两家完全相同的企业。从发展的角度来看，哲学家赫拉克利特说“人不能两次踏进同一条河流”，我们也可以说不可能在今天依然见到明天的企业。因此，无论是空间、还是时间维度，任何能够长期生存并得以发展下来的企业都有其自身的经验积累，就如同新生的婴儿必须能够依靠自己呼吸才能够存活一样。所以，对于还在怀疑自己所在的企业是否真的是一无是处，必须脱胎换骨式地进行大手术的企业来说，必须清楚自身的长处，能够生存下来，就足以说明这一点，否则在今天的竞争环境中，是不会给没有任何积累的企业预留位置的。内控本质目标是帮助企业实现其目标，而要达到这一目标必须是属于企业自身的东西才可能完成，因此，对于内控体系的建设来说，最为重要的可能不仅仅是从外部引入新的管理方式，而同等重要的是需要静下心来做一些归纳、总结与提高，继承企业的优秀传统，抛弃糟粕，固化、优化现有的管理方式与方法。通过这种方式固化下来的控制措施，天生就是属于企业的，不存在水土不服这样的问题，而且是经过企业自身检验过的，应该是最有效率的控制措施。

不过谈及这一来源时，有两点是需要说明一下的。第一是全盘接收还是去粗取精的问题。笔者说企业自身的管理经验是控制措施最重要的来源方式，并不代表着内控体系只是将企业的所有管理重新表述一遍，浪费纸张打印一堆出来垫桌子，而更重要的是需要去粗取精，取其精华、去其糟粕。只有按照内控的思维方式，通过目标、风险与控制措施的分析研究，才能够将其中有助于防范风险、可以促进目标实现的控制措施吸收进内控体系之中，而不是将企业现有的制度文件全部移进内控手册。第二是直接吸收还是优化提高的问题。总结企业现有的自身经验，同样也不意味着一味的拿来主义，而更需要在此基础上进行一定的优化调整后再固化到内控体系之中去。从这一点来说，从企业自身经验积累中来的这一部分控制措施，与现有的控制措施，应该是形似而非神似。

2. 管理咨询顾问项目总结。对于聘请了咨询公司来协助完成内控体系建设的单位来讲，管理咨询顾问项目总结也是非常重要的一种来源。就自身的经验来看，很多客户在完成内控体系建设之后，对这一部分的印象反而更为深刻，因为这一部分对客户来讲可能是全新的内容，不像第一种来源的那些内容那么似曾相识。不过对于客户来讲我们通常也会在项目过程中反复与客户确认这些新内容是否适用，是否应该纳入到内控体系之中，因为来自于管理咨询顾问的这些总结也需要从正反两个方面正确看待。一方面，管理咨询顾问带来的基本上都代表了在这些环节相对优秀的做法，而这些做法更多都来源于其他客户的现实做法，因此这些内容本身应该是含金量很高的，运用得恰当对企业的管理提升是有立竿见影效果的。但另一方面，所谓成也萧何败也萧何，正因为管理咨询顾问相对于教授们传授内容的差别在于不是来源于书本或者纯粹的研究，而是来源于项目总结，所以管理咨询顾问所带来的这些思想与方法都在一定程度上或多或少会有着其他客户的影子在里面，而不一定是如书本上那些内容放之四海而皆准。因此，对于这部分内容，企业最应该睁大眼睛进行辨别，即使咨询顾问在借鉴的时候肯定会有所甄别，只取对企业可能适用的部分进来，但咨询顾问毕竟不如企业自身的人员那般了解企业，所以，在这一过程中企业依然需要加强力量，有选择性地吸收，咨询顾问说的也不一定全对。

3. 外部规范的对标分析。对于目前已经完成内控体系建设的单位来说，“对标”应该不会是一个陌生的词汇，尤其是对内控体系建设比较早的企业来讲。通常的做法是对照财政部等发布的《企业内部控制基本规范》及其配套指引，上市公司则还会对照一些交易所的规定，逐条核查自身的内控是否符合这些外部规范，并对不符事项进行调整，以保证所有的事项都能够满足这些外部规范的要求，而通过这种方式新进入企业的控制措施也就自然而然地成为了控制措施的来源之一。对标分析可谓是一种“经济实惠”型的内控建设方式，只需要结合企业的业务进行对比分析，查找出差异，并且参照外部规范调整内部控制措施，就解决问题了，同时也可以达成“合法合规经营”的内控基本目标，这种方式直接针对目标服务，投入时间、人力较少，因此曾经是非常普遍的做法，尤其是对于合规要求更紧迫一些的单位而言，如 IPO 单位。但通过这种方式所完成的内控体系只是一种比较初级的内控体系，可能仅仅是满足合规要求而已，对于内控的其他几个目标，或者说对内控的终极目标而言，这样的内控体系价值是非常有限的，但是这并不会降低对标作为一种控制措施输入来源的地位，即便是现在，进行对标分析也依然是必要的，只是不能够仅仅局限于对标分析了。

4. 管理理论的实践尝试。虽然不得不承认，笔者这个咨询顾问目前这一方面做得还的确远远不够，但还要说明的是管理咨询顾问实际上在很大程度上承载了从理论到实践的桥梁作用。象牙塔中的理论再先进，也只有放到企业的生产经营实践中才能够闪耀光芒，而管理咨询顾问正好可以有效地将现代最新的理论研究通过项目的形式传输到企业中去。虽然做得比较有限，但是笔者以及所在的公司正在朝这方面努力，也许我们成不了研究方面的专家，但是我们可以做一只勤劳的小蜜蜂，采集众多大家的学术研究成果，酿成可以让企业直接饮用的蜂蜜，这也是一个管理咨询顾问最应该做的事情了。就内控而言，可以说引进消化的阶段目前已经基本结束了，而下一步更需要的可能是开展创新性的研究，就内控的某些方面能够提出创新型的成果，这对管理咨询顾问来说既是挑战，也是机遇。相信在未来的项目中，笔者在这一方面能够做得更好一些。

三、控制活动确认

了解了控制活动设计的一般思路，也了解了这些控制活动的一般来源渠道，实际上控制活动设计工作就相对容易了。不过在内控体系建设程序上，通常还会有一个控制活动确认环节，主要任务是将初步设计的内控体系告知于内控体系的执行者，以检验内控体系设计的科学性与合理性，因此有关控制活动确认环节的必要性，相信是不难理解的。

作为内控体系建设中的一个必要环节，在实际中却经常会遇到两种比较普遍的不合理现象，此处重点说说，可能对其他单位的内控体系建设会有所帮助。第一种类型被笔者叫做“事不关己”型。这种类型的客户，在这一环节更多的时候表现出的态度是“你们设计好，我们执行就好”。针对我们提交的过程确认问卷，往往都是大笔一挥一个同意，或者就是交白卷，没有任何意见。这种类型的客户倒是好交差，不过这并不是从咨询顾问这个角度所喜欢的客户类型。从内控体系建设来说，一方面这是一个必须全员参与的工作，全员参与不仅可以让所有的内控设计更为科学合理且符合业务需要，而且参与过程也是了解内控的过程，这也对下一环节的内控执行大有裨益；另一方面从咨询顾问的角度来讲，至少笔者自己是这样的，每当给客户提交成果的时候都是忐忑不安的，担心所提交的内容与客户的需求不符，担心还有情况不了解，而事实上也肯定是如此，因为我们很难在短短的一个月或者两个月的时间内就把客户的所有业务情况都了解得一清二楚，都能够对公司的各项业务真正需要的内控拿捏到位。而如果客户放弃了这一权利，任凭咨询顾问来设计，是很难达到预期效果的。第二种类型被笔者叫做“顽固保守”型。这种类型的客户确认时的态度是咨询顾问所需要的，但是这种类型的客户对于任何的改变都抱有天生的不适应感，这种客户在确认环节的态度是“凡是与我现在所做工作不一致的都需要调整为一致”。这也是让咨询顾问犯难的一种客户，而这种客户甚至可以说在私营企业还更普遍一些。内控建设的本质可理解为一种企业的自我变革，而任何的变革都意味着改变，没有任何改变的内控体系建设是无效的内控建设，也绝非咨询顾问的初衷。一来有一些内控的基本原则是不容违背的，或者说一些基本的控制点对于一个企业来讲可能咨询顾问真的认为是必要的；二来前文也说过，内控的持久生命力绝对不会是合规性质的内控，而价值型的内控肯定需要做出一些调整，否则价值如何来体现呢？

上述这两种类型的客户都是笔者自己在业务实际中遇到过的，而客户的这两种态度可能都不是十分恰当的，都不利于一套科学的内控体系建设工作。因此，在控制活动确认这一环节，笔者更愿意要求企业选派符合下列三个条件的员工来配合我们的工作。第一个是态度。俗话说态度决定一切嘛，所以态度问题自然是放在第一位的，每一个企业都天生有一部分同事是积极向上的，内控作为一个新鲜事物，客观需要这种有积极向上态度的人来接受它。第二个是了解公司业务实际。咨询顾问最担心的莫过于这一环节公司派出实习生来对接工作，美其名曰通过内控建设来了解业务，但对于咨询顾问来讲这绝非好事。内控建设是在定规矩，让一个不了解业务实际的同事来定规矩，那岂不是瞎指挥了吗？第三个是愿意改变。内控体系建设或多或少都会带来一些改变，差别只在于程度不同，而如果天生抵触改变的话，工作也就难做了。

当咨询顾问提交的所有控制活动调查问卷都得到了客户的确认无误，那么内控体系建设最核心的工作实际上也就完成了。

第五节　成果汇编

作为内控体系建设的最后一个环节，成果汇编是形成最终提交成果的一个环节，虽然这一环节一般不会产生新的实质性内容了，但是这一阶段的质量确实直接影响着整个工作的成效，所以也不能大意了。就成果汇编阶段而言，笔者较为关注的是汇编的形式，即采用何种形式来将内控体系建设的成果呈现出来。

第一章在回顾内控在中国发展的十年中，笔者命名第二阶段为“内控手册正当时”，这就是从内控建设成果汇编形式提出来的。但当内控在中国走过十年以后，回过头来再想想，内控体系的建设成果都必须体现为一本内控手册吗？这一疑问的答案其实在第二章也已经给过明确的答复了，答案自然是否定的。但内控建设的成果终究是要以某一种形式体现出来，那么何种形式最为恰当呢？这可能是更为重要的问题。

首先还是需要说说目前的两种最为基本的内控建设成果汇编形式：第一种自然是内控手册形式，第二种则是制度形式。具体来说，采用内控手册形式依然是当前阶段最为主要的形式，尤其是通过聘请外部咨询公司协助完成内控体系建设的单位，通常都会采用这一形式，而根据具体侧重点不一样，有以 COSO 内控框架为模板的内控手册，也有以《内部控制应用指引》为模板的内控手册。无论采用哪种具体的形式，在本质内容上都基本一致，而且更多的时候也很难分清楚是依据 COSO 来汇编的，还是依据内控应用指引来汇编的，因为这其中还需要考虑企业的要求。通过内控手册的形式可以将企业的所有内控基本政策集中展现出来，而且明确无误地告知所有员工，内控的范围和要求也更容易让员工了解，这是采用这种形式的优点。而缺点则是采用这种形式通常需要耗费较大的人力、财力来完成，同时还有可能因为内控手册中的内容太多而给执行带来不便，甚至有可能形成两张皮的现象，给实际工作带来混乱。采用制度形式，则是将内控体系建设的实质性内容通过制度这一传统的形式展现出来，通过调整部分制度条款或者重新制定新制度等方式，以制度文件的形式将内控要求落地下去，这种形式客观上可能更为容易让人接受和理解，特别是对于很多国有企业来讲，也更为适应。采用制度形式的缺点则是内控建设的成果体现得不够充分，一份制度，可能有些内容是先前的，有些内容如果采用内控手册的话可能不会单独强调，但是采用制度形式，为了保证业务的完整性则必须体现出来，从而导致内控建设成果的重点体现不出来，也就可能依然导致内控执行中重点不够突出，不能充分地体现内控的风险导向原则。因此，可以说目前的两种主流形式各有优缺点，企业可以而且应该根据自身的业务实际选择恰当的方式来汇编内控建设成果。

那么究竟应该选用何种方式才算是体现了企业的业务实际要求呢？又应该如何考虑这一问题呢？从实际经验来看，如下几点可以重点考虑，当然这几点既不是必须的，也不代表所有应当考虑的因素，而仅仅来自于实际的项目实践经验。因为从实际经验来看，最终选择汇编形式的理由千千万，甚至可能仅仅是主管领导的态度就决定了，因此此处的几点仅供读者参考。第一，企业规模和业务复杂程度。内控体系终究是为企业的业务服务的，因此企业的规模和业务复杂程度是决定采用哪种形式的第一要素。通常而言，规模较小的企业追求的是灵活性、成本节约等；而规模较大的企业需要更多的规范性和完整性。因此，如果说内控汇编成果只有内控手册和制度这两种形式的话，那么规模较小的企业建议采用制度形式就够了，一方面因为业务不多所以决定了制度就不多，而写进制度的可能本身已经是这个企业所重点关注的了；另一方面制度更为喜闻乐见，而且单独一本内控手册本身定期的维护与更新也将是一件头疼的事情。而规模较大的企业，则建议采用内控手册的形式，这种形式更容易集中体现内控要求，更能够突出重点，体现风险导向，抓大放小。那么所有规模大的单位都适宜采用一本内控手册吗？笔者也不这么认为，反而是认为随着规模的扩张，可能采用一本手册也会带来其相应的烦恼，那就是内控手册可能越来越厚，可能需要汇编成上中下册了，而如此大部头通常只能当做字典来用了，每年的梳理更新也将耗费巨大。因此，当规模足够大的时候，更愿意采用手册+制度的形式，手册只是概括重点中的重点，正如在第二章讨论什么样的内控手册最好，其中有一个要求就是内控手册不宜超过500页。而更多的内容采用专项的内控制度明确下来。

第二，内控体系建设的覆盖范围。本书一直在强调，一个企业的内控体系终究是站在某一个特定的立场来编制的，有其服务的主要目标群体，通常大部分内控体系是服务于中层管理者的，当然这也不是一定的，因此企业集中建设的内控体系的覆盖范围也是影响采用何种形式来汇编建设成果的一个因素。对于基层管理者而言，或者业务操作人员来讲，如车间的班长乃至一线操作人员，虽然内控手册中可能也会存在关乎这些人的一些内容，但是这种内容绝对是有限的，因此这个时候如果扛一部大头书给这些岗位，明显是不恰当的，对他们而言可能三五十个字的具体条令更为有效，而且对于这些基层岗位而言，将一本体现企业所有管理政策的内控手册交到他们手上，也可能不利于公司这些无形资产的保护；相反，对于真正的中层管理人员来讲，其所涉及的业务范围可能会跟企业的很多部门打交道，业务也更为复杂，这个时候如果单独就每件事情发一份条令式的制度，那么这些制度堆积起来恐怕也是一本厚厚的册子了，所以这个时候可能一本重点突出的内控手册反而更为恰当。因此，汇编内控建设成果时，需要考虑企业内控建设的具体业务范围，规范的范畴的大小，真正看内控要求的岗位是哪些来确定采用何种形式，而决定岗位的正是内控体系建设的覆盖范围，如果建设的范围局限于中层管理者，则内控手册更为恰当，如果覆盖的范围足够广泛，则制度也是不错的选择。

第三，内控评价的需要。内控体系建设只是完成了内控体系的一部分，甚至只是一小部分，要保证内控体系能够运转起来，很大程度上还依赖于评价这一环节。内控手册形式，通常会直接阐明控制点，其相应的风险与控制目标是什么，都会言简意赅，通俗易懂地直接写明，从这一个角度来说，这将更为有利于开展评价，尤其是对于内控体系完善的初期而言，这种形式更容易上手。而制度形式，在评价环节的第一件事情则可能莫过于从浩瀚的制度条款中去识别哪些是控制点，因为采用了制度条款的形式，可能这些控制点表现得不会那么清楚，至少目前笔者遇到的制度通常都是这样的，在这一过程中，一方面可能会消耗一定的人力，另一方面这些控制点识别得是否足够准确也可能会影响到评价测试的效果。但采用制度这种形式的另外一个优点则是实质上扩大了评价范围，凡是制度中的条款涉及的内容都有可能纳入评价范围，而采用内控手册的话，可能在制度中体现的部分条款不会体现在内控手册中，这可能是出于防范风险的角度或者仅仅是从重要性的角度来讲，总之，这种范围相对于制度来讲可能要窄一些。鉴于评价的重要性，因此在内控建设环节就应当考虑这一需要，如果企业员工胜任能力强，执行力高，那么制度也是可以接受的，反之，如果员工还不足以胜任识别控制点，还不能够自主地开展以风险为导向的评价工作，那么内控手册可能更容易适应。

上面的讨论仍然局限于内控建设成果的汇编是采用内控手册还是制度这两种基本的形式，而前文提及过，内控体系建设成果的汇编形式绝不局限于这两种形式，而是应该有更多的形式。某一个项目中，曾经有客户提出这样的想法："内控手册这样的大部头实在是太难看，能不能做得活泼一点，就像我们现在的安全手册一样，图文并茂，通俗易懂。"笔者觉得这的确是一个不错的主意，只是当初一来限于成本和项目期限等种种限制，没能够完成，主要原因是这单位的内控手册内容实在是太多；二来咨询公司终究需要面对成本的压力。不过在这里，也提出了一种新思路，那就是内控手册的汇编形式最终的决定方应该还是使用者。只要是某种形式能够更好地体现内控建设成果，能够更合理地将企业的内控要求传达到每一个相应的岗位，内控体系建设也才会更有意义。虽然对于咨询公司来讲，这样做可能是不现实的，但是企业自身完全可以做这方面的尝试。将大部头的内控手册进行分拆，按照不同的岗位类别，将相关内容重新汇编到一起，采用漫画、口袋书、宣传册等多种形式有针对性地将内控要点传播到目标岗位，这将对内控体系的完善大有帮助。

第六节 RAARCC 内控执行体系

内控体系建设到完成成果汇编，实际上工作也就完成了，而咨询公司通常能做的也就是到这一步了，因为剩下的只能靠企业在具体的每一项业务中去坚持执行内控要求，从而让内控建设的价值体现出来。但是，内控的执行往往也是最头疼的，花费 3 个月甚至更长的时间完成内控体系建设工作，很多单位都没有问题，但是要求企业一如既往地一年、三年甚至一直这么坚持着去执行内控要求，或者说是在内控体系建设完成后开始执行内控，则很多企业往往会打起退堂鼓，这很正常，习惯总是难以改变的，但是又不得不改变。为了帮助客户提高内控的执行效果，笔者通过项目总结提炼出一个促进内控执行的框架，将其概括为 RAARCC 内控执行体系，在此分享给读者。

RAARCC 实际上代表了这个体系的六个核心字，即看（Read）、思（Analysis）、动（Action）、记（Record）、查（Check）、改（Correct），所以有时候也概括为“内控执行六字诀”，即一看二思三动四记五查六改，而之所以这里需要加上一二三四五六，目的只是表明这一方法论有其内在逻辑顺序，即从看开始，到改结束，构成一个完成的过程，前一个步骤是后一个步骤的基础，只有每一个步骤都执行到位，才能算作内控执行到位了，也才能促进内控体系的不断完善。具体说明如下：

一看。看，是执行内控的基础，看的目的是要切实理解内控手册中控制点的内容描述，明确内控执行的具体要求，如果对内控的基本要求都不甚了解，又怎么可能执行好呢？但这一点往往也是容易忽视的，因为似乎太容易了，但事实上往往并非如此。最重要一点是看的内容完整吗？这一点绝对不要怀疑，可以说很多客户在看的时候都没有看完整。实际上，一个完整的控制措施，通常在控制矩阵中都会描述得很详细，列明其一般属性，但很多客户的眼睛往往都只盯在“控制措施描述”或者类似的某一个单元格中，而对于矩阵中的其他要素视作不见，似乎只要看了这一个占用文字最多的地方，就算是看完整了。比如对于现金盘点这一个控制点，可能“控制措施描述”这个单元格中仅仅描述了要求某某岗位进行现金盘点，填写什么表格。而如果只看这一点，那么相应的一个问题则是，多久应该盘点一次现金呢？是每天，还是每月，还是每年，如果每年做一次，现金盘点还有意义吗？因此，看完整的要义是在每处控制点都应该至少留意四个要素，即一是控制措施要求，二是执行频率，三是控制证据，四是制度规范，四个要素只有都看完了，才能算做基本看完了一个控制点。看完整的第二层含义是，真的已经理解了控制措施描述中的所有要求了吗？比如一个客户的控制点描述为：“生产主管根据车间生产情况填写领料单，明确领料的产品批号和计划生产数，领料单必须进行连续编号。”那么从这一控制措施描述中，我们应该理解出几点含义呢？笔者认为至少有四点：一是领料单由车间主管填写，而不宜由其他岗位，甚至非车间人员填写；二是领料单应当严格依据生产计划填写，非计划性生产不应当领料；三是领料单填写要求是必须包括批号和计划生产数两个基本字段；四是领料单必须进行连续编号，不应该重号、漏号等。如果没有看出这四层含义，那么也不能说看完整了。而根据笔者经验，在给很多客户讲这一点时，都表现得比较诧异，他们的表情表明他们很可能没有读出这些要求来。

二思。只看不思考，就如同步行万里的邮差一样，再多的路也算是白走了。所以，在看明白的基础上，还需要会思考，实现从外到内、从表象到内在地认识内控的本质要求，可以说这是看的第二层境界。而很多客户告诉笔者，他们的困惑是内控手册已经写得明明白白了，还咋思考呢？就内控而言，针对每一个控制点这种思考至少可以从两个基本维度展开：第一个维度就是内控三要素维度，即控制目标、风险因素与控制活动，可称之为内控的横向思考，想想这一个控制点如何防范风险，是需要达成哪一个控制目标的，如何执行才能有助于达成这一控制目标，只有实现控制目标的内控执行才是有效的执行；第二个维度是流程的维度，任何一个控制点总是处在某一个业务流程中的，有其前一个步骤与后一个步骤，可称之为内控的纵向思考，通过纵向思考才知道这个控制点的来龙去脉，在实现控制目标的总体要求下处于什么位置，因为任何一个控制目标很少能够通过单个的控制点来实现，因此这种纵向思考有助于执行人员从全局出发来执行，而不至于限于为了执行内控而执行的尴尬境地。通过横向和纵向两个维度的思考，将第一步所看的内容都从这两个维度来思考一遍，相信对于正确地执行内控将会是有帮助的。

三动。说一千道一万，内控终究是一个动态的过程，是需要用每天的行动去体现的，因此第三步自然就是动，也就是执行力。执行力是很多企业的老大难问题，而针对执行力的课程从 MBA 到企业内训，甚至咨询顾问的课程中也都会重点讲解，但再多的讲解也不能直接体现为行为，所以在这一点上必须依赖于企业的自身行为，尤其是领导人的行为了。有人将意愿、环境与能力概括为影响执行力的三个要素，因此改善执行力也可以从这三个维度去尝试，不过本书的目的不是讲执行力问题的，所以这部分内容还是留给其他作者吧。

四记。“内控体系建设完成后，表单变多了。”这可能是很多首次开展内控体系建设的单位员工的感受。的确没错，内控讲究的是过程控制，而要体现过程控制，很多时候不得不依赖于一些表单来留痕，因此，内控要求执行过程中的记录就显得尤为重要，要不然何以证明执行过相关要求呢？那么该如何记录呢？可总结为“三性”：一是完整性，完整性的含义是企业所有业务都应该做到过程留痕，不存在哪一项业务不需要任何记录。而每项业务活动中的每笔业务均应当记录，不存在选择性记录。二是准确性，准确性的含义则是所有记录数字精确、文字明了，不存在人为歧义。记录口径、方式、要求统一，不存在不可比性。三是可靠性，可靠性的含义则是所有记录均来源于实际发生的业务活动，不存在弄虚作假。所有记录都应该保留第一手记录，不存在只有汇总数，而没有基础数据的情况。如果能够始终在记录时保持这“三性”要求，应该所有的记录都有效而不是为了记录而记录的。

五查。查，即是检查。PDCA 的循环，C 这一环是至关重要的，没有这一环所有的改进都将停滞，内控体系要形成完整的闭环，能够自主循序渐进式改善提升，检查也是一个必不可少的环节。检查这一环节，在内控体系中就是内部监督这一要素的核心内容，通过日常监督和专项监督，不断分析差异并促进改善。就目前而言，这一环节可能存在两点误区：一是内控的检查，似乎就只有年度的内控评价这一项工作。而其实则不然，从内控规范中强调的日常监督与专项监督来看，内控的监督检查实际上应当成为一种常态化的工作，而不是一种运动式的工作。二是内控检查主要是为了满足外部监管需要，满足披露内控评价报告的需要，其实也不然，披露终究只是一种最基础的外部规范要求，而通过内控的检查发现差异并着手改进内控体系才是内控检查的真实要义所在。

六改。最后一个步骤是改，英文为 Correct，意指纠正，将不对的改对。改是这一环节的核心要义。改这一环节通常也是最让人头痛的，因为所有的改变都令人痛，因为习惯是人的本性。而关于改这一环节，笔者想提示读者关注四个维度：一是方向，即是改内控标准要求，还是改行为呢，很多客户一旦发现例外事项的第一反应是是不是内控标准出了问题，我们一直都是这么做的，怎么会跟内控要求相违背呢？这可能是因为内控体系建设的时候要求已经调整了，而业务却还没有相应调整过来。而一味地改标准，让标准以业务为依据来制定，这样的内控体系也将是很难提升的。二是时限，即是发现后就改，还是检查完毕后再改。就笔者自己的客户而言，目前普遍存在的问题是必须等到审计部门写出总结性报告，等到公司领导签字审批后才开始着手整改，甚至还需要再单独发一个整改通知才开始，而这时候距离发现这些例外事项可能已经是一个月甚至几个月之后了，例外事项的具体内容是什么可能都有些记不清了，所以提倡发现之后及时整改。三是主体，即整改的主体责任部门是内控建设部门还是内控监督部门，还是业务部门呢？内控是建设部门牵头的事情，这一观点虽然现在已经改观很多了，但也尚未完全清除，因此整改的责任主体是业务部门自身这一点一定需要明确无误。四是内容，即所有发现的例外事项整改建议是全盘接受还是选择性接受。对自己有利的就接受整改，对自己不利的就抵触，这也是人之常情，但绝对不是一种合理的内控改进态度。所以，对于发现的这些例外事项应该有一个虚心的改进态度，当然，虚心接受却坚决不改的态度也是不恰当的，所以，关键还是看行动。

上述内控执行的六字诀，如果精简一下也可以说是三个步骤，即一看二动三改，思考是看懂的第二层境界，记录是行动中的记录，是行动的一部分，而检查是改的基础，没有检查又改什么呢？所以如果方便记忆，可以改为内控执行的三字诀：看、动、改。

第五章

控制活动要素

章节导读

控制活动作为五大内控要素之一已经并不陌生，但真正要说明白控制活动是什么可能还真没有那么容易。这不仅因为控制活动要素相对于内控的其他几个要素而言灵活性要求更高一些，很少能够在不同企业找到针对一项业务完全相同的控制活动，而比如内部监督要素可能相似性就要多得多，如都需要审计部，都需要审计委员会等；还可能因为控制活动的内容是如此广泛，涉及一个企业的所有业务活动，因为如此之广以至于很难从中总结出共性的内容来，无论哪家企业的内控体系，控制活动所占的篇幅永远是最长的。本章，也不能保证把控制活动这一要素说得清楚明白，只能是抛砖引玉了。本部分从控制措施的基本概念与内涵出发，简要说明一项控制活动的一些基本要素以及一些一般的控制措施所采用的控制方法，最后也将重点说明一下控制措施与流程的区别，这是笔者认为目前对控制措施误解较为普遍的地方。

第一节　控制措施的概念说明

控制活动要素更多的时候体现为一条条的控制措施，因此要说明白控制活动要素，实质上就是要探究明白什么是控制措施，尤其是业务层面的控制措施，笔者理解在一定程度上，这些控制措施的合集已经差不多可以等同于控制活动要素了。如中国《企业内部控制基本规范》第五条就认为："控制活动是企业根据风险评估结果，采用相应的控制措施，将风险控制在可承受度之内。"因此可以说，控制措施是控制活动的通俗表达方式。

一、有关控制措施的一般表述

为了理解到控制措施的精髓，笔者查阅了包括 COSO 委员会 1992 年版的内控框架、2004 年版的风险整合框架、2013 年版的内控框架，以及中国的《企业内部控制基本规范》及其配套指引等规范文件，也没有找出一个对控制活动或者控制措施标准清晰的定义，但即便如此，这些重要文献中的表述依然是学习的起点，此处摘录几份代表性文件中的表述算作是本章的开头。

首先看看 COSO 内控整合框架报告中有关控制活动要素的表达："控制活动指为确保管理层指示得以执行的政策和程序。它们有助于保证采取必要措施来管理风险以实现企业目标。控制活动贯穿于企业的所有层次和部门。它们包括一系列不同的活动，如批准、授权、查证、核对、复核经营业绩、资产保护以及职责分工等。控制活动包括政策和程序，是人们执行政策的行为，用以保证管理层进行风险管理的必要指示得以执行。控制活动依据与之相关目标的性质可分为三类：经营性，财务报告，或遵循性。"从这一表述中，有两点可以注意，一是控制活动是政策和程序，二是控制活动终究是人们的行为。

紧接着看看 20 年后 COSO 发布的 2013 版内控整合框架报告中的表述："控制活动指为确保管理层指示得以执行的政策和程序。它们有助于保证采取必要措施来管理风险以实现企业目标。控制活动贯穿于企业的所有层次和部门。它们包括一系列不同的活动，如批准、授权、查证、核对、复核经营业绩、资产保护以及职责分工等。控制活动包括政策和程序，是人们执行政策的行为，用以保证管理层进行风险管理的必要指示得以执行。控制活动依据与之相关目标的性质可分为三类：经营性，财务报告，或遵循性。”这一表述与1992年几乎完全一致，也就是说过了20年，COSO也没有找到一个更好的定义，依然采用了这种罗列方式，并通过补充说明文字的方式来阐述什么是控制活动。

而在2004年的风险管理整合框架报告中控制活动表述得更为简单：“控制活动——制订和执行政策与程序以帮助确保风险应对得以有效实施。”仅此一句话，也没有改变先前的观点和表述方式。

再看看国内文献中的表述，最权威的莫过于《企业内部控制基本规范》了，其中有两处是表述控制活动是什么的。第一处是第一章第五条第三款：“控制活动是企业根据风险评估结果，采用相应的控制措施，将风险控制在可承受度之内。”第二处是第四章第二十八条：“企业应当结合风险评估结果，通过手工控制与自动控制、预防性控制与发现性控制相结合的方法，运用相应的控制措施，将风险控制在可承受度之内。控制措施一般包括：不相容职务分离控制、授权审批控制、会计系统控制、财产保护控制、预算控制、运营分析控制和绩效考评控制等。”从这两处的表述来看，国内的文献也没有比国外的表述先进多少，几乎采用了类似的方式来说明什么是控制活动。

再查阅其他资料，如上交所和深交所发布的内控指引、上市公司规范运作指引，乃至中注协这样的行业组织发布的相关文件等，能够找到的有关控制活动的表述大多类似，或者更多的时候都不会给出一个明确的概念说明，似乎这是自然的，地球人都知道的一样。但笔者认为，事实并不是如此，应该对控制措施的本质及其属性、特征等进行必要的分析与研究，提炼出有关控制活动或者说控制措施的共性内容，用于指导控制措施的设计，提高内控体系建设水平，这也是为什么笔者单独另辟一章的篇幅来单独探讨这一内控要素的原因。

二、控制措施的管理学基础

本书并不想写成一部理论性的学术著作，因此此处也不想就控制措施作太多深入的理论分析，这方面笔者的能力也是不够的。但是为了更为准确地理解控制措施的内在本质，从个人经验来看，还是或多或少应该了解一点从管理学原理出发来如何看待控制措施这个词，因此本节所阐述的内容也仅仅从如何理解控制措施这一词出发来简单说明一下笔者自己如何从管理学的角度来理解控制措施。控制措施这一词，可以进一步地细分为“控制”和“措施”这两个词，单独来看它们已经各有其内在的含义，合并到一起，我们可以理解为“为了控制而采取的措施”，这是理解控制措施的起点，也是关键一点。那么下文将分别从“控制”、“措施”以及“控制措施”三个词的内在含义剖析何为控制措施。

首先说“控制”。控制，在管理学中通常理解为管理的一个基础性的职能，与计划、组织、领导等其他管理职能相并列，无论是从100年前法约尔的著作，还是到今天的管理学原理教材，几乎都这么认为，甚至很多的教科书也都是按照管理的职能来组织编写的，对这一点应该说歧义甚小了，因此，此处所说的“控制”也是这一范畴内的控制，而非工程学上的控制含义。管理学范畴内的控制又是什么呢？控制是根据组织的计划和事先规定的标准，监督检查各项活动及其结果，并根据偏差或调整行动或调整计划，使计划和实际相吻合，保证目标实现的行为①。根据这一定义，通常从控制的过程角度将控制细分为制定控制标准、衡量工作绩效、鉴别分析差异和纠正偏差等四个子过程，通俗地说，控制就是首先需要拟定控制的标准，即解决控制什么的问题，然后则是采用既定达到方式衡量实际的工作业绩，并且将实际测量得到的工作绩效与标准进行比较从而查找出差异，最后通过纠偏确保实际工作绩效最终能够与标准要求相一致，这一过程就是控制。而如果说控制本身是管理的一个基本职能的话，那么也可以将这四个过程表述为控制的四个细分职能，并简化表述为标准、衡量、差异与纠偏。

其次说“措施”。“措施”这样一个词似乎难以在管理学这样的教材中找到一个解释，所以只能查阅《现代汉语词典》了，在《现代汉语词典》中，“措施”一词解释为：“针对某种情况而采取的处理办法（用于较大的事情）”。透过这一简单的解释，结合日常的理解，我们应该关注到两个基本信息：一是措施的针对性，即措施一定是针对某一个具体问题而言的，脱离具体问题就谈不了措施了；二是措施都是一种人的行为，要么是针对人的，要么是有人实施的，因为所谓的办法只可能来自于人的行为，这个世界上除了人类，应该没有其他生物知道办法为何物了。

最后说“控制措施”。将上述两个段落的内容合并到一起，就可以比

① 马仁杰、王荣科、左雪梅：《管理学原理》，人民邮电出版社2013年版。

较直接地理解控制措施的含义了，即确定标准而采取的办法、为衡量而采取的办法、为差异分析而采取的办法，以及为了纠偏而采取的办法。而至于说措施中的针对性，这一点在内控中本身就是存在的，这就是在第四章谈控制活动设计的逻辑思路的时候提及的，所有的控制措施都是针对风险的，都是为了实现控制目标服务的。如此一来，就单纯地从字面上对什么是控制措施做了一个分析了。

三、控制措施特征

有了对控制措施的一般表述和字面分析后，应该对控制措施有一个基础性认识了，为了进一步理解控制措施的内在东西，还有必要简述一下控制措施的特征。那么，控制措施有哪些特征呢？简单总结至少有如下几点：

1. 目的性。控制措施天生是为了防范风险、实现控制目标而服务的，因此我们在前文提及控制措施设计的一般思路时，始终强调必须保持目标、风险与控制的逻辑关系。失去针对性目的的控制措施是没有意义的，这就是很多客户在开始内控建设前都会觉得自身的内控工作太过复杂了，不够精简，领导一天到晚在签字但还是不足以让人放心。而出现这种现象的原因之一就是公司原来的内控体系设计可能并没有考虑设计的这一项控制措施的目的是什么，防范的是什么风险，需要实现的是什么目标，这些可能都是模糊的。比如最典型的莫过于公司无论大小的开支都需要董事长或总经理一支笔签批，这在很多公司认为是一种非常有效的控制，但同时也常常让人觉得工作难做，效率低下。此处我们就要尝试着问问一支笔签批的目的是什么了？是为了保证公司财产安全吗？几十、几百乃至几千块钱的开支会对公司的财产安全构成实质性影响吗？是为了防范弄虚作假虚报费用开支吗？董事长或总经理能够对几十、几百乃至几千块钱的开支项目都了如指掌吗？如果再继续追问下去，我们就可以逐渐清晰究竟有没有必要设计这样的控制措施了。因此，目的性是控制措施的第一位特征，离开具体的目的谈控制措施那都是空谈，而这样设计出来的控制措施大部分可能也都是冗余性质的控制措施，除了增加工作量外别无它用。

2. 时效性。控制措施的时效性可以从时点和期间两个维度来理解，从时点上看意味着某些控制措施在其固定时点、约定时点或者基础条件达到后就应该被执行，不执行或者延迟执行都不是有效的执行。从期间概念上看意味着控制措施都必须在一定的时间段内完成，完成的时间超过计划的时间要求则不是有效的执行。比如，现金盘点这样一个控制点，如公司规定的是每日盘点现金，那么从时点角度来看，就是说每天到了下班时间这一时点，出纳就应该执行一次现金盘点这一控制措施，既不能提前到中午执行，也不能等到第二天再去执行，这都是不符合时效性要求的；从期间角度来看，现金盘点必须在下班之前完成，执行现金盘点的时间段就是当天现金收支完成后到出纳下班离岗前这样一个时间段，应该没有哪个出纳的现金盘点会从上午盘点到下午吧。这是从正面来理解，如果从反面来理解，如果现金盘点时间随意，不在每天下班时进行盘点，或者不在规定的时间范围内完成，那么就可能带来现金的安全风险，出纳可以等到挪用的资金归还后再盘点，那么现金盘点这一控制措施的效果就无从谈起了。

3. 适应性。正如赫拉克利特说人不可能两次踏入同一条河流一样，我们也不可能找到内控设计完全一样的两家企业，所以，控制措施的设计绝对是一个因地制宜、对症下药的过程，简单的拿来主义对控制措施的设计是无效的。这就是为什么虽然财政部等五部委联合发布了《企业内部控制基本规范》及其配套指引，以及众多的解释说明等文件支撑，但是很多客户还是觉得很难理解内控，依然需要借助外力来完善公司的内控体系，本质原因就是这些指导文件终究只能起一种指导作用，不能够替代公司的控制措施设计，与公司的现有业务需求相比仍然有一定的差距。任何一条控制措施只有当其完全成为公司日常业务的一部分的时候，这样的控制措施才是公司自己的控制措施，才有可能成为一项有效的控制措施。

4. 客观性。当谈及适应性的时候，就经验而言往往又容易走进另一个误区，那就是丢失了控制措施的客观性要求。当我们谈适应性的时候，由于任何的控制措施设计时都是跟具体的业务人员沟通确认一起完成的，而在这一过程中就很难避免受到个人的主观影响，有些控制措施在沟通确认过程中，是否符合公司的业务实际的依据可能是这项控制措施是否对了个人的口味，而不是这一项控制措施站在公司的整体角度来讲是不是有效了。而一旦明白了这一点，就可以理解控制措施的客观性原则了，即控制措施的设计应该是站在内控体系设计的特定立场或角度来设计的，而不应该受控制措施设计过程中特定人员的主观影响，只有所有控制措施所站的立场都是统一的，而且都不是站在特定个人角度，而是企业角度的时候，我们说这样的控制措施才是客观的。而这样来看，实际上客观性和适应性也并不矛盾，因此在控制措施的设计过程中务必需要关注此点，以免影响了内控体系整体的有效性。

5. 重要性。笔者自己的客户拿到提交的内控手册后，打开一看发现似乎有很多内容并不在上面，似乎操作性上还是不够。其实这是由控制措施的重要性特征所决定的，纳入内控体系之中的、写进内控手册之中的绝对是经过了重要性权衡后的结果，而不会将所有的内容全部都写进内控手册中去，而如何权衡实际上在前文已经提及了。而至于从控制措施的层面来理解重要性，也就是通常提及的关键控制点的概念，控制措施从其防范风险的效果出发可以划分不同的重要性等级，能够直接防范风险的控制措施往往划定为关键控制点，而那些辅助性质的控制措施往往划分为一般控制措施，但是否为关键控制点是一种主观性质的划分，因此从这一角度可以说，凡是写进内控手册的，凡是作为控制措施所单独提出来的，在一定程度上都可以理解为关键控制点，因为还有很多一般性质的控制点没有体现在内控手册上，甚至没有明示出来。因此，控制措施的重要性特征最关键的是要理解到我们在内控体系建设中提及的控制措施不代表一个企业所有的控制措施，而是经过了权衡之后的控制措施。

6. 人为性。无论是从“控制”这一管理职能角度来理解，还是从“措施”这一词的汉语解释来理解，控制措施都离不开“人”这一要素，所有的控制措施要么是针对于人的行为的，要么本身就是人的行为，因此人为性也应该是控制措施的一个基本特征。内控终究是一种管理行为，控制措施终究都是由人去执行的，因此，控制措施无论是在设计上还是在执行上始终都具有明显的人为性这一特征。这一特征的存在要求我们在控制措施的设计、执行、监督检查等过程中都必须考虑受人这一主观因素影响的可能性，控制措施设计时的基本假设是经济人，还是社会人？控制执行过程中是否对胜任能力有明确的要求？监督检查过程中是否考虑了人的动机、机会与借口？这些都表明控制措施处处体现着人为性这一特征。

7. 例外原则。例外原则是管理学的一个基本原则，同样也是控制措施的一个重要原则，可以从两个方面来理解：一是从重点识别角度来看，那些少数的例外往往是控制措施需要关注的重点，比如预算这样一项控制措施，虽然正常预算内的控制也很重要，但从控制的角度来说，预算外的控制要更为重要，这可能往往意味着与公司的计划或者预期已经发生了偏离，正是需要发挥控制纠偏功能的时候；二是从控制措施的整体来看，可能大部分也都是针对的特殊情形，所以从这一角度来说，通常通过集中阶段的内控体系建设完成后的控制措施大部分也都是在阐述这些例外情形。

四、控制措施按内容分类

从不同的角度可以将控制措施分为不同的类别，分类也是帮助理解控制措施的一种有效方式。首先简单说说现有的一些分类方法：从控制措施的基本功能角度出发，通常可以将控制措施分为预防性控制措施和发现性控制措施，所谓预防性即是指事前的控制，在风险因素出现之前采取的措施，而所谓发现性则是事情已经发生后来确认既成事实的；按照控制方式的不同还可以划分为人工控制和自动控制，前者主要依靠人的判断执行的控制措施，后者则主要是依赖于信息系统自动完成的控制措施；而根据控制措施的目标指向不同还可以分为安全性控制、接触性控制、有效性控制、完整性控制；还有依据报告方向不同分为财务报告控制措施和非财务报告控制措施。

上述分类虽然也能帮助读者理解控制措施的含义，但是，在学习内控的过程中通过这些分类来学习总还是有些不太容易理解的地方，所以此节重点想说的是通过项目实践总结出的依据内容来对控制措施进行分类的方法，至少就笔者感觉来说这种分类似乎更容易让人接受，说出来以飨读者。

所谓控制措施按照内容来划分，实际上是受现代管理学中将控制定义为管理的一个基本职能这一思想的影响。在有关“控制”的管理学基础一节中，笔者认为可以将控制的四个过程表述为控制的四个细分职能，并简化表述为标准、衡量、差异与纠偏，因此此处也可以将控制措施据此进行一个分类，即控制措施按照其内容可以划分为四类，分别是标准型控制措施、衡量型控制措施、差异型控制措施和纠偏型控制措施。具体来说：所谓标准型控制措施是指内容上以制定计划为核心的控制措施，这类控制措施所描述的内容主要是针对事前的，更多的时候体现为一种具体的管理要求，是在实际业务发生之前针对业务应该怎样发生而制定的计划、提出的要求；所谓衡量型控制措施是指以特定的方式对现有工作业绩进行计量评价的控制措施，这类控制措施在特定时点执行，目的是为了了解现实业务开展得怎么样，因此计量评价的及时性、完整性、准确性等是这类控制措施所关注的重点；所谓差异型控制措施是指定义计划与实际存在分歧的控制措施，这类控制措施的内容以表述差异的特定情形为主，通过这类控制措施进一步明确了应该采取措施的时点和情形；所谓纠偏型控制措施是指针对出现的例外情形所采取的行动内容，这类控制措施绝对是针对存在差异的情形，具有典型的事后性质，其目的是为了将已经偏离的业务行为调整到计划性质的轨道上来。

仍然以现金盘点这一控制措施来验证一下，从上述四个分类来看，现金盘点的不同控制点应该属于哪一类。现金盘点控制可以分为如下几个关键控制点：第一是“现金应存放在保险柜或其他安全设施内。公司库存现金限额为人民币3000元，超过库存限额的现金应及时存入银行”。这一个控制点从内容上分类就应该属于标准型控制措施，其特点在于是事前的，是在发生现金盘点业务之前就已经规定好的，以管理要求的形式提前规定好了。第二是“出纳岗位每日应该做到日清月结，每天下班前盘点现金并登记现金盘点表”。这一个控制点从内容上分类就应该属于衡量型控制措施，通过这个控制点就可以计量实际的现金存量。第三是“现金日记账记录金额与盘点现金不一致，存在白条抵库等情形时为存在现金盘点差异”。这一控制点从内容上分类就属于差异型控制措施，通过这一控制点就可以清晰地知道什么情形为存在差异的情形，进一步说也就是确认了哪一类情形需要采取进一步措施。第四是“出纳应当会同财务经理及时分析查找现金盘点差异的原因，并由财务经理签字确认”。这一控制点从内容上分类就属于纠偏型控制措施，是针对现金盘点存在差异这一特定情形而采取的进一步措施，通过这一措施的实施实现现金账实相符这一计划性质的目标。

笔者认为控制措施设计合理与否关键还在其内容，因此直接从内容这一视角对控制措施进行分类能够更好地理解控制措施的本质要求，也可以将控制措施设计得更为有针对性，从而可以提高一个企业内控体系设计的科学性。目前的其他分类都是从分析控制措施的属性特征来做出的分类，而这都是从外向内剖析的过程，采用按内容角度的分类则是从内向外的剖析，直接以内容为划分标准能够帮助控制措施设计人员更加关注控制措施的内容。

第二节　控制措施的要素

前文理解了控制措施的概念，但是落实到现实业务中还是需要知道一项具体的控制措施就应该包括哪些内容，什么样的控制措施描述才能称得上一项科学合理的控制措施，探讨这一问题需要清楚控制措施的要素有哪些，只有具备哪些要素时才能形成一项完整的控制措施，这是本节的主要内容。

一、应用指引中的表述

探讨控制措施的要素内容，我们首先从财政部等五部委联合发布的《企业内部控制应用指引》出发寻找答案，此处从应用指引第六号到十六号摘录每号指引第二章的第一条作为寻找答案的起点，因为第一号到第五号以及第十七和十八号通常理解为公司层面内容，大部分内容不是此处说的业务层面控制措施范围内，而每号指引的第一章基本为目的、风险或总体要求，因此也不属于具体的控制措施。依据上述标准，摘录的内容如下：

企业内部控制应用指引第 6 号——资金活动

第五条　企业应当根据筹资目标和规划，结合年度全面预算，拟订筹资方案，明确筹资用途、规模、结构和方式等相关内容，对筹资成本和潜在风险作出充分估计。

境外筹资还应考虑所在地的政治、经济、法律、市场等因素。

企业内部控制应用指引第 7 号——采购业务

第五条　企业的采购业务应当集中，避免多头采购或分散采购，以提高采购业务效率，降低采购成本，堵塞管理漏洞。企业应当对办理采购业务的人员定期进行岗位轮换。重要和技术性较强的采购业务，应当组织相关专家进行论证，实行集体决策和审批。

企业除小额零星物资或服务外，不得安排同一机构办理采购业务全过程。

企业内部控制应用指引第 8 号——资产管理

第五条　企业应当采用先进的存货管理技术和方法，规范存货管理流程，明确存货取得、验收入库、原料加工、仓储保管、领用发出、盘点处置等环节的管理要求，充分利用信息系统，强化会计、出入库等相关记录，确保存货管理全过程的风险得到有效控制。

企业内部控制应用指引第 9 号——销售业务

第五条　企业应当加强市场调查，合理确定定价机制和信用方式，根据市场变化及时调整销售策略，灵活运用销售折扣、销售折让、信用销售、代销和广告宣传等多种策略和营销方式，促进销售目标实现，不断提高市场占有率。

企业应当健全客户信用档案，关注重要客户资信变动情况，采取有效措施，防范信用风险。

企业内部控制应用指引第 10 号——研究与开发

第五条　企业应当根据实际需要，结合研发计划，提出研究项目立项申请，开展可行性研究，编制可行性研究报告。

企业可以组织独立于申请及立项审批之外的专业机构和人员进行评估论证，出具评估意见。

企业内部控制应用指引第 11 号——工程项目

第五条　企业应当指定专门机构归口管理工程项目，根据发展战略和年度投资计划，提出项目建议书，开展可行性研究，编制可行性研究报告。项目建议书的主要内容包括：项目的必要性和依据、产品方案、拟建规模、建设地点、投资估算、资金筹措、项目进度安排、经济效果和社会效益的估计、环境影响的初步评价等。

可行性研究报告的内容主要包括：项目概况，项目建设的必要性，市场预测，项目建设选址及建设条件论证，建设规模和建设内容，项目外部配套建设，环境保护，劳动保护与卫生防疫，消防、节能、节水，总投资及资金来源，经济、社会效益，项目建设周期及进度安排，招投标法规定的相关内容等。

企业可以委托具有相应资质的专业机构开展可行性研究，并按照有关要求形成可行性研究报告。

企业内部控制应用指引第 12 号——担保业务

第五条　企业应当指定相关部门负责办理担保业务，对担保申请人进行资信调查和风险评估，评估结果应出具书面报告。企业也可委托中介机构对担保业务进行资信调查和风险评估工作。

企业在对担保申请人进行资信调查和风险评估时，应当重点关注以下事项：

（一）担保业务是否符合国家法律法规和本企业担保政策等相关要求。

（二）担保申请人的资信状况，一般包括：基本情况、资产质量、经营情况、偿债能力、盈利水平、信用程度、行业前景等。

（三）担保申请人用于担保和第三方担保的资产状况及其权利归属。

（四）企业要求担保申请人提供反担保的，还应当对与反担保有关的资产状况进行评估。

企业内部控制应用指引第 13 号——业务外包

第六条　企业应当根据年度生产经营计划和业务外包管理制度，结合确定的业务外包范围，拟定实施方案，按照规定的权限和程序审核批准。总会计师或分管会计工作的负责人应当参与重大业务外包的决策。

重大业务外包方案应当提交董事会或类似权力机构审批。

企业内部控制应用指引第 14 号——财务报告

第五条　企业编制财务报告，应当重点关注会计政策和会计估计，对财务报告产生重大影响的交易和事项的处理应当按照规定的权限和程序进行审批。

企业在编制年度财务报告前，应当进行必要的资产清查、减值测试和债权债务核实。

企业内部控制应用指引第 15 号——全面预算

第五条　企业应当建立和完善预算编制工作制度，明确编制依据、编制程序、编制方法等内容，确保预算编制依据合理、程序适当、方法科学，避免预算指标过高或过低。

企业应当在预算年度开始前完成全面预算草案的编制工作。

企业内部控制应用指引第 16 号——合同管理

第五条　企业对外发生经济行为，除即时结清方式外，应当订立书面合同。合同订立前，应当充分了解合同对方的主体资格、信用状况等有关内容，确保对方当事人具备履约能力。

对于影响重大、涉及较高专业技术或法律关系复杂的合同，应当组织法律、技术、财会等专业人员参与谈判，必要时可聘请外部专家参与相关工作。

谈判过程中的重要事项和参与谈判人员的主要意见，应当予以记录并妥善保存。

笔者理解上述摘录的这些表述，一方面应该将此作为控制措施设计中的基本标杆对待，吸取其精华；另一方面需要注意这样的表述是站在一个通用的角度来编写的，而不是为某一个具体的企业服务的。基于这两个方面的考虑，可认为应该至少从上述摘录中掌握到如下几点：一是控制措施必须有主体，即一项控制措施由谁实施的问题，上述摘录中几乎在每一条中出现的“企业应当”这一表述，本质上也就是说所有的这些要求都是要求由主体来承接的。二是控制措施必须包含一个动作，即做什么的问题。上述表述的一个共同特点就是几乎每一条都是围绕一个“动作”展开的，为实现这一动作，要依据什么，要求什么，防止什么，关注什么等等。因此控制措施必须包含“动作”这一要素，即做什么肯定是明确的。三是控制措施最终的落地往往还是体现在各种的方案、表单上，因此这也应该成为一项完整控制措施的要素之一，即做什么后体现在哪里了。四是做什么的标准是明确的，做到什么样子是明确的，因此标准要求也应当成为控制措施的要素之一，最典型的莫过于工程项目的科研分析要包括哪些内容，担保业务的风险评估的内容等，这些都是在说应该做到什么标准。

二、也说 5W2H

根据从应用指引中吸取的知识，笔者在为企业设计控制措施时，也会要求同事关注控制措施的要素完整性，否则不同的咨询顾问编写出来的控制措施描述会是五花八门、很不规范。具体到企业中，通常会将控制措施的要素归纳为七个方面，即什么时间（when）、什么人（who）、什么地点（where）、做了什么（what）、为什么（why）、怎么做（how）、做成什么样（how much）。也有人称之为七何分析法，据说是二战中美国陆军兵器修理部首创，而目前在很多质量体系文件中也有类似的描述。不过这都不重要了，重要的是笔者认为这一分析框架对于控制措施要素设计的完整性依然非常有意义。下面具体论述，不过重点不在解释这几个词，而在于结合实际论述如何运用这几个词来设计控制措施。

1. 时间（when）。此处的时间更好的方式是理解为频率，即多久执行一次，因为控制措施一旦设计出来就应该保持相对的稳定性，也就意味着一项控制措施不太可能设计出来后只在某个时点执行一次，而是会反复地执行，因此两次执行之间间隔的时间，也就是执行的频率也就是此处所要说的时间这一要素的核心所在。具体表现形式上又分为两种：第一种是固定性的频率，如每周、每月等。第二种是不固定的，通常是带有前置条件的控制措施，当前置条件达成时则触发相应的控制措施。很多客户都不太愿意把时间在控制措施中描述得过于准确明了，反而更希望能够模糊一点，这一方面主要受中国人灵活处事的文化影响，另一方面可能是当前的管理可能很难执行到位，不管哪一种情形，笔者都要劝说自己的客户尽量能够将这一要素表述进去，因为这一要素应该属于控制措施的基本要素，没有了时间的限定，任何的控制措施都将没有意义。很简单的一个例子，还是现金盘点，如果不规定控制措施的执行频率，那么试问一年盘点一次现金这样的控制措施有意义吗？答案自然是否定的，而其他的控制措施也类似。因此，时间这一要素是不可或缺的。

2. 主体（who）。任何的业务终究都是需要靠人去执行的，这一点说起来一点都不难理解，但在实际编写控制措施时往往又是一个难点。很多项目更多的时候不得不让步，从要求明确岗位名称，妥协到明确某某部，直到最后明确到某某类部门，甚至于说到最后不得不再次妥协到暂时不明确主体究竟是谁。出现这一现象的原因也很简单，大部分客户会告诉笔者，这项控制措施的主体暂时真的明确不了，很多时候都是领导决定的，这就是很多企业的现实，在中国还不得不尊重这种现实。但依然要说，这依然是需要改进的地方，从人治过渡到法治的过程，就是逐步减少这种情形的过程，一旦权责明确，又怎么可能有那么多的日常业务确定不了责任岗位呢？所以对于这样的客户，我们往往会建议他们在内控体系建设后，依据设计的控制措施重新梳理一遍部门职责与岗位职责，并进而完善控制措施。因为以前无法确定部门职责与岗位职责的原因很多时候是因为不清楚究竟有哪些业务，而内控体系建设完成后这一点应该明白很多了。补充一点的是，笔者认为主体这一要素也应该是控制措施的基本要素之一，每一项控制措施都必不可少。

3. 地点（where）。这是一个往往被遗忘的要素，遗忘的原因是很多时候这一要素都是那么的“想当然”，因为对于大部分岗位来说，其工作地点是相对固定的，要么在办公室，要么在车间，只要岗位不变化，工作的地点通常就不会变化，而一旦控制措施与某一个具体的岗位建立了关联关系，那么事实上也就与特定的地点建立了关联关系，因此是否再完整地在控制措施中表述似乎没有那么重要了。笔者是认同这一观点的，因此也不建议在所有的控制措施中都详尽地表述地点这一要素，但前提是这一默认应该是没有歧义的，而一旦有歧义则还是应该详尽描述。如一个客户的销售经理岗位经常需要出差，为了核实这些人员是否的确到了目的地，其中的一项控制措施就是要求销售经理提供自己手机的地图定位截图到总部，这时候地点就是很关键的一个要素了，即必须在其出差所在地执行定位截图这一操作。

4. 做了什么（what）。从应用指引中的内容来看，这一点是核心，所有的其他内容都是围绕着做了什么阐述的，因此这一内容也是控制措施的基本要素之一，没有这一要素，其他要素都是浮云。第三节将要讨论的一般控制方法更多的时候都是依据做了什么的内容来划分的，而在第四节中将讨论控制措施与流程的差异时重点也是想说明控制措施的“动作”特征，因此从这一章节安排来看，读者朋友应该知道从笔者个人的角度来看，这一要素该是如何重要了。至于具体的内容也就放到后面章节慢慢来讨论，先卖个关子。

5. 为什么（why）。此处来讨论一项控制措施的为什么，似乎已经有点太晚了，凡是从前往后看还能看到此处的读者，应该很容易回答出一项控制措施的为什么了，无非是为了防范风险从而实现控制目标，不过此处只是需要将风险、目标与具体的控制措施对应起来考虑问题了，而不能再如此官方地回答了，但原理莫过于此，就是为了防范风险，就是为了实现控制目标。所以，笔者个人将这一要素理解为一个隐含的要素，虽然在描述控制措施的时候不一定需要完全清晰明了地阐述出来，但是控制措施中的每一个字始终不能够忘记这一要素，即便不直接地表明原因，但是看完了控制措施也要能够反推出这一项控制措施的原因是什么，如果达到这一点，那么这一项控制措施的设计应该是成功的了。

6. 怎么做（how）。怎么做实际上是要阐述控制方式，但这一点在现实中是最难把握的，原因还是在于站在不同的管理层级、不同的立场对怎么做的阐述方式可能会差异非常大。以生产计划编制这样的控制点为例，分管领导或者生产部经理可能关键是要求在什么时点以什么方法编制生产计划就可以了，而对于生产计划岗可能希望控制措施能够阐述生产计划表格有多少份，每份有多少个字段，每个字段应该如何填写等。因此，控制措施怎么做的阐述始终是一个不停取舍的过程，而且针对不同的客户还需要调整表述的重点，毕竟客户的需求才是第一位的嘛。不过单纯从笔者个人角度来看，还是坚持自己的基本观点，内控体系更多的时候是站在一个企业的中层管理者角度来建设的，核心在于抓住关键控制点，因此对于怎么做的阐述不应该过于细致，如上述生产计划岗所需求的应该说不是一项控制措施所能解决的，他需要的是一本业务操作手册。而且更进一步，关于怎么做的阐述往往是最为占用篇幅的一个要素，如果描述得过于详细，内控手册的厚度怕是会让很多人望而生畏了。

7. 做到什么程度（how much）。最后一个要素实际上说的是合格标准，即前面六个要素合并到一起什么样才算作合格，是对实现控制目标状态的一种直接表达。不过这一要素也不一定需要在控制措施中明确表达，通常而言，这种状态可能是隐含在控制措施描述文字背后的，即虽然控制措施描述的是做什么、怎么做，但同时也就表明了应该做到什么程度为合格了，是一个问题的两面，因此在大多数控制措施的设计中并不会直接表达这一要素，而是需要执行岗位去理解的。但是，与为什么（why）这一要素类似，也并不等于说所有的控制措施都不会表达合格标准，相反，如果回过头去看看上一小节中从应用指引中摘录出的内容就会发现，这些表述中每一句话的后半句很多时候都是在表述标准。因此，如果当这一标准“隐藏”太深，不太容易理解，那么也还是有必要清晰地表述出来，而至于哪些表达，表达多少，可能就因人而异了。不管怎样，这都不影响这一要素本身的重要性，无论是隐性的还是显性的，作为执行者，都应该有意识地想想这一要素的具体内容是什么。

三、其他补充要素

除了上文表述的控制措施一般要素之外，此处结合实际工作，还希望补充两个要素：一个是表单，另一个是制度。首先说说表单，表单指的是在业务执行过程中记录执行过程的业务表格，通过这些表格的流转，一项业务得以从发起到结束并全程留痕。表单不全是中国企业的通病，就笔者自己所服务的企业来看，无论何种性质的企业都同样存在这一问题。导致这一现象最普遍的原因莫过于一来好像从来没有过表单，都是通过请示件完成的；二来业务经常变化，设计一个固定格式的表单总觉得捆住了手脚。站在内控的角度，这两条都不能成为原因，从内控的本质来看，内控是要对日常业务的过程进行控制的，日常业务究竟是否得到了控制，如何控制的，只有当事人是最清楚的，不过可惜的是时间从来不会停留，因此为了确保能够证明业务过程是受控的，最原始也是最好的方法就是保证过程留痕，事后通过查阅这些在不同时点留下的痕迹来验证过往的业务过程处于适当的控制之下，过程留痕最基础的工具那就是表单，这是反映业务过程最直接、最原始的，自然也是最有说服力的。所以可认为表单应该成为每一项控制措施的一个基本要素，每一项控制措施的执行都应该留下点痕迹，不然怎么证明做了呢？在具体形式上，内控视角下的表单更希望它是控制措施的另一种表达方式，即通过业务表单的设计，将设计的控制措施予以落地，如果能够通过查阅表单就了解意向业务所有的控制点，那么这样的表单无疑是最有效的表单，而大部分企业通常所采用的所谓呈批件、请示件，笔者认为并不是一种合适的表单样式，这样的表单根本没有反映控制措施的要求，仅仅是履行一个程序而已，而程序并不完全等同于控制措施，这将在本章第四节专门说明这一问题。

其次是制度。关于制度其实在第二章已经单独就内控与制度的关系探讨过了，不过此处的角度是站在某一项控制措施的角度来看，这一项控制措施与制度的关系，笔者认为其应该成为控制措施的要素之一，尤其在中国这样的环境下，大部分企业和岗位还是更习惯于拿制度说事，有制度就意味着有规矩，但有内控手册不一定代表着有规矩，因此在这种大环境下，应当为每一项控制措施找到其相应的制度渊源，而每一项控制措施所能够索引到的这一制度本身就为控制措施的一个要素，即每项控制措施都有制度作为其背景。当然在阐述具体的控制措施时，这一制度要素通常是不必要写出来的，否则这样的控制措施也比较难看，更好的方式是将制度作为控制措施的一个属性，即提到某一项控制措施，就应该可以联想到相应的制度，而且制度上的规定与这一项控制措施存在映射关系，当然更多的时候，制度会表述得比单一项控制措施完整，但这不影响这种映射关系的存在。

第三节　控制措施的一般方法

针对控制措施的探讨终究还是需要回到控制措施究竟是什么样的这样一个问题，究竟采用的是哪些方式方法，这些方式方法可能比起前面两节的探讨更能让人感受到，因为这些方法更为看得见摸得着。不过，这个世界上估计没有人能够穷尽控制措施的所有方法，因为我们的管理活动本身就是如此地复杂，因此此处只能说是控制措施的一般方法，也即通常所采用的一些方法了。此处结合《企业内部控制基本规范》上所列示的一般方法和笔者自身的工作实践重点介绍几种，仅仅起到一个抛砖引玉的作用，其目的在于说明这些一般方法的真实内涵，以及内控建设与执行中又该如何去正确地理解这些方法。

一、授权审批

《企业内部控制基本规范》第三十条规定："授权审批控制要求企业根据常规授权和特别授权的规定，明确各岗位办理业务和事项的权限范围、审批程序和相应责任。企业应当编制常规授权的权限指引，规范特别授权范围、权限、程序和责任，严格控制特别授权。常规授权是指企业在日常经营管理活动中按照既定的职责和程序进行的授权。特别授权是指企业在特殊情况、特定条件下进行的授权。企业各级管理人员应当在授权范围内行使职权和承担责任。企业对于重大的业务和事项，应当实行集体决策审批或者联签制度，任何个人不得单独进行决策或者擅自改变集体决策。”这一条所占用的篇幅在《企业内部控制基本规范》介绍相似内容的条款中文字是最多的，顺序也足够靠前，可见这一控制方法的通用性。更何况用脚想一想都可以知道，这一条有多么地普遍与重要，但凡有两个及以上的人的地方，但凡有分工与合作的地方，就会存在权限的分配问题。更进一步在中国这样一个有2000多年集权型社会文化的环境中，当老板就意味着掌握着权限，因此没有哪个企业敢说自己没有权限体系。

关于权限，首先想延伸说明一下《企业内部控制基本规范》中提到的一般授权和特别授权，虽然此处的解释其实已经很清楚了，但在项目实践过程中，仍然有不少的客户问既然规范权限是内控的内容之一，为什么不能将所有权限包括特别授权也在内控中规范呢？这样的问题真的不好回答，只能告诉客户，凡是能够在内控中规范的，凡是能够在内控建设过程中写进内控手册的，都只能是一般授权。特别授权之所以特别，原因就在于不是能够在内控建设过程中进行梳理与规范的，因为具体是何种情形，什么时候发生，这些都是无法预料的，只能等到事实已经发生了才能知道应该采用何种特别授权方式。因为世界上没有人能够预见未来，所以不可能把特别授权的内容在内控手册中表述，但这并不妨碍内控对特别授权形式、程序、要求等方面的规范，即一旦需要特别授权的时候，如何进行特别授权还是应该规范的。如一客户事前已经为每一个领导岗位设置了AB角，如财务总监为A角，财务经理就是其B角，那么当A角有事出差后，就会在其网站上挂出一份授权书，将其外出这段时间的相关审批权限授权给B角，这样一来，一旦公司员工知道财务总监出差了，就都知道直接去找财务经理代财务总监签字了。这一控制过程中，公司已经规范了特别授权的方式方法，即通过AB角授权，采用网络方式公布，这是可以规范的。但是什么时间需要如此操作，这是事前不知道的，只有等到财务总监出差这一事实已经发生之后，员工通过挂出来的授权书才会知道。因此，特别授权不能通过内控规范，仅仅是指的内容上不能规范，程序与形式上依然可以规范，而且应该规范。

关于授权审批的第二点想说的是“一支笔”现象。这种现象无论是在国企，还是在私企都普遍地存在，而且还经常饱受诟病，无论是拥有这一支笔的还是不拥有的都如此，似乎这就是一个害人的东西，但是客观上却又普遍存在着这一现象，着实有些让人想不通。而更为搞笑的结果是，还可能因为这一支笔的设置而导致一些有趣的现象，如曾经一个客户要求但凡合同专用章的使用必须经过董事长审批，如此一来合同管理岗位由于经常找不到董事长，所以后来想了一个简便办法，对外签订合同时都直接加盖行政公章，原因也很简单，一来这些事情在盖章环节之前该董事长审批的都已经审批过了，二来合同对方也都会承认。所以当我们去查阅用印记录的时候，发现近一两年合同专用章就没有使用过，所有合同都是盖的行政公章。如此一来，合同专用章又有何意义呢？仔细分析一下一支笔的问题症结就会发现：首先一支笔之所以长期存在且如此普遍，就必然有其合理的成分，存在即合理嘛，对于攸关一个企业生死存亡的重大决策就必须是一支笔，这样的决策如果有多个岗位可以决定，那将是一件很恐怖的事情，因此应该说现在被诟病的并不是一支笔本身，而是一支笔的泛滥，事情无论大小都采用这样一种方式来控制可能就会让人生厌了，就如同凡是所有的资金支付，无论是几百元，还是上亿元都需要总经理审批一样，有点过头了。其次，一支笔是否应该存在也跟企业的规模和业务复杂程度密切相关，对于一个只有 5 个人的小公司来讲，如果还弄个集体决策，是没必要的，对于这样的单位可能一个人说了算就是最有效率的方式，尤其是很多私营企业之所以成功，起步阶段靠的就是创业者的个人能力，一支笔是支撑创业者的政令能够落实的主要方式，是一种有效的方式。而当企业规模变大，业务更为复杂之后可能一直采用这种方式就不恰当了。因此，一支笔，需要从两个维度看，一个是事项，另一个是规模来设定其适用的坐标，只要这个坐标设置得当那么一支笔这种方式本身就是合理的，当然如果设置不当，可能就会饱受诟病了。

最后补充一点关于权限指引表的说明。笔者在给客户提供内控体系建设类服务的时候，通常都会提交一份权限指引表作为工作成果之一。在这一表格中，会分析罗列企业在不同业务流程中的事项，并以这些细分事项为单元整理一下涉及这一事项的不同岗位及其不同岗位的不同权限，通过这一张表就可以清晰明了地知道一个企业的权限事项有哪些，不同岗位在权限体系中涉及哪些业务，拥有何种权限等。通过这一张表，基本上可以实现对一个企业所有一般授权的鸟瞰，不仅可以知道现状，而且可以从更高的高度对公司的权限进行一些优化，如有的公司权限指引表整理出来后就会很明显地发现，权限过度集中在高层一个或几个岗位，这时就可以考虑合理地进行一些分权设置等。到目前为止，大部分客户对这一成果的关注和反馈基本都是积极的，有些客户甚至都把这一成果作为最重要的成果来看待，因此，如果企业自己开展内控建设，不妨也可以做一份类似的表格，相信将是有帮助的。

二、不相容职责分离

《企业内部控制基本规范》第二十九条规定：“不相容职务分离控制要求企业全面系统地分析、梳理业务流程中所涉及的不相容职务，实施相应的分离措施，形成各司其职、各负其责、相互制约的工作机制。”这一种控制方法在《企业内部控制基本规范》中是排在第一顺序位的，因此应该说也是一种非常重要的控制方法。不过不知道读者是否注意到《企业内部控制基本规范》中的表述和笔者的表述的细微差异了，即《企业内部控制基本规范》表述为“不相容职务分离”，而笔者表述为了“不相容职责分离”。虽然是一字之差，不过就是这一字之差却让很多企业头疼不已。按照职务一词的理解，很多企业会认为，既然是职务，那就意味着一个岗位，因此不相容职务的分离实际上就很容易理解成不相容岗位相分离了，而一旦这样理解，随后而来的一个问题就是企业会发现内控体系建设之后会需要增加 N 多的岗位，因为不相容的职务是如此之多。而增加岗位或人员，对很多企业来讲是很难接受的，尤其是单纯从内控角度来要求增加岗位时通常都显得很困难。因此，笔者理解为“不相容职责分离”，而不是“不相容职务分离”，其目的就是为了避免发生上面的误解，一个岗位可以多个职责，就如同岗位职责通常都有三五七八条一样，不相容职责分离控制就是要求这些具体的岗位职责之间进行分离控制，而不是职务分离或者岗位分离控制，换句话说，就可以通过将不相容的职责合理分配到不同的岗位，从而实现既不增加人员与岗位，同时又能实现不相容职责分离控制的本质要求。如通常所说的出纳与会计应该分离控制一样，笔者更愿意理解为是现金收支与会计记录这两项职责应该分离控制，一旦从这一维度来理解，就可以很好地避免误解了。

而对于不相容职责的梳理则没有理解概念那么容易了。每个企业的情况不一样，可能存在的不相容职责也就会不一样，因此只有到了具体的业务环境中才能查找到所有的不相容职责。不过即便如此，也还是有一些基本的套路可以遵循，简单来说可以记住五大基本职责，即计划、决策、执行、监督、记录，这是按照通常业务发展顺序所列示的五个核心职责，以此为基础进行展开分析，便可以在逐步细化分解的过程中识别出所有的职责，并按照上述五大职责应该分离控制的原则来识别不相容的职责。而在笔者自己的服务过程中，通常也会提供一份不相容职责分离表作为成果之一，单独提供给客户，而在所有这些方法中，通常也只会针对授权审批控制和不相容职责这两种控制方法单独整理成果提交给客户，因此也就意味着从咨询公司的角度来说，这两种控制方法也是相对而言比较重要和普遍的，应该引起足够的重视。

三、会计控制

《企业内部控制基本规范》第三十一条规定："会计系统控制要求企业严格执行国家统一的会计准则制度，加强会计基础工作，明确会计凭证、会计账簿和财务会计报告的处理程序，保证会计资料的真实完整。企业应当依法设置会计机构，配备会计从业人员、从事会计工作的人员，必须取得会计从业资格证书，会计机构负责人应当具备会计师以上专业技术职务资格。大中型企业应当设置总会计师，设置总会计师的企业，不得设置与其职权重叠的副职。"这也是一种耳熟能详的控制方法，也是所有控制方法中标准化程度最高的一种，或者说是通用性最强的一种，个中原因无非也就是会计控制必须要遵守国家的会计准则要求，而会计准则中本身很多条款的内容本质上就是一些控制措施，凡是执行企业会计准则就必须要执行这些控制措施。

但现实业务中，会计控制往往会等同于"会计的控制"，也就是说这一控制手段可能演变成了单纯依靠几个会计岗位所执行的控制措施，这就与会计控制本身的初衷有些偏离了。对这一现象至少可以从两个维度说一说，首先，我们不得不承认会计控制的确是一个相对专业的控制手段，其中有一些控制措施的确要求执行人员更多地具备一定的财务会计基础，也会经常性地使用到一些基础性的财务会计术语，如凭证这样的词汇。所以，一个企业的财务会计人员的确需要承担起一定的责任，从会计人员自身的角度来说的确需要严格执行会计准则和公司财务政策。其次，又不得不再次说明会计控制绝对不等于会计人员的控制，而是涉及业务全过程的控制。会计的基本功能是记录与报告，而记录与报告的内容本身是不会在财务会计部门产生的，而是来自于公司的所有业务部门，要真正实现会计控制的目的，就必须从这些源头去努力，要求会计人员去规整业务资料的确有些强人所难了。

跳出会计人员与非会计人员的分工或职责之后，笔者更想说的是企业更应该清楚的是会计控制这一思维方式。笔者个人认为，其实一个企业的职能控制绝对不止会计，还会有其他众多的职能模块，而之所以会计控制会单独成为一种共性的控制方法而被提及，更为关键的是会计控制本身有其独特的思维方式，而这种思维方式实际上并不仅仅局限于财务会计这一个细分领域，而是可以适用到更广阔的业务领域里去。具体来说，会计控制方法，其逻辑性是最强的，是一种成体系的控制方法，从原始凭证的收集、记账凭证的编制到财务会计报表的报出，始终有一条内在的逻辑线条在串联这些内容，从而使得各个部分可以相互印证，最终确保财务数据的真实可靠。因此，一个企业在使用其他控制方法时，是否也像会计控制这样如此严密地设计了这些闭环呢，是否也有一条严谨的逻辑线路来保证所有的工作既不重复又能相互制衡与补充，这才是更为重要的内容。

从个人情感角度出发，有时候又挺同情会计人员，但更多的时候又觉得有些“可悲”，实在是想不到一个更好的词汇了，所以打个引号。笔者想表达的意思是在面对这样一种普遍性的误解的时候，我们的会计人员实际上可以做一些更多的工作，来使得会计控制这一控制方法得到更为恰当的运用。比如可以向领导争取机会面向业务人员做一些培训，就什么叫原始凭证，什么叫记账凭证，发票有什么要求，为什么必须是业务人员来控制这些关键点等做一些讲解和说明，给业务人员灌输财务工作并非仅仅是财务会计人员的工作这一思想。同时在实际业务过程中也可以把腰杆挺得更直一点，对于不符合要求的原始凭证就得让业务部门自己去纠正，而不是一股脑儿地收下来自己慢慢整理，通过这些行为实际上也是在给业务人员培训，从而逐步在一个企业的范围内形成一种相对良好的氛围。当然补充一句，这些工作首先得争取领导的支持，这是中国的文化。

四、人员控制

《企业内部控制基本规范》中并未将人员控制单独作为一种控制方法，但笔者个人认为无论这是否属于一种独立的控制方法，都应该拿出来说一说。中国注册会计师协会编制的《企业内部控制审计底稿编制指南》中对内部控制有效性的阐述分别从设计层面和执行层面展开，设计层面其认为：“如果某项控制由拥有有效执行控制所需的授权和专业胜任能力的人员按规定的程序和要求执行，能够实现控制目标，从而有效地防止或发现并纠正可能导致财务报表发生重大错报的错误或舞弊，则表明该项控制的设计是有效的。”执行层面其认为：“如果某项控制正在按照设计运行、执行人员拥有有效执行控制所需的授权和专业胜任能力，能够实现控制目标，则表明该项控制的运行是有效的。”无论是在设计层面还是在执行层面对内部控制有效的定义中都少不了对人员的要求，即对专业胜任能力的要求。而如果去查看其他地方的定义，也大同小异，同样都会强调这一点。另外，所有的控制，无论方法本身多么科学，哪怕是自动控制，都会受到人的因素的影响，所以，有必要将人员控制作为一种单独的控制方法提出来单独说一说。

从大的方向说，所有人员都会参与内控。从细的方面说，可以将这些人员划分为两大类：一类是内控专兼职人员，通常指的是在企业组织实施内控工作的岗位与人员；另一类则是企业中的其他人员。无论哪一类人员的关键都是需要具备完成工作所需的胜任能力，其他人员的胜任能力通常较好理解，因为这些工作可能已经运行多年了，从企业诞生开始就已经存在了，所以，通常对于什么样的人能够胜任什么样的工作往往还是比较明确的。但是，对内控专兼职人员应该具备的胜任能力则由于内控工作本身时间不长，且其外部输入性特征明显导致很多企业并不是十分清楚应该由什么样的人员来完成这些工作，这是笔者的经验之一，而对于内控专兼职人员的胜任能力可参照第三章的部分内容。

顺便也说说内控联络人员，按照我们的工作方式，每个项目都会要求客户成立一个相应的内控联络工作组以配合我们的工作，而客户报给我们的这个工作组人员构成有时候让我们哭笑不得，有的企业报过来的名单几乎全是刚入职的新人，原因是他们认为正好可以趁内控体系建设之机让这些新人了解公司的业务；有的企业报过来的名单上全是公司的部门负责人，甚至还有更高级别的领导，原因是公司对内控体系建设非常重视，只有领导才对企业足够了解。这是两种代表性情形，但实际上这两种情形可能都不是最恰当的情形，那作为咨询公司最希望见到怎样的内控联络工作组人员构成呢？

就笔者自身实践来说，认为作为公司的内控专兼职人员也好，还是协助咨询公司完成内控体系建设的内控联络人员也罢，应该在如下几个方面比较突出：第一是对公司的业务有足够的了解，这种足够的了解代表了这些岗位对本部门或者自己所在业务线的流程都足够了解，以至于可以清楚地描述流程，甚至绘制一个要素完整的流程图出来，并且知晓每个业务流程中不同环节的管理要求。第二是了解内控的基本思维方式，其中最核心的是应该知道前文提及的内控三要素及其逻辑，这是支撑内控体系的基本逻辑，也是用内控思维方式组织完成工作的基本思考路线图。如果对这一最基础的逻辑都不了解那么是无法配合我们工作的，因为不知道该如何配合，自然也不可能去自主完成公司的内控工作了。第三是具备一定的独立思考能力，内控体系的建设是一场企业的变革，是一场规范化革命，这其中必然意味着一定的改变，而改变就意味着必须有思考，这种思考既能够站在一定的高度，这包括站在企业整体考虑，站在业务线考虑，站在部门考虑等等，完全满足于公司当前管理现状，不能够或者说不擅长自主思考的人员不适合参与变革。即便是有咨询公司，但是真正变革的灵感肯定是来源于公司自身的，咨询公司带来的最重要的是程序与方法、更多的时候是抛砖引玉。第四是内控工作是一项繁杂的工作，意味着一定的工作量，这就意味着需要占用企业的一定资源，其中最关键的就是占用人力资源。如果一个岗位自身的工作量已经饱和，那么期待这些岗位来兼职内控，更多的时候可能不是一个明智的选择。

五、预算控制

《企业内部控制基本规范》第三十三条规定："预算控制要求企业实施全面预算管理制度，明确各责任单位在预算管理中的职责权限，规范预算的编制、审定、下达和执行程序，强化预算约束。"对预算管理的熟悉程度，对于很多岗位来说不低于对财务会计的熟悉程度，几乎到了耳熟能详的程度了，但是，如果真的要举出哪几个企业的预算控制比较到位的案例，却又着实让人犯难，这就是目前预算控制方式的现状。但无论如何，都不能改变预算控制方式作为一种普遍流行的内控方式的现实，而且本书也不想纠结于预算管理的现状与不足，而是想跟阅读本书的读者说说在内控体系中如何结合现状更好地运用这一控制方式。

曾经碰到这样一个国有企业，公司单独设置了一个预算办公室，配备了5名专职人员负责预算工作，但是他们经常自称忙不过来，而其他部门对这个部门也没有好印象，原因是什么呢？最直接的原因就是公司目前需要编制四套预算，第一套由国资委主导，于每年12月份之前就需要上报；第二套由上级集团公司主导，要求在每年农历年前后上报完成；第三套根据公司领导要求编制的全面预算，涵盖经营预算和财务预算等，要求在上级集团预算确定的基础上编制；第四套是资金预算，要求每月滚动编制，每月第一周提交到经理办公会。看到这里可能已经有点招架不住了，而更有意思的是根据他们自己的说法，这几套预算还差不多是独立完成的，原因很简单，一来时间不统一，二来表格也不统一，所以仅仅是填写表格都有不小的工作量，而为了完成这些表格，就不得不经常去找业务部门，三天两头去找业务部门，业务部门自然也会感觉到有些烦躁。虽然这个例子有些极端，但是也有着较强的代表性，那就是很多企业的预算工作变成事务性的了，为了编制预算而编制预算，而忘了编制预算的初衷。

从原理上来说，预算控制应该是与内控最为接近的一种控制方式，但是实施效果在大部分单位却并不理想，这不得不促使笔者在跟客户交流有关预算控制的时候，更多时候不再建议客户开展所谓的全面预算了，而是转而求其次以财务预算为核心，从落实财务预算的编制、执行与考核循环为切入点，短期内不希望达到全面预算目标，而是将全面预算作为一种中长期的目标。而之所以如此的原因就是笔者自己更希望预算控制能够真正落地，能够起到其应有的控制作用，而不是预算与业务两张皮。同理，如果企业在选择预算控制方式或者其他控制方式时，可能也需要吸取类似的经验教训，那就是不贪多，取求实的态度。很多客户从来不少引进先进的管理思想与方法，诸如全员质量管理、精益生产、六西格玛等等，但是真正用到实处，真正发挥作用的，至少在笔者自己的客户中还真的不多。与其如此，还不如退而求其次，不上“高大上”的东西，只做能够切实提升管理的事情，这对于企业的稳步提升反而更有意义一些。当然这是笔者自己的观点，可能体现了更多的实用主义思想，但就与客户的交流经验来说，这种说法大多数时候他们还是愿意接受的。

六、财产保护控制

《企业内部控制基本规范》第三十二条规定：“企业建立财产日常管理制度和定期清查制度，采取财产记录、实物保管、定期盘点、账实核对等措施，确保财产的安全完整；严格限制未经授权的人员接触和处置财产。”严格说，财产保护控制应该不是一种独立的控制方式，而应该说是按照控制目标来划分的一类控制方式，而之所以有这一类控制方式，可能跟中国的内控概念框架有关，因为《企业内部控制基本规范》所定义的中国内控框架中，控制目标相对于 COSO 的内控框架而言，更加突出了财产安全这一目标，为了达到这一目标就必须采取相应的财产保护控制，从《企业内部控制基本规范》前文自身的说明来看，其目的也就是“确保财产的安全完整”。因此可以说，这是具有中国特色的一种控制方式，当然这类控制方式下的具体控制方法本身并没有什么新鲜的。如果这一类控制存在问题，更多的时候表现为执行层面的控制。

而说到执行层面的问题，可能读者朋友会说哪种控制方式没有执行层面的问题，甚至可以说大部分企业的内控例外事项大多数均为执行层面的问题，这是中国企业的通病。不过笔者要说的是对于财产保护控制而言，执行层面的问题更为突出，更为不便于觉察，或者更直接的说法是财产保护控制方面的很多执行例外事项，很多时候一些企业都不认为这是一个问题，因为太普通了，影响力有限，的确如此，这也是财产保护类控制的一个特点，那就是这一类控制措施从内控目标的层级来说，是最基础的层次，因此其相应的控制措施也就相对基础；从现实情况来说，财产保护控制的好处如此明了，因此大部分企业都会有如此的控制措施设计，且执行频率非常高，也正因如此这些普通的控制措施所以出现一点纰漏，很多时候也都不认为是一个问题，因为太普通了。还是拿财务上的现金盘点这个控制点来说，就属于一种财产保护类控制，其目的就是为了保护现金财产的安全完整，但是审计师或者做过内控咨询的朋友，或者说财务系统的人都知道，就这样一个控制点，有多少企业敢拍着胸脯说自己是完全执行了的；即便是填制了《现金盘点表》，又有多少企业敢说自己是实实在在地进行了盘点呢？即便是实实在在地盘点了并填写了《现金盘点表》，又有多少企业敢说自己针对盘点出的每一点差异都认真严肃地进行了原因分析和责任追究？而实际上，现金盘点这一控制措施，只有真正地走到了最后一点，即对盘点差异进行了认真处理的时候，这一控制措施才可能真正达到控制目标。

千里之堤溃于蚁穴，这样的道理不可谓不通俗了，但就是如此通俗的道理在企业里执行时却每天都在发生。曾经碰到一个这样的小客户，账面上显示原材料还有 2000 多万元，这对于公司的总资产来说已经是一个不小的数字了，但是生产部门还天天说原材料供应不上，这问题一直让老板想不通，但也不知道原因何在。后来来了位职业经理人，来的第一件事情就是存货盘点，清理家底，这一清理着实吓了一跳，账面上 2000 多万元的东西仓库里实际上根本没什么东西了，原因很简单：一方面有一些材料时间太长已经不能用于生产了，但账面上还是财产；另一方面有些账面有记录的，实物都不存在了，而进一步了解原因也很简单，因为有些如钢材什么的，早就被员工顺带着出去当废品卖掉了，而公司也一直以为这是一些小事情所以没有重视，甚至认为生产上的一些边角废料让员工当废品卖，赚点零花钱也无不可，要不然公司还要花钱来处置，但是长期以来累积的结果就比较吓人了。说这样一个例子其实还是想再次强调一下财产保护类控制执行的重要性，千万不能以为太普通就不重要了，而进一步推而广之的话，可以说内控工作本身就是防范日常经营中的风险因素的，本身就不如公司的发展战略、投融资业务那样“高大上”，本身就是普通的，就是日常的，如果都抱着这样的态度的话，一个企业的总体内控有效性水平是很难达到一定高度的，因此，一个企业财产保护类控制的执行水平高低，也可以从一个侧面折射出这个企业内控水平的高低，这是关于财产保护类控制问题，笔者最想说给读者朋友的。

七、绩效考评控制

《企业内部控制基本规范》第三十五条规定：“绩效考评控制要求企业建立和实施绩效考评制度。科学设置考核指标体系，对企业内部各责任单位和全体员工的业绩进行定期考核和客观评价，将考评结果作为确定员工薪酬以及职务晋升、评优、降级、调岗、辞退等的依据。”站在咨询公司的角度来说，这是一种让人既爱之又恨之的控制方法，说让人爱，是因为在所有的控制方法中，这是为数不多的从正面对客户的经营业绩可以起到促进作用的控制手段之一，做得好的话可以得到客户较高的评价；而说让人恨，是因为更多的时候很难通过一次内控建设来实质性地解决企业的绩效考评体系，这又会往往导致不及客户预期。而之所以如此，一方面是因为绩效考评体系对于一个企业来讲的确重要，另一方面也说明这一控制方法运用的难度，查一查百度都能知道，目前有多少咨询公司是专注于企业绩效体系咨询业务的，找一找当当网，就能知道有多少本专著在论述企业的绩效考评体系，从理论到实践，无数人在关注，无数人在实践，但是绩效体系对于大多数企业来讲，依然是一个黑匣子，一个让很多企业伤心头疼的黑匣子。如果寄希望于通过一次内控建设就能够帮助企业建立一套完善的、又行之有效的绩效体系，笔者认为这种期望有点过高了，这是笔者想就绩效考评控制这种方法说的第一点。

针对绩效考评控制想说的第二点，或者更想说的一点是，内控也并不是对这一控制方法完全无能为力，否则就不会成为一种有必要写到基本规范中去的控制方法了。从内控本身的发展路径来说，我们当前提倡的是企业向着构建价值内控的方向努力，而价值内控的根本就是需要引进、消化、吸收一些现代先进的管理方式方法，从而实现促进企业经营效率和效果的改善，最终帮助企业改善财务报表。这其中自然也就包括了如绩效考评体系这样的方法了，正如前文已经提到的，有关企业绩效考评体系本身就是一门独立的学问，从理论的到实践的探索就从来没有停止过。2012年9月，国务院甚至还出台了《预算绩效管理工作规划（2012—2015）》这样的文件，要求逐步实现对财政预算资金的绩效评价，由此也可见绩效考评本身的确是一种广泛运用的先进方法。企业要创建价值型内控，借鉴这一相对成熟的现代企业管理经验自然也是题中之义。

第一点和第二点听起来似乎已经有点矛盾了，一方面说心有余而力不足，另一方面又说还可以有所作为，不过笔者倒并不认为二者之间存在实质性的矛盾。从发展的眼光来看，内控本身经历着从合规内控到价值内控体系的发展，因此诸如绩效考评控制这样的控制方法自然也会是逐步完善到内控体系中去的，而且这是基本的发展趋势。那么如何来实现这一过程呢？笔者认为专业化将是一个必经的发展路径，当前很多单位提到内控，都称之为“内控体系”，而体系就意味着“大而全”，这是内控发展的第一阶段，而且也必须如此，因为只有首先把这个框架搭建起来后，才有可能在这个框架的基础上来添加更多实质性的内容，而这正是第二步需要做的，也就是价值内控的核心，要将这些现代管理手段有效地融入到内控体系中去，就只能采用专业化内控的方式，更直接的说法是模块化，即单独针对某一项内容进行深入的分析和研究，使得内控框架更为丰满，这一过程的实现肯定不如目前流行的一次内控体系建设那么简单，这可能是一个持续的过程，企业可以今年做一个专题，明年再做一个专题，持而久之地坚持下去，相信逐步完善后的内控体系必将能够体现出更多的价值创造功能。这一部分内容还会在本书的最后一部分，即对内控未来展望中再次详细描述，此处出于逻辑的完整性考虑就写到这里。

第四节 控制措施与流程

控制措施与流程有着天然的联系，这种联系是如此天然，以至于在大多数时候都不会被加以区分，而是相互替换着表达同一个意思，不过这是危险的。虽然控制措施与流程有着天然的关系，但二者绝对不能够等同，从理解的角度来说，笔者倒是认为对二者做一些概念上的区别是很有必要的。这是本节所要讨论的内容。

首先要说的是控制措施与流程怎么就会天然地产生联系呢，看看这些经典表述也就不难理解了。首先，当然是 COSO 委员会的表述，1992 年版的内控框架中写道："控制活动指为确保管理层指示得以执行的政策和程序。控制活动贯穿于企业的所有层次和部门。它们包括一系列不同的活动，如批准、授权、查证、核对、复核经营业绩、资产保护以及职责分工等。"到了 2013 年的内控框架中则写道："控制活动是通过政策和程序所确立的行动，旨在协助确保管理层关于降低影响目标实现的风险的方针已经落实。在主体的各个层级、业务流程的各个环节，以及技术环境中都应实施控制活动。"这两处表述内容基本上也一致，如果只是初读一下的话，控制措施是由一些流程组成的，执行控制措施就是执行一些流程这样的想法是很自然就会产生的。其次，各位回头再想想内部控制的定义是什么，无论前面有多少的修饰语，到最后的落脚点仍然是"过程（process）"，而"process"本身在很多地方就被直接翻译成"流程"了，内部控制本身就是一个流程，那么执行控制措施怎么可能就不是执行流程了呢？这也再一次在概念上强化了内控与流程之间的等同效应，自然也就加强了控制措施的流程属性，毕竟控制措施是内控的主体内容嘛。最后，在实际的工作中，流程化、制度化是很多企业喊了很多年的口号了，谈到管理提升，绩效提升，就必称流程化、制度化，内控作为一种促进管理提升的机制与手段，自然也就难脱俗气了。而有些客户的领导在谈及客户的重要性中无意识地强调业务流程规范的重要性，无疑也对这种观念起到了固化作用。总之，种种原因导致了控制措施与流程的这种天然联系。

姑且不说这种认识对与不对，这也许本身并没有一个准确的答案，关键的是究竟应该如何认识控制措施与流程这一组关系，这需要完全还原到内控的理论与原则下来讨论。在这种思路下，笔者认为控制措施与流程之间的关系应该存在着三种基本情形，并不能一概而论，而应该具体问题具体分析才对。第一种情形是流程本身就属于一项控制措施。比较典型的是流程审批这一控制措施，既然是审批，那么本身就注定至少涉及两个岗位，就涉及物流、信息流的一种流动，涉及多个活动，要执行审批这一控制措施，本身就是通常所说的"走流程"，这个"走流程"本身就是一项控制措施。第二种情形则与第一种情形相反，二者之间并无必然的联系，如不相容职责分离控制这一控制措施本身就是一项独立的控制措施，作为一项政策规定下来的，哪些职责应该实行分离控制，在实际执行中并不依赖于某一个流程来实现，反而是所有流程的前提。第三种情形从内容上看控制措施与流程相互分离，但是二者之间又有着必然的联系，即控制措施的效力是通过特定的流程发挥作用的，特定流程就是执行控制措施政策的行为，这是 COSO 框架中给出的说明。可能大部分的控制措施都属于这一类情形，这也可能是导致前面这种理解的原因之一吧。如对账这一控制措施与对账业务流程之间就有着天然的联系，对账的政策要求本身与对账流程之间可能本身可以分离，但是在执行中又是无法分离的，只要执行对账这一控制措施，就必然会发生对账业务流程这一固定的程序。

不过在此处，最想说的还不是说控制措施与流程之间的不同情形，而是想从实践的角度出发，推荐读者朋友们在内控体系建设过程中严格区分控制措施与流程，无论属于哪一种情形，在内控体系的建设环节，作为内控体系的设计者必须清楚明了哪些是真正的控制措施，而哪些“只是”流程，最直接的说法就是“千万莫把流程当控制点了”。因为从笔者自己的经验来看，很多经验不够的初级咨询顾问甚至都有可能犯这样的错误，即对控制措施与流程区分不开，从而导致写进内控手册中的控制措施，从第一个控制点开始，顺读下来，感觉就是在看一个流程，而少了些控制点本应该有的“控制”味道，一本内控手册最终成为了一本流程说明，这是内控建设中尤其应该注意避免的情形。

那么如何来区分呢？这的确需要一定的判断，因为内控本身就属于管理的范畴，是管理就不可能如同数学一样精确，模糊地带总归是存在的。不过回过头去看看本章第一节在对控制措施的解读中，曾经写过了两个小节，一个小节是“控制措施的特征”，另一个小节是“控制措施按内容分类”，一方面从控制措施本身应该具备的特征去辨识，另一方面看看这些所谓控制措施是否可以非常轻松地按内容进行分类进去，如果这一方面具备控制措施该有的属性特征，另一方面也很容易将其划分到哪一内容类别，那么这种内容当作控制措施应该是可以的，反之则需要考虑一二了。因为按照内容来划分，自认为是一种最容易穷尽的划分方式，只要是真正意义上的控制措施，在内容上总归是可以找到一种类别的，否则不属于控制措施，而属于流程的可能性就较大，当然这也是笔者个人观点。

最后想补充一点的是，在表达方式上，其实采用将流程与控制措施同步呈现的方式可能可以更好地帮助内控体系设计人员来辨识控制措施与流程的区别，即正文主体按照流程的顺序表达，分步骤说明每个流程环节的内容，而当在某一个流程环节涉及控制点时，则采取突出显示的方式将控制单独表述出来。格式如下：

××××流程：

第1步：××××××××××××××××××××；

第2步：××××××××××××××××××××××××；

第3步：××××××××××××××××××××；

控制点1：××××××××××××××××××××××；

控制点2：××××××××××××××××××；

第4步：××××××××××××××××××××；

第5步：××××××××××××××××××××××××××××××××；

控制点3：××××××××××××××××××；

第6步：××××××××××××××××××××××××××；

第7步：×××××××。

上述流程共计7个步骤，其中在第三个步骤有两个控制点，在第五个步骤有一个控制点，如此一来，该流程共计七个步骤，三个控制点，岂不也是一目了然，自然也就不太可能将这个流程中的控制措施与该流程本身混淆在一起了。当然这种方式也有其局限性，那就是前面讨论的控制措施与流程关系的第一种和第二种情形可能没办法用这种方式来表达。不过凡是真正做过内控体系建设的读者会发现，对一个企业的控制措施而言，实际上大部分的控制点依然是可以采用这种方式的，所以这也不影响在这里推荐这种方式了。

第六章
其他四大内控要素

章节导读

众所周知的是内控有五大要素，第五章用一个章节的内容讨论了第三个要素，即控制活动要素。本章将用一章的篇幅来讨论剩余的四个要素。从篇幅的安排上也看得出来，内控的这四大要素似乎在“地位上”有些不如控制活动这一要素，所以这是本章首先要说的内控五要素的尴尬问题，在此基础上再来谈谈内控的这四个要素的核心内容与方法，从而进一步理解为什么会出现这种尴尬，本章最后还是回到了内控五要素上来了，作为一个体系，任何一个要素都是不可或缺的，所以重要的不是强调谁重要，还是应该更多地考虑如何实现内控五要素的融合发展，这是本章的基本逻辑。

第一节　内控五要素的尴尬

此处所指的内控五要素的尴尬主要是指在一般企业的内控体系中，似乎更大的篇幅在描述控制活动要素，似乎领导的注意力更多地关注在控制活动要素上，似乎与企业员工真正相关的更多的还是控制活动要素，甚至查阅一下上市公司公开披露的内控缺陷数量，也似乎更多地集中在控制活动要素上，凡此种种，似乎内控只剩下一个要素了，那就是控制活动要素，而其他几个要素则是说起来重要，现实中却已经放在了相对不重要的位置。然而要是讲理论，其他四个要素却似乎同等重要，甚至更重要，理论与现实的这种差别，就是本节想说的内控五要素的尴尬。

一、五要素的一般逻辑关系

要说清楚内控五要素的尴尬，还得从源头说起，而从源头所要说的关键内容则是内控五要素的内在逻辑关系究竟是怎样的，其实这样的论述在COSO的基础文献中已经表达得很清楚了，而且只要真正理解其中的两幅图就可以理解这种逻辑关系了。

第一张图是内部控制各要素及其相互间的联系图如下（见图6－1）：

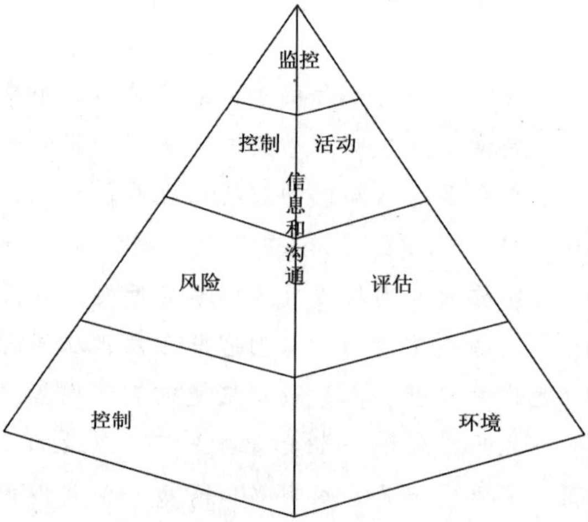

图6－1　要素联系图

与此图相关的原文中还有一段话用来说明这种关系，原文是："控制环境提供了员工实施（控制）活动和履行控制责任的氛围，是其他控制要素的基础。在此环境内，经理层评估实现特定目标的风险。控制活动是为了确保经理层有关减少风险的措施的顺利实施。同时，与之相关的信息被获取和在组织内部传递。整个过程都得到监控，并随着环境的改变而更新。该模型描述了内控系统的运行体制。例如，对风险的评估不仅影响控制活动，还可能强调需要重新考虑信息和沟通，或重新考虑企业监控行为。因此，内部控制并非一项要素影响下一项要素的顺序过程。它是一个几乎任一要素都可以影响其他要素的多方向、相互作用的过程。”

这段文字看起来前后似乎有些矛盾，前一部分似乎说明了一个逻辑关系，而后一部分似乎又在否定这种逻辑关系。不过多看几遍也就明白其实并不矛盾了，总结起来还是两点意思，一方面是本书前文所提及的内控建设过程中的三要素逻辑，即目标、风险与控制，这是贯穿始终的基本逻辑；另一方面COSO委员会又重点强调说五个要素中任何一个要素的改变都会影响其他的要素，而不存在某种固定的直线关系。这就好比一个没有打满气的气球，无论我们从哪一个方向去捏，无论用力的大小，这始终是一个气球，但是同时随着任何一点的变化，如力度、用力方向等，整个气球又都会变换出不同的形状。不过重点还不完全在理解这种关系本身究竟是什么，这可以有更专业的书籍去讨论。此处想重点说明的就是单纯从COSO委员会的这张图形中我们是没办法理解前文所提及的内控五要素的尴尬的，因为COSO委员会说得很清楚了，任何一个部分都会多方向地影响到其他四个要素，因此怎么可能说哪一个要素重要，哪一个不重要呢？

还是先看更为经典的第二张图，即控制目标与控制要素的关系图如下（见图6-2）：

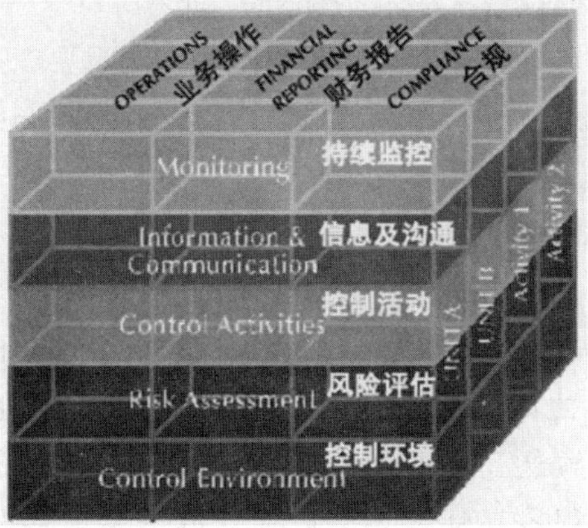

图6-2　关系图

但凡谈及内控，此图是肯定会提及的。此图也从一个侧面给我们展示了内控五要素之间的逻辑关系，具体而言：首先，针对某一个具体的业务或者组织单元来讲，在其日常经营中都会涉及内控的五个要素，换句话说，不存在哪个业务部门可以说自己所在的部门只跟控制环境相关，或者只跟控制活动相关，也就是说从组织的角度来看，五个要素缺一不可，无法分离。其次，从为了实现某一个控制目标来说，也需要五个要素的齐心协力方可实现，不可能说资产安全目标完全依靠监督这一个要素就可以实现，这是不可能的，任何一个内控目标都需要五个要素来实现，那种认为实现控制目标单纯依靠控制活动的观点在这里就被否定了。从这两个角度来说，内控五要素也是不存在轻重缓急的，任何一个组织、任何一个目标都同时与内控的五个要素相关，这是这个经典图形所告诉我们的。

看完了这两张图，现在可以回过头来总结一下内控五要素的真正内在逻辑关系是什么了。从理解的角度，笔者觉得把握住如下两点相对关键：

1. 不要再有内控五要素孰轻孰重的想法了。我们通常都讲要分清轻重缓急，重要的先做，重要的重点考虑，但是在对待内控五要素的时候，可能要暂时将这种常规思维放在一边了。总结一下就是劳动不分卑贱，只是分工不同，内控五要素亦是如此。内控五要素都有其重要的理由，如说控制环境要素重要，那是因为这是基础，其他四个要素都是在控制环境内发挥其功效的；说控制活动要素重要，那是因为从内容上、篇幅上来说其不仅占据绝对优势，而且最重要也是最让人信服的理由是，说得再好终究还是要靠一个个流程、一个个行为活动去落实；说监督要素重要，那是因为监督要素保证了内控五个要素的闭环，如果所有这一切不在监督之下，别的要素即便做得再好也是白搭；说信息与沟通重要，这是因为没有这个要素，内控体系就是瞎子，再好的机制由于缺少信息与沟通要么不能发挥作用，要么适得其反。因此，无论是从经典文献的阐述来看，还是从具体的每个要素在内控体系中的角色分工来说，真的不应该有孰轻孰重这样的想法了，而是应该一视同仁地对待，少了其中任何一个要素的内控体系都不能称之为有效的内控体系，这也是 COSO 委员会这套体系的精妙之处。

2. 内控五要素之间的关系是网状而非线性结构。上述文献同时还告诉我们该如何去理解这五个要素之间的关联关系，其实从一般的描述顺序和实践操作方式上很容易让人误解以为这五个要素存在着前后的逻辑关系，即先有控制环境、然后依次有风险评估、控制活动、信息与沟通和内部监督，这种关系通常会表述为控制环境是基础，有什么样的控制环境就会有什么样的风险，因此风险评估的过程、方法和结论是与一定的控制环境相关的，而控制活动本身存在的价值就是去降低风险评估得出来的需要控制的风险因素，但在执行控制活动过程中我们通常需要保持必要的信息与沟通，这样控制活动才能执行下去，当然控制活动执行后还必须接受监督，因为这样才能保证闭环控制。但是经典文献告诉我们，内控五要素之间并非是这种看起来有点线性的结构，而是一个网状结构，在这个内控关系网中，每一个要素都会同时与其他四个要素关联，每一个要素的变化都会同时对其他四个要素产生影响，当然这种影响的程度、方向可能会因为不同的要素而有所不同。这就好比经典的蝴蝶效应原理，内控体系中的任何一个要素的变化，带来的可能是整个内控体系的变化，而不单单是其他某一个要素的变化。

二、内控建设中的尴尬

通过上一个小节的讨论，我们知道内控五要素之间本身并无孰轻孰重的概念，而且这五个要素之间存在着一种网状的结构关系，这也就是意味着无论是在内控建设环节，还是在日常运行中我们都应该一视同仁，然而现实真的如此吗？根据笔者自己从事内控建设多年的经验来看，现实中依然存在着如下现象向我们诉说着内控五要素的尴尬。

1. 从篇幅上看，目前很多公司的内控体系，或者说内控手册都会按照 COSO 委员会的内控五要素来设计篇章结构，如此一来最终出来的成果一个很有意思的共性特征就是控制活动要素始终太厚，其他四个要素始终太薄，一本内控手册绝大部分的篇幅都会放在控制活动要素里，其他四个要素往往只有寥寥几页，即便稍微多一点，但也绝对不可能与控制活动要素相匹敌。我们就以中石油集团的内控手册为例对比分析一下吧，考虑到保密要求，此处所指的中石油集团内控手册是 2013 版的，其中，控制环境部分正文 + 附表大约 40 页，风险评估部分正文 + 附表大约 70 页，信息与沟通部分正文 + 附表大约 80 页，监督部分大约 90 页，而控制活动要素有多少页呢？答案是超过 1000 页，即便不说出具体的数字也可以有一个很明了的对比结论了，至少在篇幅上控制活动要素是其他四个要素的十倍以上。作为中国企业内控标杆的中石油都是如此，而就笔者自己所完成的项目来看，在篇幅上恐怕也是大同小异。而后来干脆在章节设计上就会体现出这种差别了，控制环境、风险评估、信息与沟通和监督这四个要素，各自为一章，而控制活动要素已不能只作为一章了，而是以不同的内控主题独立成章，如资金管理本身就是一个章节的标题了，如此一来，这种对比就更为明显了，一个控制活动要素可能要占用十几个甚至超过 20 个章节来阐述，而其他几个要素每个要素仅占用一个章节就可以了，这个时候这种对比就更为明显了。

2. 从内容与形式上来说，控制活动要素似乎已经形成相对固定的样式，而其他四个要素则似乎还没那么确定。一方面，从内容上看，控制活动要素大部分企业都是以《企业内部控制应用指引》为基础进行梳理，结合各企业自身的经营业务特点进行补充后，以内控主题或者一级流程的形式来组织控制活动要素，而其他要素的内容似乎还不是十分容易确定。例如，以控制环境为例，从《企业内部控制应用指引》角度出发，通常将其内容限定在企业文化、发展战略、组织架构和社会责任四个应用指引上；从审计角度，将控制环境内容聚焦在对诚信与道德价值观念的沟通与落实；还包括：对胜任能力的重视；治理层的参与程度；管理层的理念和经营风格；组织结构及职权与责任的分配；人力资源政策与实务等方面。而在经典的COSO委员会的报告中控制环境包括：组织正直和道德的价值观；促进董事会行使公司治理的监控职责的机制；吸引、开发和保留人才的机制；严格的绩效衡量、激励和汇报机制以保证绩效实现四个方面。而从企业的实践角度来看，上市公司，尤其是以满足外部监管规范要求为主的企业，大多数都会选择按照企业文化、发展战略、组织架构和社会责任四个维度进行建设，因为这是《企业内部控制应用指引》所要求的；而也有一些大型国有企业，特别是中央企业似乎更多地接受了审计角度的观点，如中石油集团有关控制环境部分内容的阐述。其他几个要素则也类似。另一方面，从形式上看，现在控制矩阵这样的词汇已经变得耳熟能详了，这是控制活动要素的基本载体了，也是目前绝大多数单位控制活动部分内控建设所采用的形式，即表格+文字+流程图的综合表现形式，正如前文第二章有关什么样的内控手册最好所说到的那样，似乎这几样都是少不了的，也已经被广泛接受了。但除了控制活动要素以外的其他四个要素，似乎就没有那么幸运了，在形式上尚没有接受程度如此高的方式，有的企业将控制环境、风险评估、信息与沟通和内部监督的表达方式与控制活动要素保持一致，同样采用了控制矩阵、流程图之类的表达工具，但也有一些单位并没有采用相同的方式，而是可能采用了更多的文字说明方式，因为单纯的表格和流程图可能有时候并没有办法将诸如控制环境中的一些基本内控政策这样的内容清晰地表达出来，所以，近年来越来越多的企业不再选择用控制矩阵的方式来表述控制环境了。但即便如此，在形式上，控制环境、风险评估、信息与沟通和内部监督似乎还没有找到一种可以普遍接受的表达方式。

3. 也是最重要的，那就是无论从企业还是咨询公司的角度来说，可能在重视程度上也会更加侧重于控制活动要素一些。首先从咨询公司的角度来说，把工作的重心放在控制活动要素上的理由自然很充分，一来从工作量来说肯定是控制活动要素所要完成的底稿多；二来从内容上来说控制环境、风险评估、信息与沟通和内部监督四个要素从目前的规范和文献来看，内容就这么多，不可能实现大的超越，而控制活动要素各企业差别巨大，需要深入地了解企业，自然要更重视；三是从操作性上来说，控制环境等四个要素的内容可能在企业要么根深蒂固了，要么取决于领导的意见，咨询顾问实际能够调整的空间比较有限，而控制活动要素中咨询顾问还是可以找到更多的机会让项目出彩，让客户点赞的。因此，单纯从咨询公司的角度来说，肯定会投入更多的精力去完成控制活动要素的建设，包括笔者在内也是如此，这是决定一个项目成败的关键。其次从企业角度来说，一来从人的一般偏好来说，凡是跟自己密切相关的都会比较重视，而跟自己不是特别密切的似乎就可以稍微忽略一点点，因此看起来跟每个人都相关的一些基本政策，这主要是控制环境等四个要素所阐述的内容，但实际上跟每个人又相关得不是那么紧密，反而是控制活动要素涉及的都是具体流程，跟每天的工作都相关，想不重视都不行；二来涉及控制环境等四个要素内容的调整，将会涉及公司更广的范围、更多的流程和岗位，因此阻力也会更大，对很多企业来说，内控还远没有上升到全企业的管理变革的高度，因此对于这些阻力大的调整更多的时候选择的是遵照现实，既然遵照现实那么就相对简单了，所以也就不需要重视了。此外，无论是从内控体系五个要素自身的现实体量，还是受咨询公司的影响也好，都导致了大部分企业在客观上将注意力更加侧重于控制活动要素上去了，笔者曾经碰到过几个分管副总就一个流程相互争执的情况，但却没有碰到过一个企业在确认环节就控制环境等四个要素的内容描述表达过太多异议的。

三、对内控五要素的再认识

内控五要素的尴尬，外在表现在篇幅、内容与形式、乃至重视程度上，而本质的原因还在于我们对内控的精髓了解得不够，还没有完全理解内控体系的内在逻辑所在。那么究竟该如何来正确理解这种现实呢？

最重要的一点，那就是这种所谓的尴尬本身可能就是一个伪命题，也就是说本身即不存在所谓的“尴尬”，这只是一种片面的错误的假象而已。如果是这样的话，那么可能纠结于内控五要素之间的这种差异本身就是没有太大意义的。而作为咨询顾问，大多数时候也在跟客户解释没必要纠结的原因。笔者个人认为内控体系的五要素虽然不能分出轻重缓急来，但是不得不承认的是这五个要素在内控体系中所扮演的角色还是不同的，只要正确认识了每一个要素的真实角色，可能就不需要再有这种内控五要素的尴尬感觉了。具体而言，在内控体系之中，笔者个人认为控制活动要素是主体，控制环境是前提，风险评估、信息与沟通和监督是基本工具，在此角色定义下，作为内控体系主体的控制活动要素自然无论是在篇幅上，还是在内容与形式上得到更多的重视都是可以理解的了，也正因为如此，所以至少笔者个人是不认为内控五要素存在尴尬的。

那么为什么又会有这样的一种角色定义呢？在对内控的传统认识下，似乎内控五个要素是可以划分开的，哪一部分内容属于控制环境，哪一部分内容属于控制活动，似乎这之间都有着明确的界限，如《企业内部控制应用指引》的解释中，就直接将有关发展战略、组织架构、企业文化和社会责任的内容作为控制环境的内容来对待，同时将更多的主题作为控制活动来对待。但回过头去看看那两张经典的 COSO 委员会提出的图形，也就是本节第一部分所列示出来的那两张图，就会发现这种划分可能本身是有问题的，内控五要素天然的"搅和"在一起，是一个有机整体，这五个要素整合后的总体功效会大于单纯的五个要素各自能够发挥的功效之和，所以首先不能够简单地将内控体系肢解，而必须作为一个整体来看待。但是，如果不能做这种划分，那么又如何来区分内控五要素呢？COSO 委员会又为什么会提出内控的五要素呢？笔者觉得这其中的原因就在于内控的五要素虽然不可分割，但是它们各自在内控体系中所扮演的角色还是不一样的，就如同人的手、脚、眼睛、鼻子一样，它们都是我们身体的组成部分，没办法分割开来，分割了也就不能发挥任何作用了，但是它们仍然有自己的特定功能，在整个身体结构中扮演着不同的角色，内控体系与内控五要素的关系，笔者理解也是如此，因此给出这样一个角色定义，而不是简单将内控体系中的所有内容分割成五个要素。

将控制活动作为主体，这原因也很简单，无论是从文献资料来看，还是从现实项目经验来说，内控体系的主要部分都是控制活动，而进一步说，所有控制目标的最终完成，都需要通过一定的控制活动来实现，因此控制活动要素作为内控体系的主体是理所当然的。控制环境作为前提的原因也就在于其定义了内控体系的基调，代表了管理层与治理层对内控体系的基本态度，决定了控制活动的基本价值取向，因此可以说有什么样的控制环境，就会有什么样的控制活动，因此控制环境的角色就应该是前提。而至于风险评估、信息与沟通和内部监督三个要素，笔者认为都是为控制活动要素服务的，为了构建起有效的控制活动，就必须要进行风险评估，否则控制活动的目的性和针对性不强；就必须有充足的信息与沟通，否则控制活动就成了“青光眼”；就必须有强大内部监督，否则控制活动自己跟自己玩，最终的结果只能是失控。所以在笔者看来，风险评估、信息与沟通和内部监督这三个要素都是为控制活动要素服务的，是控制活动实现有效管控的基本工具。因此，当我们谈及某一项控制活动的时候，就有必要想想这项控制活动涉及的风险是哪个？风险评估的结论是怎样的？执行该控制活动需要哪些信息的支撑？又应该通过何种方式与渠道来传递这些信息；评价该项控制活动完成优劣的指标又有哪些？执行情况是否可以得到有效的监督？当我们这样思考的时候，就不会再去考虑这些内容哪些是控制环境、哪些又是控制活动或者风险评估、信息与沟通和内部监督要素了，因为此刻，所有这些要素都已经融合到一起了，已经不是可以简单划分的了。而一旦这样，所谓内控五要素的尴尬也就自然破解了。

第二节　其他四大内控要素内容

控制活动要素是需要根据各单位的实际情况，以流程为基本纽带来个性化设计的，所以可能没办法统一来说控制活动的要素的内容，如果要说，也只能是总结一些通用的方法而已，这正如第五章所做的工作一样。但是控制环境、风险评估、信息与沟通和内部监督这四个内控要素则不然，虽然说也必须根据不同的企业进行个性化设计，但是相比较而言，这四个内控要素在不同企业的共性内容可能还是要相对多一点，即便是在细节内容上存在较大的差异，但是在基本的内容框架上还是可以找到诸多共同点的，这使得本节的内容可以如此安排。

一、控制环境内容

控制环境对企业行为、目标设立和风险评估方式有潜移默化的影响。它也影响控制活动、信息和沟通系统以及监控行为。实际上控制环境不仅影响它们的设计，而且影响它们的日常运转。控制环境受企业文化和历史的影响。它影响员工的控制意识，也影响诚信的企业文化，设定一个积极的“最高基调”，以培养共同的价值观和团队精神，促进实现企业目标。

实际上对控制环境应该包括的内容也并无完全统一的说法，关键还是结合企业自身的特点来进行设计。如通常在财政部发布《企业内部控制应用指引》之后，通常都认为组织架构、发展战略、社会责任、人力资源、企业文化等五个主题是描述控制环境内容的。但这也并不是唯一的表述方式，如COSO委员会的描述以及审计准则上的描述就会有明显的不一样。虽然形式上标题可能会有不一致，但细看内容却还是有较大的相似之处，因此在不影响实质性内容的前提下，从提高权威性角度出发，此处按照COSO委员会的格式来说明控制环境的内容，这一部分基本上算是摘抄了。

（一）诚信和道德观

COSO委员会认为企业目标及其实现方式建立在偏好、价值判断和管理风格的基础上。偏好和价值判断，转化为行为标准后，会反映出管理层的诚信度和遵行的道德观。而内部控制的有效性不可能超越创造、管理和监控这些制度的人们的诚信度和道德观。诚信度和道德观是控制环境的关键因素，它们影响其他内部控制要素的设计、管理和监控。这是理论基础和基本逻辑，而具体而言：诚信是企业各方面活动道德行为的先决条件。COSO内控报告引用Treadway委员会的报告称："在各层次上的良好公司道德氛围对公司、全体员工、顾客和公众的健康都至关重要。这一氛围对公司策略和控制系统的有效执行非常重要，也有助于影响那些即使最精细的内控系统也难以管制的行为。"但是，因为需考虑多方面的情况，确立道德价值通常很困难。高级管理层的价值必须与企业、雇员、供应商、顾客、竞争对手和公众的要求相协调。由于各方利益的分歧，协调可能是复杂和不令人满意的。可能也正因为如此，所以在笔者自己的项目过程中，访谈了解企业的诚信与道德观时，通常都很难得到一个比较准确的回答，这与其本身及很难定义关系不可谓不大。

从实际情况来看，经营良好企业日益同意"道德是有价值的"——道德行为就是好商机这一观点。如医药公司对涉及某一主要产品的危机作出很好的公开处理，这一行为既合乎道德又能带来商机。公司负面消息，如利润下滑或违法行为的缓慢释放，其对客户关系和股价的影响比起及时的披露要糟糕得多。作为外在表现，仅仅关注短期效应，甚至会造成短期的损害。对底线——销售或利润——的集中关注，常会引发始料不及的行为和反应。例如，高压的销售策略，冷酷无情的谈判或暗中的回扣，可能会引发具有即时（抑或持续）的负面反应。因此，不管诚信与道德观这一内容以何种形式存在，其重要性本身都是毋庸置疑的。

最后还有一点，那就是有关企业文化。道德行为和管理层诚信度是企业文化的产物。企业文化包括道德和行为标准及其如何传递，如何在实践中被加强。书面上正式的公司政策定义了管理层希望发生什么，而企业文化决定了实际发生什么，哪些规则得到遵守、违反或忽略。从总裁开始的高层管理人员在企业文化的定位上起关键作用。因此，COSO 委员会的这一点描述与财政部将企业文化单独作为一个主题来描述，可谓异曲同工。

而至于影响诚信与道德观的因素，COSO 报告中则强调了“刺激与诱惑”这一关键因素。其认为某些特定的组织因素会影响欺诈和可疑财务报告行为的可能性。同样的因素还可能影响道德行为。个人可能仅仅因为其组织给予他们的强烈刺激和诱惑而从事不诚实、非法或不道德的行为。强调“结果”，特别短期结果，培养了失败代价很高的环境。导致从事欺诈、可疑财务报告行为以及其他不道德行为的诱因有：

➢ 达到不切实际的业绩目标，特别是短期业绩的压力。

➢ 与业绩挂钩的高回报。

➢ 高于或低于奖金计划的奖励。

导致员工作出不正当行为的一些“诱惑”则包括：

➢ 控制不存在或失效，如敏感区域未作很好的职责分离，提供了偷窃或隐藏不良操作的诱惑。

➢ 组织高度分散，导致高层管理人员不清楚基层的行为，因此，减少了基层舞弊被发现的机会。

➢ 内部审计职能薄弱，无法发现和报告不正确的行为。

➢ 低效的董事会不能提供对高层管理人员的客观监管。

➢ 对不正确行为的惩罚力度不够或不公开，从而失去了应有的威慑力。

基于此，去掉或减少这些刺激和诱惑对减少预期外行为大有裨益。只要实施合理、有利可图的商业实践，就可以取得这一效果。例如，只要业绩目标切实可行，业绩激励加之适当的控制可以成为有用的管理工具。制定现实的业绩目标是很好的激励措施，它减少了达不到预期目标的压力，同时也减少了不切实际的目标所造成的虚假财务报告的诱因。一个控制良好的报告系统可用于防范编制虚假业绩。

除了“刺激和诱惑”这一关键因素外，还有一个因素不应该遗漏，那就是“提供并传递道德指引”。引起欺诈和可疑财务报告的另一重要因素是：无知。研究发现“在许多出现虚假财务报告的公司，相关人员或不知道自己做错，或错误相信他们所做的符合公司利益”。此类无知常常由缺乏的道德背景或指导造成，而并非故意欺骗。因此，不仅要传递道德价值，而且要对是非对错提供明确的指引。在企业内传递道德行为的最有效方式是以例证方式。人们愿意模仿上司。员工有可能形成与高级管理层类似的对错观念（包括对内部控制的态度）。得知总裁在面临艰难决策时作出合乎道德的正确选择，会给企业各层传递强烈的信息。但仅树立一个好榜样是不够的。高层管理人员应向员工口头传递企业价值和行为标准。研究指出一套正式的行为准则是“向雇员传递公司关于责任和诚信预期的广泛应用的方法”。准则涵盖一系列行为，包括诚信和道德、利益冲突、非法或不正确的支付以及反竞争安排。尽管操作手册是有帮助的，它却不是向员工、供应商和客户传递道德价值的唯一途径。存在员工能接收和理解的行为准则，甚至是文件，仍然不能保证其执行。高层管理人员的行为和榜样是遵行道德标准（不管道德标准是否写进行为准则）的最佳保证。对违反准则的员工的相应惩罚，鼓励员工揭发违规行为的机制以及对未能汇报违规行为员工的培训都具有特别重要的意义。管理层在这些情况下采取的行动所传递的信息很快便植入企业文化中。

（二）才能

才能应反映出完成个人工作任务所需的知识和技能。这些任务需要完成到何种程度，总体上是来自于管理层决策，需要考虑到企业目标、管理层策略和实现目标的计划。在才能和成本之间经常需要权衡，例如，没有必要雇佣一名电子工程师来换一只灯泡。管理层需要为特定的工作确定所需的才能水平，并将之具体化到所需的知识和技能。而必要的知识和技能又有赖于个人的学识、培训和经验。确立知识和技能水平所需考虑的因素包括特定工作的性质和所需的职业判断，常需在监管的程度和个人所需才能水平之间取得平衡。

（三）董事会或审计委员会

控制环境和“最高基调”受到企业董事会和审计委员会的显著影响。这包括：一是董事会或审计委员会相对于管理层的独立性，成员的经验和地位，活动的涉及面和深入程度，以及行为的适当性；二是经理层关于计划和业绩的棘手问题被提出和过问的程度；三是董事会或审计委员会与内部和外部审计师的协同合作也是影响控制环境的因素。

鉴于其重要性，一个积极参与的董事会、监事会或其他类似机构——具有适当程度的管理、技术和其他专业技能，加之必要的地位和头脑，使其能充分行使必要的监管、指导和监控职责——对有效的内部控制至关重要。由于董事会必须对问题有所准备，仔细监察企业活动，提出可供选择的观点，具有勇气在明显的错误面前采取行动，因此必须设立外部独立董事。当然，本企业的管理人员和员工也常是高效、重要的董事会成员，将公司情况摆上桌面，但必须取得一个制衡。尽管中小型企业有困难吸引或承担半数以上外部董事的花费——这在大企业通常不成问题——董事会至少应包括一定量的外部独立董事，这一点非常重要。外部董事的具体数量应符合企业具体环境的需要，但通常需要超过一个的外部董事来使董事会达到必要的制衡。

（四）管理哲学和经营风格

管理哲学和经营风格影响企业管理的方式，包括企业承受的风险类型。一个已经成功承担巨大风险的企业和一个由于冒险而面临艰难经济条件和监管结果的企业在内部控制上可能会有所不同。一个非正规管理的企业，可能大部分依赖与关键管理人员面对面的交流来实施经营控制。而正规些的公司可能更多依赖书面的政策、业绩指标和例外报告来实施控制。其他管理哲学和经营风格要素包括对财务报告的态度、对可选会计原则保守或激进的选择，对所作会计估计的保守和尽责，以及对数据处理、会计和人事职能的态度。

（五）组织结构

企业的组织结构提供了一个构架，在此构架中规划、执行、控制和监督为实现企业目标而进行的活动。企业活动可能与有时所指的价值链相联系：采购（收货）的行为，运作或生产，外运（运输），市场、销售和服务。

确立相关组织结构的主要方面包括定义关键领域的权责分工，确定合适的报告途径。例如，内审部门对高级职员应有不受限制的接触权，不直接负责编制财务报表，并有充分的授权以保证内部审计的范围以及跟进所发现和建议的事项。

每个企业都根据自己的需要确定组织结构。一些是集权型，另一些是分权型。一些具有直接的报告关系，另一些则更多的是矩阵型的组织结构。一些企业按照行业或产品线，按照地理分布，按照特定的分销渠道或营销网点来组织架构；另一些经济实体，包括国家和地方政府和非营利机构，则按照功能来组织。企业组织结构的适当性部分取决于规模和所从事经营活动的性质。一个结构严密的组织，包括正式的报告路线和权责分工，可能适合一个拥有很多部门分支，包括海外机构的大型企业。然而，它却可能阻挡小企业内的信息流动。不管何种组织结构，应有利于组织实施为实现特定目标而制定的策略。

（六）权力和职责分配

这包括经营行为的权责分配，报告关系和授权协议的确立。它涉及个人和团队被鼓励主动提出和解决问题的程度以及权力限制的程度。它还涉及定义恰当的企业行为，关键人员的知识和经验，以及用以履行职责的资源的政策。将权力下放，使决策与一线人员更靠近，这样的趋势日益明显。企业可能实行这样的方针以成为更加市场推动型或质量关注型企业——可能为了消除缺陷，缩短产品周期或提高客户满意度。为达到上述目的，企业需要认识不断变化的市场偏好、商业关系和公众期望并作出反应。所设计的授权和职责的结合通常为了鼓励在一定限制内的个人能动性。分权或授权指将某商业决策的集中权力下放到低层梯队——那些与日常交易最接近的人。这可能涉及对销售折扣的授权，长期供应合同、许可和专利的谈判或结盟或合资。关键的挑战是授权只到实现企业目标所需的程度。这要求确保风险承受度是建立在鉴别和最小化风险的良好实践上，包括度量风险，将潜在的风险与盈利相权衡，以进行好的决策。另一个挑战是确保所有员工理解企业的目标。每个人都知道各自行为与目标的内在联系以及对目标的贡献，这是非常关键的。

有时日益增长的分权会伴随着或成为企业组织结构简化或扁平化的结果，而且是有目的的。有意为之的结构改变以鼓励创新、能动性和迅速反应的能力能增强企业的竞争力和客户满意度。这种日益增长的分权可能带来对员工更高级别的管理者能力以及更大责任的内在需要，它也需要管理层实施有效的程序对结果监控。伴随着更好的市场推动型决策，授权可能增加不合需要或预期外决策的数量。如果某一地区销售经理认为，为了赢得市场分额，35%的销售折扣授权有权决定临时性的45%的折扣这一行为是正当的，管理层可能需要过问，决定这一决策是越权还是继续得以实施下去。控制环境受到个人对各自职责认识程度的重大影响。这即便对主要管理者也是正确的，他们是企业一切活动，包括内部控制的最终负责人。

（七）人力资源政策和措施

人力资源措施向员工传递关于预期的诚信度、道德行为和才能的信息。这些与雇用、指导、培训、评估、咨询、提升、补偿、矫正等行为相关。例如，那些聘用最合格员工的标准，将重点放在教育背景、工作经验、过去的成就、诚信的品格和道德的行为，显示了企业对有才能和值得信赖的员工的偏好。包括正式、深入的面试，对企业历史、文化和经营风格广泛和见解深刻的演示在内的招聘活动传递了企业以人为本的理念。传达未来的职责的培训政策，包括培训学校、研讨会的实践、个案研究、角色扮演练习，这些都反映了企业预期的员工业绩和行为水平。由定期业绩评估推动的人员轮换和提升，显示了企业将合格人员及时提升到更高级别的承诺。竞争补偿计划包括奖金激励，用于促进和增强优秀的业绩。惩罚性措施表明对预定行为的违反是不能容忍的。

部分受日新月异的科技和日趋激烈的竞争的推动，企业面临的问题也迅速变化并日趋复杂，因此人事必须准备迎接新的挑战。教育和培训，无论是课堂中的指导、自学或在职培训，必须使企业员工有准备跟上时代有效应对环境的变化。还须加强企业影响质量能动性的能力。仅聘用能干的员工，进行一时的培训是不够的，必须进行持续教育。

二、风险评估内容

风险评估实际上可以分为广义上的风险评估和狭义上的风险评估，广义上的风险评估实际上可以算作风险管理的概念了，即包括了目标设置与分解、风险识别、风险分析、风险评价、风险应对等内容的完整风险管理框架体系，而狭义的风险评估，通常作为事项中的一个必经环节，主要内容应该是广义概念中的风险分析与评价部分。虽然在实际工作中有这种区分，但是在理论上，无论是COSO委员会的报告，还是财政部发布的内控基本规范，乃至于相应的国家标准，基本上都采纳了广义上的概念，此处也就从这一角度来说。风险评估是组织辨认和分析与目标实现有关的风险的过程。风险评估提供了控制风险的基础。内部控制中的风险评估过程必须判明企业完成既定目标存在的外部风险与内部风险，分析各种风险的类型和程度。从这一维度来看，风险评估部分的内容其实相对简单，因为可以用一个风险评估的完整流程来大致说明相关的内容，具体如下：

1. 第一步是设置目标。《企业内部控制基本规范》第二十一条规定："企业开展风险评估，应当准确识别与实现控制目标相关的内部风险和外部风险，确定相应的风险承受度。"风险承受度是企业能够承担的风险限度，包括整体风险承受能力和业务层面的可接受风险水平。所以企业只有根据设定的风险承受度，才能全面系统持续地收集相关信息，最后结合实际情况及时进行风险评估。具体开展过程中，通常我们需要设置一张底稿来完成这一过程，即《内部控制目标分解一览表》，通过该表，按照从上到下的逻辑顺序，将整体目标逐步分解到各级流程，在每一级流程考虑风险承受度，逐步向下直至末级流程，从而确定末级流程中风险承受度。因此，控制目标与风险承受度始终是相随而生的，这些成果通常都应该体现在《内部控制目标分解一览表》中。

2. 第二步是风险识别。风险识别实际上是收集有关损失原因、危险因素及其损失暴露等方面信息的过程。风险识别作为风险评估过程的重要环节，主要回答的问题是：存在哪些风险，哪些风险应予以考虑，引起风险的主要因素是什么，这些风险所引起的后果及严重程度如何，风险识别的方法有哪些等。而其中企业在风险评估过程中，更应当关注引起风险的主要因素，应当准确识别与实现控制目标有关的内部风险和外部风险。

通常而言企业的内部风险因素主要有：①董事、监事、经理及其他高级管理人员的职业操守、员工专业胜任能力等人力资源因素。②组织机构、经营方式、资产管理、业务流程等管理因素。③研究开发、技术投入、信息技术运用等自主创新因素。④财务状况、经营成果、现金流量等财务因素。⑤营运安全、员工健康、环境保护等安全环保因素以及其他因素。企业的外部风险因素主要有：①经济形势、产业政策、融资环境、市场竞争、资源供给等经济因素。②法律法规、监管要求等法律因素。③安全稳定、文化传统、社会信用、教育水平、消费者行为等社会因素。④技术进步、工艺改进等科学技术因素。⑤自然灾害、环境状况等自然环境因素以及其他因素。虽然这里根据《企业内部控制基本规范》及其相关的解释罗列了一些风险因素，但实际上具体到每一个企业、每一个项目的时候，内容可能仍然要比这宽泛庞杂得多。因此，我们通常会通过设置《风险数据库》这一工作底稿来完成这一工作。通过《风险数据库》这一底稿工具，将控制目标、相对应的流程和所识别出来的风险因素初步建立关联关系，从而通过该数据库就可以清晰的实现风险的查找，以及一个企业所有风险因素的统一管理。

3. 第三步是风险分析。通过识别出的风险，我们应对其进行分析。为此《企业内部控制基本规范》第二十四条规定："企业应当采用定性与定量相结合的方法，按照风险发生的可能性及其影响程度等，对识别的风险进行分析和排序，确定关注重点和优先控制的风险。企业进行风险分析，应当充分吸收专业人员，组成风险分析团队，按照严格规范的程序开展工作，确保风险分析结果的准确性。"在这一部分通常至少会包括风险分析的一般流程和风险分析标准这样两部分内容。风险分析的一般流程是指在结合标准风险分析流程的基础上一个企业制定的适合与自身的风险分析操作流程，这可能包括了从参与风险分析的机构与人员如何组建，到如何分级分类进行风险分析评分，如何汇总统计，直到最后得出企业的风险分析结论，即对不同的风险因素有了一个轻重缓急的判断，通常以重大风险清单的形式来体现工作成果，或者是风险的重要性等级列表等。第二部分也是比较关键的内容是风险分析标准。这一部分内容实际上在第四章的时候已经有所提及，一方面已经有国家标准可供参考，另一方面企业也可以采用自己的标准，包括形式上可能都不一定要完全遵从这种标准，而只要能够评价出有效结论即可。重要的是，无论采用哪种方式来体现，风险分析的标准都应该是风险评估这一部分的必要内容而不能够缺失。

4. 第四步是风险应对。在风险识别和风险分析的基础上，企业就应该结合具体的实际情况，选择合适的风险应对策略。企业风险应对策略有四种基本类型：风险规避、风险降低、风险分担、风险承受。因此《企业内部控制基本规范》第二十六条规定："企业应当综合运用风险规避、风险降低、风险分担和风险承受等风险应对策略，实现对风险的有效控制。"其中风险规避是企业对超出风险承受度的风险，通过放弃或者停止与该风险相关的业务活动以避免和减轻损失的策略。这是控制风险的一种最彻底、最有力的措施，它与其他的控制风险方法不同，是在风险事故发生之前，将所有风险因素完全消除，从而彻底排除某一特定风险事故发生的可能性，同时也是一种消极的风险应对措施，因为选择这一策略也就放弃了可能从风险中获得的收益。风险降低是企业在权衡成本效益之后，准备采取适当的控制措施降低风险或者减轻。风险承受则意味着风险在企业可承受范围之内。企业应该结合具体情况及时调整风险应对策略。所以《企业内部控制基本规范》第二十七条规定了企业应当结合不同发展阶段和业务拓展情况，持续收集与风险变化相关的信息，进行风险识别和风险分析及时调整风险应对策略。实际上真正的风险应对是需要从企业层面采取一些整体措施，如发展战略的调整、细分市场选择的调整等，以及更多的时候在业务层面采取的具体控制措施来实现风险有效应对的，所以这一部分内容在大多数时候只能对企业的整体风险应对策略进行一些简要的说明，而不可能将企业所采取的所有风险应对措施都在此处说明，那是控制活动要素的内容了。

需要补充说明的是，实际上是没办法将风险评估的所有内容放在一个章节来表述的，就如同前文所说内控五个要素本身就是融合在一起的，况且更重要的是风险意思贯穿于内控体系始终，上文按照流程所谈及的风险评估，充其量只能算是一般的风险评估流程，而不是风险评估的实质内容，更多的内容可能已经内嵌在控制活动之中了。

三、信息与沟通内容

风险评估要素通常都很容易地按照其一般流程来安排其内容，但是信息与沟通这个要素这样来安排就很困难了，因为其本身并没有一个相对成熟的流程。因此，无论是 COSO 报告，还是财政部的解释文件等通常都是按照“信息”、“沟通”两个大的部分来阐述其内容，此处也按此结构简单地说明一下信息与沟通要素的内容。

1. 信息。我们都说今天是信息社会，用信息爆炸来形容今天的社会经济一点都不为过，作为企业自然也会接收到各种各类的信息，这些信息是如此庞杂，因此完全不可能用文本固定下来，因此在内控体系中阐述信息这一要素时，通常会说明到的内容是这样一些方面：一是信息的收集方式。每个企业都会形成正式的或非正式的信息收集方式，并对收集到的信息进行甄别，哪些是有用的，哪些是无用的，这一过程与方法通常都会作为内控的基本政策来阐述。如在信息的收集方式上，通过正式的报告体系，那么就会需要明确一些公司正式的报告名称及其内容要求，最典型的莫过于定期的财务报告了，这是一份内含了大量有关企业经营业绩、支持决策的信息文件，因此通常会定义一个财务报告流程。当然除此之外，还有经营分析报告、总经理办公会等这样的形式，具体哪一种方式上可能不同的企业会有所区别，但是都会定义一些核心的、基本的信息收集渠道。二是信息的识别，这是一个更困难的工作，在今天的社会获取信息并不难，但是要有效甄别信息就更困难了，所以在定义信息收集方式的同时就必须同步定义何为有用的信息。为了避免陷入信息漩涡中去，因此更多公司的选择是明确地列示出一些对公司重要的信息内容，直接说明这些信息应该包括哪些具体方面，这样一来即便是冒着会遗漏一些信息的风险，但至少专注了矛盾的主要方面，从重要性原则出发，笔者倒认为这是一种比较可取的方式。

2. 沟通。相比较于信息本身来说，沟通可能是更为重要的内容了，只有沟通才会让信息真的发挥作用，而沟通本身的价值在这个社会也有被放大的趋势，不过这依然不为过，因为的确很重要。但是，却没有几个人能够说清楚沟通究竟是什么，笔者也不能，因为沟通实在是太多了，每天都必不可少，所以在一个内控政策的阐述上也就不能期望说能够写清楚所有的沟通方式与内容了，而只能是突出重点或者说强调基础了。从这一角度出发，笔者认为如下三点是可以作为沟通的必要内容在这一部分重点阐述的。一是公司的制度体系，这是一个企业中最主要的正式沟通方式，公司的经营目标与战略、主要经营政策可能都需要通过制度这一形式来实现上下传达。不过请注意，这里说的是制度体系，这意味着公司的制度是结构化的，而不是零散的；是归口统一管理、标准化的，而不是四处分散、各具特色的，只有这样的成体系的制度才能称之为制度体系，也才能更好地发挥其作为最重要的正式沟通方式的功能。二是公司的基本会议制度，这可能不仅包括如董事会、监事会及其专业委员等这样的规范公司治理的会议制度，也包括公司日常经营中的会议制度，如总经理办公会、部门会议、专题会议等。当然这里说的也是会议制度，即按照一定的规则固化下来的会议程序、频率、内容和要求等，而不是随意召开的会议。很多企业的毛病不是没有会议，而是没有会议制度，天天在开会，但是都是临时性的，头痛医头，脚痛医脚，对解决问题的帮助非常有限。三是公司高层与基层员工的沟通机制。这是一个比较容易忽略的方面，但是就笔者自己的经验来说，这是一种比较有效的上下级沟通方式，是传达管理层经营理念最好的方式。曾经有一个这样的客户，公司大约500多人，公司的董事长每月会请当月过生日的同事一起吃饭，固定的时间、固定的地点，董事长每月必到，通过这样一种形式，摈弃日常工作中的上下级概念，这一天大家都一样，都是过生日，通过这样的一种方式董事长也可以了解更多的员工情况，也可以将自己的想法更直接与各层级员工进行沟通，融洽上下级关系。我们在咨询服务期间，这一点多次被客户员工提起和称道，可见这一制度的受欢迎程度。当然，这并不是唯一的方式，不过一定要逐步建立一种上下级可以坦诚沟通的机制，这样的企业沟通可能会更为顺畅。

除了从信息与沟通两个方面来阐述信息与沟通这一要素的内容之外，还有其他几项固定内容经常也会在这一要素中来阐述，这主要包括信息系统和信息披露两个方面，此处也一并具体说明。

关于信息系统。信息系统的内容在COSO委员会的报告中占据了很大的一部分篇幅，这与其重要性也是相匹配的。如今的企业，完全不用信息系统已经无法想象会是什么样子了，而且这一趋势还在继续，各种不同功能的系统陆续在企业上线，在给企业运营效率提高带来好处的同时，也带来了相应的风险，而且这种风险一旦发生，可能比手工控制下导致的损失更为严重，因为更多的时候由于系统漏洞导致的缺陷都会带来批量化的差错，这是让企业无法承受的。此处想就信息系统说两个方面：第一，通常而言在内控体系中建设信息系统这一内容会包括总体层面控制，即GC层面控制，以及应用层面控制，即AC层面控制两个基本方面，而且是缺一不可。GC层面控制阐述基本政策以及针对信息系统本身的建设与管理提出要求，AC层面控制则阐述在具体的应用系统中如何通过程序和参数来实现自动控制功能。第二，我们更愿意说的是信息系统控制应该是一个广义上的信息系统控制，而不是仅仅局限于采购或者自我开发的信息系统，如财务系统、HR系统、运营系统以及如SAP这样的ERP系统，而同时也应当把一些具备复杂计算过程、经常重复使用的电子表格等作为信息系统一并管理，因为这些看起来并不是系统的表格却发挥着信息系统同样的功能。曾经碰到一个这样的客户，由于公司系统上线的模块并不完整，即没有包括生产模块，这就直接导致财务模块的成本数据依然依赖于手工录入系统，而为了获取这些成本数据，公司自己就设计了一套电子表格，用来计算成本，而当我们去测试这个表格时发现，其中非常重要的一个“收率”数据每个月都是固定的0.98，而且一旦这个数据更改，整个成本表都计算不出结果了。通过研究发现，这个表格是一个死循环，能够计算出结论的前提是必须首先假设这个收率数据，否则算不了。这样的表格，就可想而知其成本的计算准确性了。而且，就自己所服务的客户来看，无论用了多么高端的信息系统，都不可避免地会用到一些表格，这些表格在事实上就是一个小型信息系统，因此这一点也需要读者朋友们引起注意。

关于信息披露。由于目前真正开展内控体系建设的企业依然以上市公司或者拟上市公司居多，所以针对这样的企业，信息披露通常也会作为信息与沟通的必要内容之一。而关于信息披露在内控体系中的内容，此处也想说明两点。第一点是内控体系中的信息披露不能够照抄照搬外部法规。由于信息披露方面的内容大多时候来自证监会或者交易所这样的直接外部监管规范要求，而且这些外部监管规范的要求已经是如此之多，以至于几乎已经考虑到了大部分企业的所有信息披露事项了，因此很多企业在建设过程中，甚至是聘请外部咨询顾问的企业，有时候都会想当然地认为内控体系应该将所有这些法规内容纳入，那样才至少满足了合规要求。对此，一方面将所有外部法规纳入这是明显不符合实际的，从数量上说，这些外部规范足以汇编成册，内容庞杂，不太可能将所有内容都通过一套内控体系来完全解决，如深证证券交易所就分别在 2015 年 9 月和 12 月汇编了《董秘信息披露实用手册》和《创业板董秘信息披露实用手册》，两本手册仅以问答的形式回答了一些共性问题，但已经足足是三百多页的篇幅了，而如果将所有这些规则汇编到一起会是什么样将是可想而知的。另一方面来看，信息披露本身是一项具体的业务，这就如同日常的采购、生产与销售一样，或者更直接说与财务会计每天编制凭证一样，都是公司业务的一部分，本身并无特别之处，既然如此，那么就回到了前文我们一再强调的地方，并不是所有公司业务活动都具有“控制”属性，同时内控体系本身始终也是站在一定立场来编制的，既然如此，内控体系自然也就不可能将所有有关信息披露内容原文从外部规范上照抄下来了。另外想说的是需要以一颗平常心对待信息披露业务。就笔者自己的经历来看，信息披露容易陷入两个极端，要么不重视，认为这是与一般的“办公室”一样，是一个不创造价值的部门；要么重视过头了，有被“妖魔化”的倾向。第一种情况在如今更多的外部规范要求和持续的督导培训下可能会逐渐得到改善，反而不让人担心，反而是第二种的有点重视过头让人感到不安。曾经有一个这样的客户单位，董事会秘书在公司的话语权甚至高于了总裁，只受命于董事长，相应其主管的董事会办公室在公司内部似乎也拥有特权一般，其他业务部门都要为这个部门的事项让步。而之所以这位董秘及其所主管的部门能如此“牛”的原因，一是外部规范多，经常拿外部规范要求来“吓人”；二是公司主营业务经营业绩目前不顺，而公司目前还能正常运转发工资，最重要的原因就是公司通过重组募集了一部分资金。有了这两点，导致这位董秘在公司的地位非同一般。作为第三方，我们也并不认为这是什么好事，从内控的角度来说，凡事都是以风险为导向的，以实现控制目标为出发点，而不存在任何的特殊化，这本身可能就是违背内控原则的，是不值得提倡的。

四、内部监督内容

内部监督是构成内控体系闭环控制的关键性内容，因此其内容本身也就非常重要了。如万达集团这样的企业，由王健林亲自主管的部门也就只有审计部了，可见监督这一要素也已经被部分企业给予了足够的重视。从完整性角度考虑，内部监督应当考虑过程监督、结果监督和追责问责三个方面，从而建立前立体的全方位监督体系。而由于过程监督通常会内嵌到具体的业务流程中去，如招标过程的监督可能内审人员会参与评委的随机选择、开标现场监督等环节，这样的过程监督由于嵌入了具体的业务流程中去，一来单独提炼出来实无必要，二来具体业务流程众多，将这一部分内容单独归集到一起反而有一种割裂的感觉，所以通常而言在内控体系的阐述中，过程监督都是内嵌在流程中的，很少会单独就此合并到一起进行阐述。而更多的时候，结果监督和追责问责这两个方面的内容会占据内部监督这一要素的绝大部分篇幅，这一部分相对而言独立成体系，同时也是内部监督的主要形式。通常情况下，结果监督和追责问责至少应当包括内部审计与内控评价两个部分的内容，关于内控评价，后文第七章将进行专门的讨论，因此此处也不做过多说明了，因此本小节重点说说内部审计。

说到内部审计的内容，实际上已经是相对成熟的内容了，内部审计协会已经发布了专门的内部审计准则，按照基本准则 + 应用准则的格式，参照会计准则已经就内部审计的基本内容和要求有了比较全面的规范，因此企业在构建内部审计体系的过程中，内部审计准则是必须参考的内容，将这样一些规则和思想与企业结合就已经可以构建起一套比较完善的内部审计体系了。当然如同其他要素的内容一样，在内控体系中阐述内部审计的内容时，同样需要把握的原则是以风险为导向，提炼出在内部审计这一项业务过程中可能存在的风险点，以及针对这些风险点所应关注的要点即控制点，而不必将所有的内部审计内容全部纳入。这是比较容易犯的一种错误，一方面因为这一部分在一些单位相对健全，至少从书面材料上看可能是比较完全的，所以有成体系的东西，少了哪样都觉得不完整；另一方面可能认为是最为重要的一种监督方式，多阐述一些总归是不会错的。对此，笔者想说的是，现在是构建企业的内控体系而不是内部审计体系，因此还是不要忘了初衷，只要注意了这一点，内部审计本身的内容就相对简单了。

关于内部审计内容想说的第二点，更多的可能是针对的国有企业。实际上大多数国有企业除了有所谓的内审以外，还有其他一些职能，如效能监察、重点督办等，甚至于信访管理等，这些可能都被认为是国有企业的特色，在内部审计准则这样的文件中也是找不到出处的，所以很多时候，这些职能和业务也就往往认为不是内部审计的范畴了，而是相对独立的一套体系，有时甚至还会将这些职能划分到不同的部门负责。对此，一方面笔者认为应该尊重国有企业的现实情况，诸如效能监察、重点督办这样的职能可能会发挥其独特作用，需要单独保留的可以单独保留；但另一方面，从这些职能的本质出发，笔者又认为其本质上也还是属于一种内部监督职能，其目的也还是对企业内部的经营活动进行监督，因此从广义上来说也应该属于内部审计这一范畴，而无论采用的具体形式如何，关注点有何差异等。不过无论是否独立成体系，笔者都认为这样一些职能都应该纳入到内控体系之中去，因为这些在国有企业可能比那些狭义范畴上理解的内审发挥的作用更大，也更容易受到企业负责人的重视，可能是一种更为有效的内部监督手段，因此不宜游离于内控体系之外，这应该也算是内控在中国的新发展的一种体现吧。

除了内部审计和内控评评价外，还有一部分内容很多时候也会单独拿出来说一说，这就是反舞弊体系。由于历史经验教训的影响，现在如内控基本规范乃至交易所的规范运作指引都会对反舞弊提出一些直接的要求或者建议，因此很多企业在内控体系建设过程中也就会有意识地突出这一部分，独立出来编写。具体内容上，通常则会包括举报投诉渠道管理、举报人保密、举报查处等类似的相关内容。不过回头想想，将这一部分单独提炼出来也不足为怪，甚至可以说是理所当然的，因为看看目前通用的内控框架是谁编写的，是美国全国反虚假财务报告委员会主导编写的，成立这个委员会的目的就是旨在探讨财务报告中的舞弊产生的原因，并寻找解决之道。因此，防范舞弊本身应该是内控的最初的目的。不过关于舞弊本身的内容，各个企业就千差万别了，有的相对完整负责，有的重视程度可能仅仅流于形式，这都取决于企业自身了。

第三节 探索内控五要素的融合

通过第一节的内容，我们了解到内控的五个要素无所谓轻重缓急，充其量只能说角色与定位存在差异，其本身是一个有机整体，同时我们也在第二节看到了除了控制活动这一要素外，其他几个要素实际上也是有其自身的特定内容的，也是内控体系所不可缺少的一部分，因此探索内控五要素的融合，从形式到内容都能够实现“有机互联”这一点将是非常关键的，也是一个企业内控水平高低的真实体现。

一、五要素融合的必要性

关于必要性方面，笔者认为是否能够实现内控五要素的“有机融合”是决定一个企业的内控是否能够称之为“内控体系”的关键，否则我们只能称之为公司形成了五个内控要素，而不能称之为内控体系，因为所谓体系，其本身就意味着整体与部分的关系，意味着整体功能大于部分功能之和这样的含义。这是最根本的必要性，只有实现了五个要素的有机融合，才能称得上建立了真正意义上的内控体系。而就具体原因来说，可以从以下几个方面来认识这种必要性：

1. 是否实现有机融合是体现内控优越性的关键原因。前文已经多处提及，内控体系或者说内控这一概念本身仅仅提供了一个概念框架，而本身并无太多特殊的管理方法，因此内控最大的优越性就是其体系的优越性，通过内控这样一种管理体系来实现对具体管理方法的统筹，从而实现 1 +1 >2 的效果。而要让这种效果能够发挥出来的前提条件就是内控本身是成“体系”的，而不是散乱的，如果只是单纯地罗列五大内控要素应当包括的内容，这样并不成为一个体系，因为这些内容本身毫无新意，也不能够直接体现出五大要素之间的逻辑关系，也就不可能体现出内控体系的优越性了。

2. 实现有机融合更有利于对内控体系的维护与管理。只要是完成了内控体系建设的单位或者负责岗位都会明白，内控体系一旦真正运行起来，内控体系本身的维护与更新工作就将成为一项日常工作，如中石油集团层面都有一个部门专职负责内控体系的运行与维护工作，而且工作量也并不轻松。如果内控的几个要素之间是散乱的，那么就只能头疼医头、脚痛医脚，每天忙得不可开交，却发现内控体系运行并不顺畅，其实真实的原因无非是这样的内控体系尚未实现“联动”，也就是说还没有实现多个要素之间的融合，而一旦实现，只要内控体系中的任何一处有所调整，那么整个体系哪些地方应该同步更新是非常明确的，而不至于内控体系运行调整一段时间后感觉越来越不适应。

3. 实现有机融合有助于更快地推广内控思想和体系建设。还是前文提及的，纳入内控体系之中的具体管理方式方法本身并无新意，因此有些企业完成内控体系建设之后，感觉与开始的预期存在一定的差距，因为内控体系建设并没有对它们的现有管理做出多少改变。这个层面上的理解，实际上就是因为还没有理解或者体会到内控体系的优越性所在，依然将眼光局限于某一个具体的流程、某一个具体的控制措施上，只见树木而不见森林，自然会感觉到失望了。另外，一旦建设完成的内控体系真正体现了其“体系”特征，那么可能就另当别论了，无论是推广内控思想，还是内控体系建设过程与结论，都会取得更好的效果。

二、融合的一般形式探讨

实现内控五要素的融合，最为关键的还是要从思想上去融合，在内控体系建设中始终牢记这样一种理念，这样的内控体系才会是有灵魂的内控体系。但是，思想上的融合说起来容易做起来却是非常困难的，这不仅受到内控建设人员自身对内控体系的理解水平、胜任能力制约，还往往受到时间、成本等多重因素影响，因此，真正实现思想上的内控五要素融合，在内控体系建设实践中恐怕还需要一定时间。而在此之前，作为咨询顾问，我们则会建议，按照先易后难、循序渐进的思路，首先从形式上体现更多的融合思想，然后逐步过渡到内容上、思想上的融合。那么具体又可以从哪些方面来实现这种形式上的融合探讨呢？

在具体的内控五要素融合形式上，回到那个经典的立方体模型，如果说通常情况下内控体系建设实践是按照从上到下的顺序，人为拆分了内控五个要素，从而造成了内控五要素割裂的感觉，那么要避免这种情形，无非是从这个立方体的侧面入手，以避免对五要素的割裂，即从业务事项和责任主体两个维度来搭建内控体系的框架，从形式上来说，就是摒弃按照五要素来安排内控手册的章节结构，而是按照业务事项或者责任主体这两个维度来安排内控手册的章节结构，就可以在形式上实现五要素融合这一目的了。

具体来说，第一种方式：按照业务事项来安排章节结构。在这种结构模式下，按照公司的业务事项将所有内控范畴内的业务首先分类，然后在此类业务事项下，阐述涉及该类业务事项的内控五要素内容，以采购业务为例，则形式上如下：

第×章　采购业务

第1节　控制环境

第2节　风险评估

第3节　控制活动

第4节　信息与沟通

第5节　内部监督

在这种结构安排下，从第1节到第5节，虽然从内容上看，我们依然在分开说内控的五个要素，但是此时所谈的内控五要素，则是扣住采购业务而言的，换句话说，此处所称的控制环境要素，并不会将一个企业的所有控制环境方面的内控政策全部阐述出来，而是仅仅阐述与采购业务直接相关联的部分，同样，如下四个要素也一样，都是只阐述与采购业务直接相关的内容，而不相关的则会到其他业务事项中去阐述。通过这样一种形式上的调整，拿到内控手册的人不会再认为内控是由五个要素构成的，而依然是由企业的业务构成中，只是在每一项业务事项中，都需要考虑内控五个方面的要求。

第二种方式：按照内控责任主体来安排章节结构。这种结构模式，与第一种比较类似，只是这里的分类标准不是业务事项了，而是责任主体了。调整之后形式上如下：

第×章　财务管理部

第1节　控制环境

第2节　风险评估

第3节　控制活动

第4节　信息与沟通

第5节　内部监督

也就是说，第二种方式下我们聚焦于企业内部的部门，当然可以在部门之下继续分部室，直到企业认为恰当为止。在这种章节安排下，我们将与财务管理部相关的所有内控政策都集中到一起，当然，这里的第1节到第5节所阐述的内容也都是扣住财务管理部而言的，而不属于财务管理部的则放到其他部门去阐述。这种方式更容易被企业所接受，因为直接与一个企业的部门和岗位挂上钩，更容易让人觉得贴近工作实际了。而在这种模式下，至少也可以从形式上提示各个部门或岗位，内控五要素不是与己无关，而是跟每个部门和岗位都密切相关的，从而避免把内控五要素割裂。

当然融合的具体形式也不局限于这两种，而且这也是很粗的两种方式，说很粗，是因为要将这样的形式真正形成一个企业的内控手册，可能还有比较多的细节需要去考虑。但是有一个比较普遍的担心则是可以首先排除的，那就是这样的结构安排是否会导致辛辛苦苦完成的内控体系成果不符合内控框架，或者说会导致内容有所遗漏呢？这一点是无须担心的，内控从理论上提出了五个要素，其本质上是要求思想上的融合，而不会局限于哪一种具体形式上的安排。另外，也是需要在调整形式的时候引起注意的，那就是我们此处所说的仅仅是形式上的调整，无论形式上如何变化，改变的只是一种表达方式，而内控体系本身应该具备的内容是不会变化的，无论采用哪种形式都应该完整地包括所有的内容。那么新形式能够包括所有的内容吗？答案是肯定的。道理很简单，此处所提出的两种形式上的调整，无论是按业务，还是责任主体，都可以完整地覆盖一个企业的所有经营活动，而内控本身就是依附于一个企业的经营活动的，脱离企业经营活动的内控对企业而言是没有意义的，也是不需要的，从这个角度来说，无论哪个角度，只要能够完整覆盖这个企业的经营活动，那么都是可以的。按业务，或者按责任主体，自然也都是可以的。

第七章

内控评价过程与要点

章节导读

我们通常说内控体系要形成一个闭环控制，才能真正发挥内控体系本身的功能，才能够让企业的内控体系逐步完善提升。而形成闭环的“关门”一环，就是内控的评价了，通过定期和不定期的评价，查找企业内控体系存在的设计与执行方面的不足，这样整改完善才有了直接的对象；同时也只有在评价这一重要的监督形式下，控制措施被执行的压力或动力才会被强化，否则也不会有人在乎内控要求了。因此，内控评价对于整个内控体系来讲是必不可少的一环，也是这一体系之所以称之为“体系”的一个重要原因，这一部分设计与执行的水平，也会直接影响整个内控体系的水平。本章从有关评价的外部规范入手，重点说说内控测试的一般方法、缺陷标准、评价报告等内容，并且也说一下内控评价与审计的辩证关系。

第一节 内控评价的外部要求

内控评价的外部要求，泛指所有企业外部机构所提出的有关内控评价或类似评价的要求。这些要求有些具备强制执行力，有些则没有，这取决于企业自身的性质，如是否国有企业，是否上市公司等，企业一方面需要根据这些具备强制要求执行，另一方面不具备强制要求的，也可以作为企业自身开展内控评价的重要参考。总体来讲，目前有关内控评价上的要求主要来源于三个方面，这三个方面分别是财政部为主的监管机构方面、交易所方面以及代表国有企业股东的国资委方面。这三个方面的主要外部要求如下：

一、财政部等监管机构

这方面的外部要求，重点体现在财政部牵头五部委发布的《企业内部控制基本规范》及其配套指引。这一规范文件具有普遍的适用性和最高的权威性，其他几个方面的要求可以说都是这一要求下的细化落实或者补充。财政部等监管机构发布的主要规定如下：

《企业内部控制基本规范》第四十六条规定："企业应结合内部监督情况，定期对内部控制的有效性进行自我评价，出具内部控制自我评价报告。内部控制自我评价的方式、范围、程序和频率，由企业根据经营业务调整、经营环境变化、业务发展状况、实际风险水平等自行确定。国家有关法律法规另有规定的，从其规定。"这是有关内控评价最高法律渊源上的规定了，而根据这个文件的实施日期，企业应当在 2009 年 7 月 1 日起开始实施。不过这两个文件都有一个先天性的不足，那就是适用范围太宽泛，没有指定哪些企业必须执行，如此一来，虽然上述规定 2009 年就开始实施，但实际上真正按此要求开展内控评价的企业却是寥寥无几，主要局限于在海外上市的公司。

为了加速企业执行，五部委 2010 年又配套发布了《企业内部控制评价指引》，它是评价的具体规定，其中第二十五条规定："企业内部控制审计报告应当与内部控制评价报告同时对外披露或报送。"第二十六条规定："企业应当以 12 月 31 日作为年度内部控制评价报告的基准日。内部控制评价报告应于基准日后 4 个月内报出。"并在其通知中明确："自 2011 年 1 月 1 日起在境内外同时上市的公司施行，自 2012 年 1 月 1 日起在上海证券交易所、深圳证券交易所主板上市公司施行；在此基础上，择机在中小板和创业板上市公司施行。鼓励非上市大中型企业提前执行。"这是第一次针对特定企业提出了时间上的要求，即国内上市公司必须从 2012 年度开始执行。

但是，即便如此，所有国内上市公司都必须在2012年度开始执行，也还是存在难度，为此，监管层再次让步，也就在所有国内上市公司应该执行的2012年年中，财政部办公厅和证监会办公厅于2012年8月14日再次发布了《关于2012年主板上市公司分类分批实施企业内部控制规范体系的通知》（财办会〔2012〕30号）进一步明确了分类分批的实施思路，具体规定如下："（一）中央和地方国有控股上市公司，应于2012年全面实施企业内部控制规范体系，并在披露2012年公司年报的同时，披露董事会对公司内部控制的自我评价报告以及注册会计师出具的财务报告内部控制审计报告。（二）非国有控股主板上市公司，且于2011年12月31日公司总市值（证监会算法）在50亿元以上，同时2009年至2011年平均净利润在3000万元以上的，应在披露2013年公司年报的同时，披露董事会对公司内部控制的自我评价报告以及注册会计师出具的财务报告内部控制审计报告。（三）其他主板上市公司，应在披露2014年公司年报的同时，披露董事会对公司内部控制的自我评价报告以及注册会计师出具的财务报告内部控制审计报告。（四）特殊情况：一是主板上市公司因进行破产重整、借壳上市或重大资产重组，无法按照规定时间建立健全内控体系的，原则上应在相关交易完成后的下一个会计年度年报披露的同时，披露内部控制自我评价报告和审计报告，且不早于参照上述（一）至（三）原则确定的披露时间；二是新上市的主板上市公司应于上市当年开始建设内控体系，并在上市的下一年度年报披露的同时，披露内部控制自我评价报告和审计报告，且不早于参照上述（一）至（三）原则确定的披露时间。"至此，国内企业开始开展内控评价的时间进程最终敲定，而这也是截至目前唯一的时间要求。

除了上述时间上的要求外，从强制监管角度出发，目前适用较多的另外一个规定则是《发布〈公开发行证券的公司信息披露编报规则第21号——年度内部控制评价报告的一般规定〉的公告》（证监会公告〔2014〕1号），这是财政部和证监会根据上市公司执行两年的内控自我评价后补充发布的一个规定，主要针对各上市公司内控自评报告内容和质量差次不齐而言的。这个规定提供了上市公司评价报告的格式规定，同时也在事实上对评价范围、内容、缺陷标准等内容进行了规定。这个文件则是目前所有上市公司披露内控评价报告的标准格式。根据2015年的统计，已经有超过90%的上市公司按此格式对外披露内控评价报告。

二、沪深交易所方面的要求

沪深交易所作为国内仅有的上市地，监管规范所指的国内上市公司，实际上最后都需要由沪深交易所来承接。沪深交易所的规定比较集中的地方主要是两个方面。

第一个方面是沪深交易所分别发布了内控指引，即《上海证券交易所上市公司内部控制指引》和《深圳证券交易所上市公司内部控制指引》，这两个指引分别由上海证券交易所和深圳证券交易所在2006年发布，并要求从2006年开始执行。从内容和结构上来说，这两份指引也是一对孪生兄弟，二者大同小异，因此，此处就以《深圳证券交易所上市公司内部控制指引》为例来说明。在《深圳证券交易所上市公司内部控制指引》的第四章，重点说明了有关内控监督的要求，其中就包括了内控评价内容。最为直接相关的包括：第六十二条规定："公司董事会应依据公司内部审计报告，对公司内部控制情况进行审议评估，形成内部控制自我评价报告。公司监事会和独立董事应对此报告发表意见。自我评价报告至少应包括以下内容：（一）对照本指引及有关规定，说明公司内部控制制度是否建立健全和有效运行，是否存在缺陷；（二）说明本指引重点关注的控制活动的自查和评估情况；（三）说明内部控制缺陷和异常事项的改进措施（如适用）；（四）说明上一年度的内部控制缺陷及异常事项的改善进展情况（如适用）。"以及第六十六条规定："公司应于每个会计年度结束后四个月内将内部控制自我评价报告和注册会计师评价意见报送本所，与公司年度报告同时对外披露。"这个规定了在深交所上市的公司在内控评价上的权限、报告内容、时间要求等内容。不过要说明的是，这个文件出台时间在《企业内部控制基本规范》及其配套指引之前，所以此处所提的如报告内容上与基本规范及其配套指引不一致的，实际上需要执行新规定而显得不适用了，不过深交所也一直尚未正式废止该规定，这一点是需要关注的。

第二个方面则是交易所的上市规则和规范运作指引，其中在深交所发布的几个规范运作指引上则是单独辟出一个章节来说明内部控制，从而也更加突出了交易所对内部控制的要求。此处以《深圳证券交易所中小企业板上市公司规范运作指引》（2015年修订）为例来说明，主板和创业板的与此类似，不过细节上还是有些区别，感兴趣的读者可以具体去看相应的内容。该运作指引中，如下几条可以关注：首先是8.1.2条规定："上市公司应当建立健全内部控制制度，执行《企业内部控制基本规范》（财会〔2008〕7号）。本所鼓励公司执行财政部等部委于2010年联合发布的《企业内部控制应用指引》、《企业内部控制评价指引》和《企业内部控制审计指引》（财会〔2010〕11号）等企业内部控制配套指引。”这一条从总体上确定了基本规范的地位，事实上也就明确了这个规范运作指引的补充地位，这当然也适用于有关评价的规定。其次是8.8.2条规定：“董事会或者其专门委员会应当根据内部审计部门出具的评价报告及相关资料，对与财务报告和信息披露事务相关的内部控制制度的建立和实施情况出具年度内部控制自我评价报告。内部控制自我评价报告至少应当包括下列内容：（一）董事会对内部控制报告真实性的声明；（二）内部控制评价工作的总体情况；（三）内部控制评价的依据、范围、程序和方法；（四）内部控制缺陷及其认定情况；（五）对上一年度内部控制缺陷的整改情况；（六）对本年度内部控制缺陷拟采取的整改措施；（七）内部控制有效性的结论。”这一条进一步明确了企业内控评价的责任主体，即董事会、专业委员会、审计部门等，同时也说明了从交易所层面所重点关注的内控方面，即财务报告和信息披露两个方面，这也是交易所规定与财政部规定最大的不同所在。而至于报告内容，则依然还是需要按照证监会的2014年第1号公告来。再次是8.8.3条规定：“上市公司董事会应当在审议年度报告的同时，对内部控制自我评价报告形成决议。监事会和独立董事应当对内部控制自我评价报告发表意见，保荐机构应当对内部控制自我评价报告进行核查，并出具核查意见。”这一条则强调了董事会必须审议内控评价报告，本身并无新意，但也算是交易所层面的直接规定了。

交易所站在其特定立场上，针对上市公司做出的规定可以说更为细致和明确一些，但是其本身在内容上并无太多新意。同时需要注意的是，目前对于深交所而言，不同板块之间的上市公司在内控评价的强制性上是存在差异的，目前中小板和创业板依然没有强制性要求。不过也不是完全没有要求，如深交所发布的《关于做好上市公司2012年年度报告披露工作的通知》第十七条就规定：“中小企业板上市公司应当对2012年度内部控制规则的落实情况进行自查，通过‘深交所上市公司定期报告制作系统’编制《内部控制规则落实自查表》（以下简称《自查表》），存在未落实相关规则情形的，还应提出整改计划。处于持续督导期的公司，保荐机构应当对《自查表》的真实、准确、完整性进行核查并出具核查意见，督促公司落实整改计划。上市公司应在披露年度报告的同时，将《自查表》、整改计划（如有）以及保荐机构出具的核查意见在指定网站披露。”不过，这都算不上是严格意义上的评价了，读者可以根据自身公司的实际情况适当关注。

三、国资委方面的要求

2012 年以前，国资委和财政部在内控体系的建设上实际上分别执行着不同的标准和要求。财政部的就是上文提及的《企业内部控制基本规范》，而国资委所属的企业尤其是中央企业则在执行《中央企业全面风险管理指引》，而与此相配套，有关评价方面则执行的是《中央企业财务内部控制评价工作指引》。在形式上，则是要求中央企业每年度报送《企业全面风险管理报告》。2012 年之前，国资委系统所下发的文件中很少提及内部控制这一概念，而都是提的全面风险管理。虽然规定形式上有所差异，但实际内容上依然是殊途同归，笔者理解这也是两套规范能够并行的一个重要原因。涉及评价的规定，在《中央企业全面风险管理指引》第四十条中规定：“企业内部审计部门应至少每年一次对包括风险管理职能部门在内的各有关部门和业务单位能否按照有关规定开展风险管理工作及其工作效果进行监督评价，监督评价报告应直接报送董事会或董事会下设的风险管理委员会和审计委员会。此项工作也可结合年度审计、任期审计或专项审计工作一并开展。”这算是在国资委视角下，对国有企业自我评价的最首先的规定。

不过，2012 年出现了些许变化，原来的两套规定逐步演变成为一套规定。这就不得不提及 2012 年 5 月 7 日国务院国有资产监督管理委员会发布的《关于加快构建中央企业内部控制体系有关事项的通知》（国资发评价〔2012〕68 号），在这个通知中，国资委首次明确提出了中央企业构建内控的要求，具体要求是：“已在全集团范围内建立起内部控制体系的中央企业，应当重点抓好有效执行和持续改进工作，着力提升内部控制的健全性和有效性；主业资产实现整体上市或所属控股上市公司资产比重超过 60%、尚未在全集团范围内启动内部控制建设工作的中央企业，应当统筹规划、协同推进全集团内部控制体系建设，着力抓好集团总部与各类子企业同步建设与稳步实施工作，于 2012 年建立起覆盖全集团的内部控制体系；其他中央企业应当抓紧启动内部控制体系建设工作，确保 2013 年全面完成集团内部控制体系的建设与实施工作。各中央企业要以开展管理提升活动为契机，结合本集团内部控制工作实际，以提高经营效率和效果为目标，以风险管理为导向，以流程梳理为基础，以财务内部控制为切入点，以关键控制活动为重点，制订全集团内部控制整体建设实施方案或持续改进计划，明确总体建设目标和分阶段任务，经董事会（或相应决策机构）批准后，于2012年8月31日前报国资委备案。”这是第一次单独针对国有企业执行《企业内部控制基本规范》有了明确的时间要求。而之后财政部和证监会发布的分类分批实施意见中，最先实施的也就是中央的地方国有控股上市公司，而财政部和证监会发文时间是2012年8月14日。

而对于评价本身，同样在国务院国有资产监督管理委员会发布的《关于加快构建中央企业内部控制体系有关事项的通知》（国资发评价〔2012〕68号）中第六条也首次作出了相关的规定，具体内容是：“各中央企业应当自2013年起，于每年5月31日前向国资委报送内部控制评价报告，同时抄送派驻本企业监事会。”至此，国有企业也正式纳入了内控规范的覆盖范围。之后，国资委系统虽然也陆续发布了一些促进国有企业执行内控规范的通知文件，这包括中央国资委和地方国资委，但基本上也都在此框架之下了。

四、其他方面的要求

除了上述三个方面的规定外，其他一些外部机构也都有其相应的一些规定，不过这些规定往往适用于某一特定领域，或者执行力上相对较弱等，因此其普遍适应意义就相对较弱一些。具体来说包括：一是专业监管机构的内控指引，如保监会、银监会等都先后发布过了相关的内控指引，其中自然也不会少了评价的要求；二是一些自律性协会组织，也会发布自己的内控指引，如基金业协会发布的适用于基金管理公司的内控指引等；三是一些地方性的规定，这又主要包括地方国资委和地方证监局所发布的一些通知规定，几乎每个省份都有类似的文件。上述这些文件鉴于其普遍适用性不强，因此，此处不再一一赘述，不过读者朋友在建设企业内控体系的过程中，还是可以根据自身的性质、地域、行业等去查找一些相关的规定作为参考，同时虽然这些规定普遍适用意义差一些，但其也能够更多地照顾到不同企业的特点，因此，也有其自身的独特参考意义。

第二节　内控测试的一般方法

要得出内控是否有效的结论，两个环节至关重要，一是如何查找出所有的例外事项，二是根据缺陷标准进行评价。而就第一点而言，要顺利查找出所有的例外事项，就必须掌握一定的内控测试方法，这一点也是让很多企业感到困难的地方，而咨询公司的专业性往往也体现在这些地方，本节就此简单说明如下。实际上内控测试一般方法，笔者理解实际上有两个层面的方法，一是战略上的方法，二是战术上的方法。所谓战略上的方法，就是要掌握准确的测试路线，先做什么、后做什么最有效率；而所谓的战术方法，则是具体的测试方法，二者配合才能取得更好的测试效果。

一、内控测试的一般程序

内控测试的一般程序很多时候都不被认为是内控测试方法，因为似乎已经约定俗成了一样，而实际上这是一种大大的误解，笔者更愿意将这种测试程序作为一种战略性测试方法，而且这一方法运用恰当将会对内控测试的整体质量和效率产生深远影响，具体来讲，这种战略性测试程序具体分为两个步骤。

第一个步骤是测试范围的分析与确定。这里的测试范围包括被测试单位、测试期间和测试主题三个方面的内容，被测试单位即界定内控测试评价的空间范围，具体来讲，主要是针对集团型公司而言，将哪些业务分部纳入测试范围，如哪些分子公司、哪些业务板块等，可以根据企业习惯进行划分和筛选；测试期间即测试的样本期间，通常而言，按照上市公司披露的要求都是一年，即公历 1 月 1 日到 12 月 31 日，但这仅仅是一种针对公众公司的披露要求，而实际上具体的测试期间范围可以根据企业的测试目的而选择，不必千篇一律的采用这个期间；测试主题，即测试的内容范围，具体测试企业的哪些业务，如采购业务、销售业务等，也是可以选择的。这三个方面很多时候都因为其太“基础”而被想当然，但实际上可能在事实上影响了内控测试的效率和效果，具体来讲，以第一点为例，试问每次内控测试需要将一个企业的所有单位都纳入测试范围吗？笔者的理解是否定的，这需要根据企业的测试目的、成本、人力资源配备、时间限制等多种因素综合考虑，经过分析后才能确定，而如果只是简单化的全部纳入测试范围，虽然表面上看起来似乎测试范围够完整了，但在考虑到有限的投入后，很自然的就会知道这种想当然是否恰当了。而从内控理论上来说，内控本身也是考虑重要性原则和成本效益原则的，而不是简单化，形式化。这一点也可以类推到测试期间和测试主题两个方面，其实都存在一样的问题。

所谓磨刀不误砍柴工，因此在具体测试之前的计划阶段，多花费一点时间就测试的空间范围、时间范围和内容范围做一些分析和研究将是有必要的。那么又该如何来确定上述三方面的内容呢？首先根据证监会公告〔2014〕1号《发布〈公开发行证券的公司信息披露编报规则第21号——年度内部控制评价报告的一般规定〉的公告》第十四条的规定："内部控制评价范围应当从纳入评价范围的主要单位、业务和事项以及高风险领域三个方面进行披露，并对评价范围是否存在重大遗漏形成明确结论。"从外部规范要求来讲，这也就是最核心的规定了，即考虑主要单位、业务和事项以及风险情况三个方面的内容来确定，以确保测试范围不存在重大遗漏。而在具体操作上，可能由于笔者是脱胎于会计师事务所的咨询顾问，所以更多的时候考虑采用的方法是审计上的重要性水平概念，从实际运用来看，至少也还是够用的。重要性概念来自于审计范畴，将其应用于测试范围的确定就如同审计师用其确定审计范围一样，是有天然的相同之处的。简而言之，首先从测试的目的出发，在企业整体层面确定一个重要性水平，通常采用资产的一定百分比来确定，当然也可以是税前利润或净利润，然后考虑业务的重要性、复杂程度、主观程度、业务性质、影响范围等要素，来逐项筛选测试的空间范围和内容范围，通过一张工作底稿，从前往后逐项筛选，那么筛选到最后的就应该是自己的测试范围了。而时间范围可能更多的时候依然是根据测试的目的来确定了，如果是单纯的上市公司年度评价则可以是一个会计年度，如果是绩效类评价，则需要覆盖到整个的绩效评价期间了。此处虽然提到了应用审计重要性概念来确定测试范围，但并未完全展开，主要是考虑到篇幅问题。有兴趣的读者朋友可以去查阅审计类的书本，不难找到如何确定审计重要性，以及重要性水平的应用及其注意事项等，此处就当是抛砖引玉了。

第二个步骤是穿行测试。最初的穿行测试同样来源于审计概念，通俗地说，穿行测试即从一项业务开始，按照业务流转顺序，直至体现在财务报告上的某个披露项目的整个业务过程，逐个环节地进行检查，以验证这种流程是否存在、是否合理。通过穿行测试，可以对整个业务流程进行全面的了解，从而可以对这种流程的合理性进行判断，这在内控上也就是可以对内控的设计有效性进行判断了。也就是说，内控测试过程中，对内控设计有效性的判断主要应该基于穿行测试而做出，因为只有站在一定的高度，至少是一个流程全过程的高度，才可能去审视这个流程是否合理，设计的控制点是否合理，只见树木而不见森林地去抽样检查，是很难发现这种问题的。说起来道理似乎就是如此，不过穿行测试在企业的测试过程却同样经常会被无意识地忽视，而是一开始就着急着去抽查样本了。而关于穿行测试，此处还想补充说明两点：

第一点是需要合理运用穿行测试的概念。穿行测试本身的初衷，是需要从业务穿行到财务，从而实现对财务数据可靠性目标相关内部控制进行验证。但是在《企业内部控制基本规范》的内控目标范畴下，内控目标不局限于财务报告相关目标，这也是财政部和证监会目前在内控要求上的主要区别点所在，不过正是因为内控目标的差异，可能会给运用穿行测试方法也带来一些困扰，最常见的一点就是，在不局限于财务报告可靠性这一单一目标的内控范畴下，这时候我们会发现，要么从业务穿行到财务的流程会非常长，要么根本就穿行不到财务报告上去，因为有些流程并不是跟财务报告上的披露项目相关的，甚至是不跟任何财务事项相关的，这时候就不知道该如何结束了。为了解除这种可能的困扰，就需要我们对穿行测试概念有一个新的认识，在内控全目标范畴下运用穿行测试方法，我们的目标不再局限于财务报告的可靠性，而应该是流程的目标，即从流程的顾客角度出发，首先要去辨识出这些流程，为了服务于某一个内部或者外部顾客的流程是什么样的，什么样的结果会令这些顾客满意，顾客满意就应当成为流程的目标，而这也应该是穿行测试的流程终点所在。如此说，可能很多读者感觉有些晕菜了，那么还是结合咨询公司的常见做法来说可能比较容易理解。就笔者的方法而言，要运用穿行测试这一方法，其前提是对这个客户的所有流程进行梳理，按照分类分级的常用方法，搭建客户的流程体系，这套流程体系已经覆盖了客户内控范围内所有的业务和事项。同时针对每一个末级流程，即已经没有再细分的子流程认定流程的输入和输出以及流程目标这样三个要素。当然这种认定，可能因为不同的咨询顾问主观判断有所差异，但是无论如何差异，从一级流程角度来看，都必须是完整的，这种完整性就是客户自身的业务实际，是需要跟客户进行确认和沟通的，而至于一个大的一级流程之下如何划分二级流程、三级流程，乃至更末级流程则会有些差异，但这已经不重要了，因为我们关注的仅仅是末级流程，将这些末级流程连接起来构成的一级流程所覆盖的范围则都是一样的。一旦在这一点上达成了一致意见，那么剩下的都是末级流程的事情了，我们界定的末级流程的输出节点自然也就成了这个流程的终点，而我们所说的穿行测试穿行到此也就可以结束了，而不必再去考虑是否已经到了财务报告项目，这也才是应该在全目标下运用穿行测试方法应有的概念。

第二点是保证穿行测试的完整性是关键。一个企业的流程就如同一棵大树一样，有主干，更有无数的树枝。一旦我们开始从一个流程的输入开始执行穿行测试，很快就会发现这个流程在不断地衍生出很多的分支，如合同审批这样的流程，经办人发起了合同审批流程，但并不是说就可以从此沿着一条线直接走下去，而是会有不同的情况，如根据合同的性质和金额不同，需要执行不同的审批程序。这个时候，无论我们抽查到的样本是怎样一种情况，可能都只代表了众多情形中的一种，也就是说只能验证众多审批流程中的一种情形。这个时候，面临的一个问题就是对于其他情形是否需要补充抽查样本进行验证呢？笔者的答案是肯定的，这也正是穿行测试的特征和优点所在，即能够从设计层面对所有的控制点进行“地毯式的轰炸”，而如果仅仅抽查一种情况，自然是达不到这一要求的，所以虽然说穿行测试对样本量没有要求，但在现实工作中，为了将所有的情形都测试到，是很少有机会说只通过一个样本就搞定一个流程的穿行测试的，而是需要根据不同的情形，如企业的权限划分是50万元以下副总审批，50万元至500万元由总经理审批，500万元以上由董事长审批，那么就最终审批这一事项，我们应该抽查至少三个样本，分别代表三种不同的最终审批权限进行检查。至此，在保证穿行测试完整性上需要强调的一个很重要的方法，那就是抽样一定是选择性的抽样，而不是如抽样测试那样更多的时候提倡随机抽样，只有通过选择抽样，才能既将所有的情形都穿行测试到，同时又可以相对节约人力物力的投入，高效地完成工作。

二、具体测试方法评述

有了前文的准备，现在就只剩下具体的现场测试工作了。具体的测试方法，实际上内控并无其他特殊的内控测试方法，而依然是来自于审计等其他监督方式下常用的方法，只是在结合内控这一特定对象的时候，可能有些注意点需要提示给读者。这也是这一小节所要讨论的，本节将结合笔者自己的项目实践，就访谈、观察、抽样检查、重新执行、分析性复核、调查问卷等方法予以简要说明，如果想学习具体的这些方法，可能找一本审计教材更为恰当。

1. 现场访谈，这差不多是所有控制点测试环节中都会运用到的测试方法，运用恰当的话可以获得大量的信息，不仅可以直接就某些控制点的执行情况形成结论，更重要的是可以给其他方法的测试提供重要的线索。不过，现场访谈所获取的信息和结论通常又由于其可验证性太差，所以又不宜当作一种最主要的测试方法，一般都会需要其他测试方法配合才能确定一个控制点的测试结论，这是其不足之处。而就笔者自己的项目测试经验来看，很多人在运用现场访谈时容易犯的一个错误是“偏离主题”，注意这里是打了引号的，这种“偏离主题”具体表现为要么是一开始就直接针对控制点的描述，点对点地提问，这种方式往往让被访谈方不知所措，而为了让被访谈者了解为什么，还需要补充一堆的解释；要么则是完全从业务着手，但这也容易碰到有些客户高谈阔论，还不好意思打断对方谈话，结果是谈了一个多小时，但自己所关注的关键控制点却还没有提及，这两种情形都是“偏离主题”的，因为这两种方式可能都不是最有效率的现场访谈方式，而访谈本身是一个需要消耗大量时间的测试方法，如果还不能高效率地完成，那么测试的“成本”可能就会扛不住了。而为了避免跑题，更多的时候笔者会建议自己的项目组成员采用“1 + 1 + 1”的三段论式访谈，基本结构为：第一个 1 是介绍目的，即我们为什么来访谈，这个目的只有一个就是为了完成公司的内控测试，需要了解情况，所以需要访谈；第二个 1 则是直接针对控制点要求了，控制点要求什么，那么就直接讨论什么；而第三个 1 则是对访谈的结论进行总结并与被访谈者确认，以防止双方语言理解上的误解，如此一来，尽量通过三个问题就解决一个控制点的访谈，自然会提高一些效率了。

2. 观察。很多同事不把观察当作一种测试方法，因为这种测试方法似乎也很难形成有效的结论，不方便记录等。观察本身的确有其自身的局限性，但仍然不可以不把其当作一种测试方法，同时观察也有其自身的优势，那就是所谓的眼见为实。笔者认为观察实际上是最直接了解一个企业业务的方式，可能短短的一两个小时，就可以迅速地对客户的业务体系建立起一个有血有肉的脉络来，而要了解这个脉络，如果去看客户提供的一堆资料，可能不是一两个小时所能解决的。所以就笔者自己的习惯而言，除非是纯“机关”性质的客户，到了客户现场的第一件事，通常都是要求到客户现场转一圈，以对客户有一个感性的认识，自认为帮助还是挺大的。而就观察本身而言，此处也有两点可以分享给读者：第一是观察和访谈是不能分家的，看到什么就必须马上与客户单位的同事进行必要的沟通，以确认自己的所见所闻处于公司的什么位置，如果只是走马观花似地溜达一圈，这样的观察可能也很难有效果；第二是观察本身是无处不在的，除了前文提及的现场工作开始前可以进行一次集中的概括性观察外，整个工作期间随时都可以观察了解，这是最直接的方式、最客观的方式，不会受任何其他人为因素的影响。从这个层面来说，观察本身也是最有效的一种方式。

3. 抽样检查。对于关键控制点的测试，抽样检查是必须使用的测试方法，只有通过抽取足够数量的样本进行检查，才能确定所要测试的控制点得到了有效的执行，因此很多时候，抽样检查几乎成了是否执行内控测试的基本标志，否则内控测试都会被认为不完整，可见这一测试方法的重要性。而就笔者自己遇到的客户而言，在执行抽样测试的过程中，最关键也是最关心的莫过于样本量的标准了，即究竟应该抽取多少个样本才算是合理的。熟悉企业内审的人员可能清楚，几乎很少有企业内审会去关心抽取多少样本量这个问题，要么是“随心所欲”似地随机抽几个，要么则是全抽，总之较少有内审会去定一个样本量规则。不过在内控测试环节，由于涉及面太广，所需抽样工作量大，同时又要能够保证足以支撑测试结论的有效性，则不可任性地做决定了，而应该有一个相对科学的样本量规则了。就笔者自己的项目而言，通常是参照内控审计的标准，直接利用统计学上的研究结论，采用如下的抽样规则：对于手工类的控制措施，则按照如下表（见表7－1）执行抽样测试。

表7－1

控制措施运行频率	样本总体	抽查样本量
每年1次	1	1
每季1次	4	2
每月1次	12	2
每周1次	52	5
每天1次	250	20
每天多次	大于250次	25

而对于自动控制类型的控制措施，则通常是抽查一个样本就可以了。

不过需要强调的是一旦是自动类型的控制措施，往往也意味着属于IT内控测试的范畴了，也需要额外关注IT控制本身的风险点与控制措施，并执行相应的测试程序了。

4. 重新执行。所谓重新执行是指按照公司的控制措施程序和要求，在现场测试时点重新执行一次，以检验重新执行的结论和被测试人自己执行的结论是否存在差异，如果存在差异要么可以直接认定为存在不达标事项，要么可以提供直接的线索，因此也是一种非常有效的测试方法。重新执行最典型的方式莫过于盘点程序了，通常企业按照要求，都会设置相应的盘点程序，如存货的盘点、现金的盘点、票据的盘点、固定资产的盘点等等，不仅被测试人需要按照企业自身的频率和要求按时执行这些程序，同时在测试过程中，测试人员可以重新盘点，检查此测试盘点与原先盘点的结论是否存在差异，以此查找相应的不达标事项。运用重新执行方式需要注意的事项有：第一，并不是所有的控制点都适合采用这一测试方法，比如对于付款支付这样的控制，总不至于为了测试而故意对外支付一笔款项，这可能本身就不符合内控的基本原则了。第二，重新执行是一种成本相对较高的测试方法，这包括时间、人力的投入较高，甚至需要一定的物力投入，如果对一个生产制造型企业的存货盘点程序执行一次完整的重新执行可能是不太现实的，因此测试人员也需要审慎考虑这一因素。第三，重新执行过程中一定要考虑原控制措施执行特定时点的特殊条件，世界是不断变化的，同样企业的内外部条件也是不断变化的，每一项控制措施都是在特定的条件和环境下完成的，因此重新执行并不能够完全机械式地重新执行，而同样应该考虑原控制措施执行时的特殊情况，正如会计上存在未达账项一般，只要经过调整说明理由，也不一定所有重新执行的差异都意味着是一个未达标事项。

5. 分析性复核。所谓分析性复核，是指利用各种业务、财务数据之间的逻辑关系，运用对比分析、指标分析等方式查找异常信息线索，为其他测试方式提供指引的测试方式。执行分析性复核程序需要注意的事项有：一是执行分析性复核程序需要测试人员对企业的经营业务比较了解，具备一定的财务和数据分析能力，因此，分析性复核程序通常需要由经验较为丰富的测试人员来执行。不过这只是通常的说法，一旦测试工作常态化，实际上分析性复核程序任何测试员都是可以执行的，只要将分析程序与结论判断依据事先确定就好。二是分析性复核程序的结论并不固定，这依赖于测试人员的分析与判断，任何分析结论都是事实结论，都有其存在的理由，重要的不在于结论本身，而在于结论背后的原因，因此，分析性复核程序的结论与其背后的原因同等重要，甚至可以说背后原因更为重要，因此不宜直接依据分析结论直接下测试结论。即便是同样的指标，在不同的企业、不同的行业可能都会有不同的合理表现，这些都需要测试人员在运用这一方法时充分考虑。三是执行该程序的时间，应该是尽量前置的，作为一种基础性的方法，分析性复核程序更多的时候其价值体现在为其他方法提供线索，如通过分析发现，今年的存货周转率相比较去年提高了3倍，但公司的经营模式并没有明显的调整，那么可能就需要将存货的出入库和盘点作为重点测试的控制点了，因此，在运用该程序的时间点上尽量前置，以便为其他程序提供帮助。最后说说这一方式在企业的现实运用上，就笔者自己所接触的客户而言，似乎运用得并不普遍，这其中固然有这一方式相对前几种对人员的胜任能力更高、不能提供直接测试结论等客观原因有关，不过作为一名咨询顾问，仍然想提示读者，分析性复核程序运用得当，将会有事半功倍的效果，因此还是应当引起足够的重视。

6. 调查问卷。调查问卷这种方法听起来可能与现场访谈一样的熟悉，在几乎每一个客户中也都能接受，不过在事实上真正利用调查问卷来开展内控测试的少之又少，而能通过调查问卷发现一些代表性问题的则更少，这又是为什么呢？最直接的原因莫过于两个：一个是设计调查问卷本身是个让人头疼的事情，这本身就是一件需要考虑多重因素的事情，上网查一下，都不难找到专门讨论如何设计调查问卷的书籍；另一个则是调查问卷往往受到被调查人的不配合，很少有客户能够收到填写完整的调查问卷，即便是选择题、判断题这样的题型，空白都是常有的事情，如此一来也很难通过问卷达到测试目的。由此，调查问卷就逐渐不再被认为是一种有效的方法了。我们不用怀疑这一方法本身的科学性，需要考虑的仅仅是如何进一步提高该方法的有效性，笔者认为有两个方面的小经验可供调查问卷的组织人员借鉴：一是调查问卷的填写组织方式，与其将问卷发放到被调查人，然后隔一段时间去收，还不如将所有被调查人以会议的形式召集到一起，集中填写问卷，虽然这种方式组织起来难度更大，但是效果普遍要好于简单的收发问卷方式，而如果能够在问卷填写的会议之前做一些说明，或者能够领导到场，可能效果会更佳；二是调查问卷的内容上，笔者认为以公司层面的内容为主即可，而不宜有过多的流程层面的内容，这样回答起来相对简单，答案相对客观公正，不会因为不同岗位、不同工作内容而产生歧义。就笔者自己所完成的项目而言，调查问卷依然是一种常用的公司层面控制措施的测试方法，且通常在项目开始时就完成，但同时这种方法也仅仅定位于一种补充测试方法，而且需要根据客户情况确定是否采用这一方法。

事实上，内控测试的具体方法并不局限于上述讨论的这几种，凡是能够运用于审计、效能监察等监督的其他方法都可以运用于内控测试。不过，与上述测试方法一样，在运用这些方法时同样都需要考虑这些方法的适应性和有效性。

第三节　内控缺陷评价

完成内控现场测试之后，就进入了内控评价的第二个重点环节，即缺陷评价。完成内控评价的前提条件：一是已经查找出了所有的例外事项，二是已经制定了明确了缺陷评价标准。依据缺陷评价程序，按照缺陷评价标准对所有的例外事项进行逐条对标分析，最终确认哪些例外事项算作是内控缺陷，而哪些则不作为内控缺陷。本节将就这两个环节需要关注的问题讨论如下。

一、例外事项认定标准

可能很多人对于内控的缺陷评价标准并不陌生，这是有外部规范要求的，而对于例外事项认定标准则可能较少了解。要了解这一点，需要对内控测试过程中的三个概念首先做一个区分，这三个概念分别是：未达标事项（偏差事项）、例外事项、内控缺陷。从定义上来看，未达标事项，有时也可称作偏差事项，泛指所有在现场测试过程中由测试人员发现的控制措施设计与执行上与一个企业的标准控制措施存在不一致的事项，只要是存在与标准之间的不一致，不考虑其性质、金额、原因，还是影响程度等方面，统统首先都需要作为未达标事项进行归集和分类。例外事项则是根据一般的管理原则和内控原则，经过初步认定的需要改进的未达标事项，或者偏差事项，从性质上看这类事项是对企业政策的一种违背，将对企业造成不利影响，从主观上讲存在着一定的过错或过失，从整改方向来说，是需要及时进行整改的。内控缺陷则是遵从严格的固定的内控缺陷评价程序，严格依据企业事先制定的内控缺陷评价标准，对例外事项进行逐项评价后得出的结论，从性质上来看，对企业的不利影响要更为严重，也是企业需要重点关注的，对于上市公司而言，则也是直接披露的内容。从三者之间的逻辑关系上看，则是一个层层筛选与归纳总结的过程，现场测试环节，首先将所有的偏差事项都查找出来，这类偏差事项是与具体的样本相关联的，都是有直接样本指向的，如某年某月某日采购付款财务经理没有审批，都是这样具体的事项，是事实的陈述，而例外事项首先需要对偏差事项进行归纳总结，如抽查的25个样本中有10笔采购付款都存在未经过财务经理的签字，那么就需要做一个合并同类项的处理，将这10个偏差事项归纳为一个例外事项，即采购付款未经过财务经理审批，另外需要对未达标事项进行筛选，这就意味着并不是说所有的偏差事项都会被总结到例外事项中去，这其中就会有一个判断过程，具体标准将在下文探讨，通过将所有的偏差事项进行第一轮的归纳总结和筛选后形成以一个企业的例外事项汇总表，最后按照《企业内部控制评价指引》等规范的要求，依据缺陷评价标准进行评价后才能形成最后的内控缺陷。

通过前文的定义分析之后，就会知道有关未达标事项或者说偏差事项仅仅是事实陈述，应该不存在理解和操作上的歧义了。那么，下一步就需要知道例外事项是如何产生的，这也是上一段所留下的悬念。那么又该如何从未达标事项清单中通过归纳整理筛选出例外事项清单呢？笔者认为，就如同后文中的内控缺陷认定一样，同样需要有一个相对客观统一、事先确定的标准来认定例外事项，即便这一标准是不对外公开的。只有有了这样一个事先的标准，才能保证最后将所有的例外事项都能够相对客观、准确、完整地识别出来。不过有些遗憾的是，有关内控缺陷标准现在已经有了外部规范要求，但例外事项如何认定尚没有普遍接受的标准，更多的时候依然取决于企业自身，甚至连格式、要素这样的框架性质的探讨都很少。因此识别例外事项，更多的时候是一种主观判断，而且因企而异，有的企业可能只是简单地将所有的偏差事项进行分类归纳后直接作为例外事项，有的可能会由专职的岗位进行分析整理，以求至少在一个企业范围内是采用了同一判断标准，而各个咨询公司则可能都在采用自己的判断方式和标准。

虽然目前阶段制定一个统一的例外事项判断标准，除了概念上的定义以外，还是一件相对比较困难的事情，因为企业的性质、规模、业务、风险态度、人员等都是千差万别的。不过即便如此，作为一名咨询顾问，本着为客户提供思考框架的目的出发，笔者认为还是可以提炼出一些例外事项判断的分析要素的，遵从这些要素逐个分析，结合企业自身的实际形成一个相对客观的标准应该是可以的。结合自身的项目实践认为，在形成企业自身的例外事项认定标准的时候，可以考虑的要素有如下几个：一是例外事项的性质。考虑偏差事项的性质，主要是从“红线”指标角度出发，对于那些直接涉及违法违规、违反公司基本道德价值观等的事项，无论潜在的直接损失为多少，都是管理层或者外部其他利益相关者所无法容忍的事项，这类事项应当作为例外事项。二是从金额角度考虑，对于潜在损失能够定量分析的例外事项，可以设定一个对企业而言应该引起关注的金额为起点判定例外事项，对于一个未达标事项能够带来的潜在损失可能顶多几块钱、几十块钱、几百，乃至几千、几万元，只要是企业认为无关痛痒的，这样的未达标事项则可以不纳入例外事项，反之如果企业认为应该引起重视了，那么就应该纳入例外事项了。三是从发生的原因分析，重点考虑其主观性，如果一项未达标事项的出现，在很大程度上是由于相关岗位的主观原因所导致的，那么笔者建议应该将其纳入例外事项进行管理，反之如果一项未达标事项主要是由于客观原因造成的，则可以考虑不将其纳入例外事项之中。四是未达标事项的影响范围，这种影响范围可以是影响到企业管理层级，是否涉及了高层、中层，还是基层岗位，也可以是可能影响到的空间范围，涉及单位或部门多与寡，涉及空间范围长与短，如果一项未达标事项的影响范围广，那么应当将其作为例外事项，反之如果影响范围有限，则可以不将其纳入例外事项之中去。五是未达标事项的普遍性，有些未达标事项普遍性较强，代表了当前企业的管理特征和现状，是企业管理层正在考虑改进的地方，那么自然应该作为例外事项，反之如果未达标事项不具有典型性，仅仅是一种极端的个例情形，对今后工作的参照意义有限，那么就可以不将其纳入例外事项。

当然，上述提到的可以参考的五个基本要素必须结合起来综合分析，针对于一项具体的未达标事项，不能够仅仅依据某一个要素的分析结论就直接下结论将其不纳入例外事项之中，而是需要综合平衡。最简单的办法就是列示一张表，对于每一个未达标事项，从五个维度进行一个量化的分析，如用五分制方式进行一个评判，然后根据每一项未达标事项的综合评分总分来确定取舍，通过这种方式，至少可以确定是经过了严谨的思考过程的，同时提高纳入例外事项表中的例外事项的质量，真正起到制定例外事项判断标准的目的，即提高例外事项的代表性和重要性，从而避免管理层陷入未达标事项的陷阱之中而迷失方向。

二、缺陷评价标准

相对于例外事项认定标准，更多的人对缺陷评价标准了解得会更多，这是在《企业内部控制基本规范》中所提及的概念，自然也是在配套内控评价指引中，乃至其他监管层面都提出过相应要求的概念，当然更重要的是缺陷评价标准是一个企业最终判定是否存在重大缺陷和重要缺陷的直接依据，没有这一标准是没办法谈缺陷评价这一阶段工作的。然而缺陷评价标准在2014年以前也没有统一的格式，虽然定义上早就确定了应当将内控缺陷区分为重大缺陷、重要缺陷和一般缺陷三个类别，但是具体标准毕竟是企业自己制定的，因此从内容到形式上，缺陷评价标准都依赖于企业的决定，2014年之前的缺陷评价标准自然也就是五花八门了，不过随着证监会2014年第1号公告的发布，至少对于上市公司这个唯一在中国被强制要求执行企业内控规范的群体中有了相对统一的标准，而且这一标准模式也逐步被其他执行基本规范的企业所接受，逐步演变成了一种普遍使用的缺陷评价标准格式。

要明白缺陷评价标准的普遍要求，其实只需要认真阅读证监会公告〔2014〕1号《发布〈公开发行证券的公司信息披露编报规则第21号——年度内部控制评价报告的一般规定〉的公告》就可以了，通过分析该公告中给出的内控评价报告模板，可以发现其对于有关缺陷评价标准的具体要求可以归纳为三个方面：首先，必须分财务报告和非财务报告两种情况确定缺陷标准；其次，必须分开列示重大缺陷、重要缺陷和一般缺陷的标准；最后，必须包括定量和定性标准。换句话说，只要符合这三个基本要求，那么企业都是可以根据自身的实际情况确定具体的内控缺陷评价标准的。

有了上文的这些基本格式和整体要求，企业又该如何制定出一个自身的内控缺陷评价标准呢？这里有如下基本思路可供参考：一是企业可以与自己的外部审计师沟通，外部审计师在对企业进行审计前，会有一个“重要性水平”的识别与设计，这一“重要性水平”决定了审计师的关注重点和方向，也就是说审计师认为可能存在重大错报的标准。这一标准更多的时候是企业净利润或者利润总额或者资产总额等类似基数的一个百分比，当然具体百分比是多少则取决于审计师对企业总体审计风险水平的判断了。对企业而言可以与审计师沟通，在定量标准方面参照这一标准，当然可以比这一标准更为严格，但不建议比该标准更松。二是可以结合一些外部标准或者行业标准，这也包括有关内控审计中一些比较公认的标准，无论是定量或者定性的行业标准其实都不难找，如中注协发布的《企业内部控制审计指引实施意见》就直接给出了可能表明内部控制存在重大缺陷的四种迹象：（1）注册会计师发现董事、监事和高级管理人员的任何舞弊；（2）被审计单位重述以前公布的财务报表，以更正由于舞弊或错误导致的重大错报；（3）注册会计师发现当期财务报表存在重大错报，而被审计单位内部控制在运行过程中未能发现该错报；（4）审计委员会和内部审计机构对内部控制的监督无效。同时通过查询一些标杆企业的公开资料，如相关上市公司每年度的内控评价报告，都可以很轻易找到相应的一些公认标准。典型的就是上述中注协给出的四条建议，在很多上市公司的内控缺陷标准中都可以找得到。三是根据内部的权限设置情况，如从公司来讲 5 万元的交易就必须签订合同了，那么 5 万元就可以设置为一般缺陷的起点，同时满足了 100 万元，可能需要总经理审批了，那么可以考虑将其设置为重要缺陷的起点，到了 500 万元，可能需要董事长或者董事会审批了，那么可以考虑将其设置为重大缺陷的起点，如此根据公司自身对风险的偏好和容忍度来设计缺陷评价标准可能是最好的，也最能反映公司的实际情况，不过这需要一个相对客观公正的判断，对企业来讲往往是一个不小的挑战。

关于内控缺陷评价标准最后想补充说明的一点就是需要注意不同标准之间的合理性，即不同标准之间逻辑上应该是一致的，这种情况以定量标准比较典型，如很多企业都会将定量标准分别按净利润的百分比和总资产的百分比设定一个标准，以便能够适应更多情形的例外事项，即损益类的都可以对照净利润标准，而其他类别的可以参照总资产标准。但在采用双标准的时候，有些企业出现的情况是一般缺陷标准为净利润的 5%，总资产的 0.5%，那么当净利润为 100 万元时，标准相应为 5 万元，但可能该单位的总资产是 2000 万元，那么标准相应为 10 万元，同样都是一般缺陷的标准，5 万元显然不等于 10 万元，这就出现了明显的逻辑矛盾，那么针对一个例外事项，应该以哪个标准为依据呢？解决此类问题，一种处理方式是在确定具体的标准时，应该先行进行必要的测算，无论采用什么基准，都应该确保最后的标准之间是相对一致的；另一种处理方式则是规定例外事项的不同类别适用于不同的标准，也就是说对不同类别的例外事项事实上采用了不同的内控缺陷标准来评价，从理论上来说，这也是允许的，因为不同性质的例外事项在分析其对目标的偏离程度上可能的确是不一样的；当然也有企业采用第三种处理方式，那就是明确一个适用顺序，即优先适用哪一个标准，只有当第一个标准无法适用时才能适用第二个标准，这个时候即便存在少许差异也是可以容忍的了。

第四节　内控测试底稿与报告

企业完成缺陷评价之后就到了内控评价的最后一个环节，就是内控评价报告的编写和内部报批工作了，而与此同时也需要对整个评价工作的底稿进行整理归档，这才能算是真正完成了一次内控评价工作。本节就此分别说明。

一、内控评价报告

2006 年沪深交易所分别发布各自的内控指引，并在其中提出内控评价报告应当披露的内容之后，内控评价报告正式被更多的企业所接受，自此之后，无论是 2008 年的内控基本规范还是 2010 年的配套指引，都再次明确了上市公司应该披露内控评价报告，因此，很多企业对内控评价报告本身应该并不陌生。不过与此相反的另一种情形是，内控评价报告的实际披露格式和内容上却是千差万别，有的详细，有的简略，基本都是依照各公司的兴趣，想披露多少就披露多少。针对这种情况证监会在 2014 年元旦刚过的 1 月 3 日，上市公司开始年度报告的披露之前，就及时发布了公告〔2014〕1 号《发布〈公开发行证券的公司信息披露编报规则第 21 号——年度内部控制评价报告的一般规定〉的公告》，对上市公司内控评价报告规定了统一格式。目前大部分企业已经基本按照这种格式对外披露了，因此从内容和格式上读懂这个规定，对大部分企业而言就足够了。为此，现将该公告的核心条款第二条至第十七条摘录如下：

➢第二条　凡在中华人民共和国境内公开发行证券并在证券交易所上市的股份有限公司（以下简称公司），按照有关规定需要披露年度内部控制评价报告或需要参照年度内部控制评价报告披露有关内部控制信息时，应遵循本规则。

➢第三条　本规则是对年度内部控制评价报告披露的最低要求。不论本规则是否有明确要求，凡对投资者投资决策有重大影响的内部控制信息，公司均应充分披露。

➢第四条　公司应当以内部控制评价工作获取的测试、评价证据为基础，如实编制和对外提供年度内部控制评价报告，不得含有虚假的信息或者隐瞒重要事实。公司董事会及全体董事应保证提供的年度内部控制评价报告不存在虚假记载、误导性陈述或重大遗漏，并就年度内部控制评价报告的真实性、准确性、完整性承担个别和连带的法律责任。

➢第五条　公司编制的年度内部控制评价报告经董事会审议通过，并按定期报告相关要求审核后，与年度报告一并对外披露。

➢第六条　公司内部控制评价结论认定公司于内部控制评价报告基准日存在内部控制重大缺陷，或者公司内部控制被会计师事务所出具了非标准内部控制审计报告，以及标准内部控制审计报告披露了非财务报告内部控制重大缺陷的，公司应当在年度报告“重要提示”中对以上情况作出声明，并提示投资者注意阅读年度报告内部控制相关章节中内部控制评价和审计的相关信息。

➢第七条　公司年度内部控制评价报告应包括以下要素：

■ 标题

■ 收件人

■ 引言段

■ 重要声明

■ 内部控制评价结论

■ 内部控制评价工作情况

■ 其他内部控制相关重大事项说明

➢第八条　年度内部控制评价报告标题统一为“××股份有限公司××年度内部控制评价报告”。

➢第九条　年度内部控制评价报告收件人统一为“××股份有限公司全体股东”。

➢第十条　年度内部控制评价报告引言段应当说明评价工作主要依据、内部控制评价报告基准日等内部控制评价基本信息。

➢第十一条　年度内部控制评价报告重要声明应当说明董事会、监事会及董事、监事、高级管理人员对内部控制及年度内部控制评价报告的相关责任，以及内部控制的目标和固有的局限性。

➢第十二条　年度内部控制评价报告内部控制评价结论应当分别披露对财务报告内部控制有效性的评价结论，以及是否发现非财务报告内部控制重大缺陷，并披露自内部控制评价报告基准日至内部控制评价报告发出日之间是否发生影响内部控制有效性评价结论的因素。

➢公司对财务报告内部控制有效性的评价结论与注册会计师对财务报告内部控制有效性的审计意见存在差异的，以及公司与注册会计师对非财务报告内部控制重大缺陷的披露存在差异的，公司应在年度报告内部控制的相关章节中予以说明，并解释差异原因。

➢第十三条　年度内部控制评价报告内部控制评价工作情况应当披露内部控制评价范围、内部控制评价工作依据及内部控制缺陷认定标准，以及内部控制缺陷认定及整改情况。

➢第十四条　内部控制评价范围应当从纳入评价范围的主要单位、业务和事项以及高风险领域三个方面进行披露，并对评价范围是否存在重大遗漏形成明确结论。如果评价范围存在重大遗漏或法定豁免，则应当披露评价范围重大遗漏的具体情况及对评价结论产生的影响以及法定豁免的相关情况。

➢第十五条　内部控制评价工作依据及缺陷认定标准应当披露公司开展内部控制评价工作的具体依据以及进行缺陷认定的具体标准及其变化情况。公司应当区分财务报告内部控制和非财务报告内部控制，分别披露重大缺陷、重要缺陷和一般缺陷的认定标准。

➢第十六条　内部控制缺陷认定及整改情况应当区分财务报告内部控制和非财务报告内部控制，分别披露报告期内部控制重大缺陷和重要缺陷的认定结果及缺陷的性质、影响、整改情况、整改计划等内容。

➢第十七条　公司应当在年度内部控制评价报告其他内部控制相关重大事项说明段中披露可能对投资者理解内部控制评价报告、评价内部控制情况或进行投资决策产生重大影响的其他内部控制信息。

除了进行详细的规定外，该公告的好处是以附件的形式直接给出了一个格式模板，对于大部分企业而言，可能直接在这个模板上进行修改来得更快。

二、测试底稿

按照正常的逻辑，应该是先有测试底稿，后有评价报告，即根据现场测试底稿中记录的发现，通过评价程序形成最终的内控评价报告作为成果。但很可惜的是，对很多企业而言这一关系还尚未理顺，这突出表现为两个层级：一个层级是很多企业是有报告而无测试底稿。这种情形在内控全面推开的初期还是比较普遍存在的，随着逐步完善，这一状况正在改善；另一个层级则是虽然在测试过程中也收集了一些资料，但还不能叫做测试底稿，因为收集来的这些资料没能够进行结构化的整理，与最终的报告之间可能关联关系也没有那么直接。这两种情形的共同特点就是都将测试底稿和评价报告之间的天然关系弄断了。从结果来看，最直接的是导致测试工作与报告工作脱节，二者之间缺少勾稽关系；而最严重的是容易让第三方认为公司没有开展评价，或者存在舞弊的嫌疑。这是只针对在事实上还是执行了现场测试的单位而言的。当然还有部分单位，可能在事实上的确没有开展现场测试，而所谓的内控评价报告更多的时候则是来自于网络，而真正能够形成完整的内控测试底稿的企业，可能为数不多。

之所以出现这样的结果，归纳起来无非这样几方面：首先，是目前尚没有对测试底稿归档的明确要求。在中国这样一种外部推动力为主开展内控建设的大环境中，如果缺少了相应的外力，那么企业可能也很难有这样的动力，除非是大企业，或者真正有内在需求的企业。其次，是成本因素，这可能是大部分企业所不得不面对的原因。如果按照评价工作的逻辑思路，从计划、测试到报告形成完整的工作底稿，直接会增加一些现场工作量，而且整理这些资料本身可能也需要一定的工作量，这都将直接带来成本的增加。最后，可能一些企业参与评价的人员，乃至评价工作的组织者可能对测试底稿的重要性，其与评价报告的关联性可能认识不够，更有甚者是部分岗位人员对于究竟应该如何整理这些底稿尚不明确具体要求，而不知道从何开始整理，如此一来，自然也就没有测试底稿了。由此，在这些内外力的合力作用下，直接导致了上文所提到的情形。而就笔者自己的客户而言，真正能够自己整理测试底稿的微乎其微，而大部分客户都还是属于大中型企业，那么更多的企业就可想而知了。

不过，无论是从 2014 年的第 1 号证监会公告来看，还是从做好内控评价工作本身而言，都应当将测试底稿放在更为重要的位置，对这一点跟自己的客户交流时还是很容易达成一致意见的，不过更现实的问题是如何权衡底稿工作量及其效益之间的平衡，花费了大量精力整理出来的测试底稿，如果没有外部检查，甚至会认为没有任何的价值，尤其是面对一些中小企业时，这种对“必要性”与成本的考虑就更为明显了。对此，笔者想说的是：一是测试底稿是支撑评价报告的基础，测试底稿本身无讨论必要性的可能，显然是应该有的，没有底稿何来报告呢？除非主动承认报告来自于网络，而非自己的工作。二是底稿的形式实际上是可以多样化的，并不必然需要像咨询公司提供的参考一样复杂，讲究逻辑关系，讲究完整性，哪怕是复印或留存一些样本资料都可以算作是一种底稿记录。做过企业内审的人可能知道，很多企业的内审虽然也有底稿，但可能很多时候也就是一些样本资料的归集，真正的过程记录并不是十分充分也是常有的事情。但即便如此，也总比完全没有的好。三是完成测试底稿是一项评价工作的必要组成部分，因此如果仅仅是担忧工作量的问题，那么可以在不影响评价结论的前提下适当缩减测试范围都是可以的，并不一定要每年度对所有的空间和内容范围实现 100% 的覆盖，而是可以轮流开展评价，或者严格按照风险导向、重点突出的原则做选择性评价，也都是完全符合内控基本原则的。

第八章

合格内控咨询顾问

章节导读

本书致力于从内控专业咨询顾问的角度对当前企业内控的现状、问题及其解决方案提供一些经验分享和建议参考。如果说前几章主要是写给企业人员的，那么本章将更侧重于为正在从事内控咨询工作的同行，或者有志于从事这项工作的新人分享一些笔者自己的看法或者算是吐槽。内控体系规范在中国普及也就是2008年之后的事情，至少在笔者毕业的那个年份，尚没有听说过哪个大学会开设“内控”这样的专业。更重要的是，内控体系本身所涉及的内容之庞杂也无法通过某一个专业的学习来实现“全覆盖”，从这个角度来看，应该可以说内控专业的咨询顾问都是半路出家的，那么，如何在短期内通过自身的学习和项目历练成为一名合格的管理咨询顾问呢？本章结合笔者自己的所见所闻所感分享三个方面的内容，首先是一般咨询顾问所面临的困境，这正是每个咨询顾问所要解决的现实问题，然后分别从知识储备和工作技能两个维度说说做一名合格咨询顾问的自身感受。

第一节　咨询顾问的困难

咨询顾问存在的价值在于能够为客户解决困难，但事实是在这一过程中，咨询顾问本身也会有自身的困难。这些困难有些可能来自客户，有些也来自内部，但无论属于何种原因，要成为一名合格的内控咨询顾问，就必须首先清楚这些困难的客观存在，并且在其中寻找到合理的处理方式。结合自己的感受，笔者认为如下五个方面的问题是相对普遍的问题。

一、舶来品的中国化

正如第一章中所简述的内控在中国近10年的发展历程所表达的，虽然，如果一定要追根溯源内控的起点，可能在很多中国古典文献中都可以找到影子，但不得不面对的现实是内控作为一套成体系的管理体系的确是西方舶来品。中国人自从清朝末期被迫打开国门，实际上就一直在不断地学习西方，20世纪80年代改革开放后，这种西学东进的速度又有所加快，而且除了技术，更多的有管理方法上的，正是在这一大的历史背景之下，内控体系来到了中国。也正如很多老外的管理方法在中国的现实一样，都面临着这些西方管理方法论的中国化问题，内控也不例外。而在实现中国化的这一过程中，就尤其给承担传播这一思想的内控咨询顾问带来很多的困扰。这种困扰从大的方面可以总结为如下几个方面：

1. 思想观念方面。内控的核心理念是通过过程的优化从而实现结果的优化，只要过程从设计与执行层面都是合理的，那么就可以自然推导出合理的结论，因此要重视内控这一过程管控方法论。然而内控的这一核心理念碰到的是“不管黑猫白猫，抓住老鼠就是好猫”的中国现实，“以结果论英雄”在大部分中国企业是一个被广泛接受的观念。当这两种基本的思想观念相遇时就会显示出一些不适应，这些不适应又具体表现在如何去说服领导对内控这一过程而并非只有结果给予更多的重视，表现在如何让员工明白按照检查表做事就可以实现良好产出的道理，表现在困难面前是运用成熟的规则还是领导的行政命令的选择问题等等，其背后表现出来的都是中国企业的各个层级的传统思想观念对内控这一思想的接受程度。对于内控咨询顾问而言，面临的困扰自然就是如果一个企业对内控这一基本思想了解甚少的时候，如何通过有效的宣贯和沟通，让客户逐步理解内控的实质，这可能不仅会影响到客户的满意度，而且更重要的是帮助企业完成的内控体系建设是仅仅解决一个合规外部规范要求的体系呢，还是真的想为企业解决一些现实问题这一咨询服务本质了。

2. 经验教训上。就笔者自己所接触的企业来讲，很多的客户对老外的所谓先进管理方法并不陌生，从质量管理体系到精益生产，从流程管理到价值链管理，这些听起来时髦的管理方法论很多企业都有过接触，甚至还曾经是企业耗费大量的人力物力的管理提升行为。但往往是很多企业在学习这些方法方面始终在路上，在不停地变换不同的先进管理方法，却始终似乎没有找到一个比较满意的成效，最后往往是老外的东西水土不服就不了了之了，或者仅仅是选择性地保留下一些皮毛，而这些与曾经的付出可能是不成比例的。对于这些企业来讲，当内控这一新鲜事物到来时，一方面也会抱着欢迎的态度接受，但另一方面可能也在一开始就给内控判了“死缓”。问题的另一面可能是一些规模相对较小的民营企业，可能曾经并未接触过成体系的管理方法，而是靠个人经验和能力打拼出来的江山，而这些客户一旦开始聘请咨询顾问来协助建设内控体系，则往往表现出来的是对内控的期望又似乎太高了，盼着内控能够解决企业所有的问题，从财务报账的发票不规范到如何提升企业销售业绩，而且更痛苦的是可能希望这些成效能够在内控体系建设完成后就立马见效，这样的企业对于内控咨询顾问来讲可能困扰更大。

3. 内控价值上。虽然从理论上我们说内控可以服务五大目标，并且最终还可以促进发展战略的实现，但同时我们又不得不面对的现实是，内控的价值的确在更多的时候表现得相对缓慢，无法衡量，不那么显而易见，甚至被认为仅仅是一个规范化工具，与完整整理一套制度汇编并无差异。如果我们承认内控的确没有什么价值，那就等同于承认内控咨询顾问的工作是毫无价值的，这显然对内控咨询顾问是不公平的。因此，内控咨询顾问还必须面对如何让客户理解内控的价值所在的困扰。

既然是舶来品，那么出现一些不适应，或者说需要更多的沟通和交流就都是很正常的事情了，而这可能也是大部分咨询顾问所能做的最基础的一项工作了。但从另一个角度来看，作为一名内控咨询顾问，可能也需要有更高层次的思考，那就是如何去真正消化、吸收，并最终对内控体系进行改进，以便能够进一步降低内控的“舶来品”属性对工作所带来的困扰。事实上，从财政部等五部委所发布的《企业内部控制基本规范》来看，这种改进已经开始了。不过这种改进还完全不够，还需要更多的内控咨询顾问做更多的思考，这也本书的出发点之一，表达笔者自己作为一名普通内控咨询顾问对内控在中国实践的思考。

二、时间、成本与质量

时间、成本与质量，这几个词更多的时候出现在项目管理文件中，此处拿来做标题却是想表达两个层面的含义：一是对于咨询顾问来讲，对于一个内控体系建设项目如何有效平衡三者的关系，从而更好地提高客户的满意度；二是对于企业的现实需求来讲，又该如何从企业角度看待与内控相关的时间、成本与质量。这两个方面的内容对于一名内控咨询顾问来讲可能都是重要的。

第一个层面的问题是每一个内控咨询顾问或者更准确地说内控项目经理所必须面临的问题，直接决定了自己的饭碗。在最短的时间，用最低的成本，实现最高的质量，这样一个两低一高的组合可谓是尽善尽美，不过又有谁能够办得到呢？这三者可能天然就有着某种矛盾的关系，关键不在于去追求尽善尽美，而是有效的平衡，这是基本原则。不过又该如何来平衡呢，笔者想结合自己的经验谈两方面的内容：第一个是超越这几个因素去完成一个内控建设项目。《大长今》是笔者看过多遍的电视剧，而且非常喜欢看，之所以喜欢不仅因为是一碗很好的励志鸡汤，而另外一个原因则是该剧也表达了一个非常浅显的道理，那就是无论在任何时候、任何情况下，总该有一些坚持，这些坚持最终都会带来美好的结果，这一点上与稻盛和夫的思想有点相似了，即所谓的超越利润去办企业。同样，在为客户提供内控咨询服务的过程中，无论是内控体系的建设，还是评价，都应该始终牢记的一点是咨询的本质是为客户解决问题，而不仅仅是完成领导的安排，不仅仅是尽可能提高成本回收率。从这一点来说，上面的三个要素都没那么重要了，因为首先要解决的还是如何真正满足客户的现实需求。第二个是在满足第一条的前提之下再来考虑这三个因素，那么其实就很容易辨别出一个先后顺序了，或者说在不同的情形下应该哪一方面放在更优先的位置了，之所以这么讲，是因为可能并不存在一个适用于所有情况的顺序排布，而是在满足客户现实需求的前提下，根据不同情况可以有所侧重，区分清楚问题的主要矛盾和次要矛盾，矛盾的主要方面和次要方面罢了。

讨论第二个层面之前，可能要对这里的时间、成本与质量做一个前提限定才好了，否则容易产生误解。这里所说的时间是指内控体系发挥成效的时间，所说的成本是指内控体系建设的成本，以及控制措施执行过程中的直接与间接成本，而质量则是内控体系本身的质量。首先说说这里的时间问题。这是困扰很多内控咨询顾问的问题，因为我们无法告诉我们的客户内控需要多久，在什么时候可以给企业带来什么样的变化。而一旦回答不了这样的问题，就可能直接带来对内控价值的怀疑，这可能是为什么到现在为止内控也基本上还是大企业的专利的原因。从内控咨询顾问角度来说，能够解释的是内控发挥成效的时间长短，能否发挥多大成效可能更多的时候取决于企业自身。曾经有客户问笔者自己做过的项目中，哪个项目的成效最为显著，笔者的回答是："曾经给一个创业板上市公司提供内控体系建设服务，当时股价是 9 元，内控体系建设完成一年多时间后，这个公司的股价过了 100 元，您觉得这是我们内控建设的成效吗？"这就是笔者理解的内控发挥成效的时间，可能是，也可能不是。其次说说成本问题。这是一个让很多企业望内控而却步的理由，那就是完善内控体系的成本太高，这不仅包括了内控体系建设的直接开支，增加人手的成本，甚至还有因为内控流程变长之后而带来的效率低下导致的间接成本增加等。对这一问题，一方面要看到实施一套内控体系的确是会带来一定成本的，最明显的莫过于与内控体系建设直接相关的成本，如聘请咨询机构的费用、增加人手维护内控体系的人工成本等，但另一方面可能内控咨询顾问更需要给客户强调的是内控给企业带来的成本节约，可能这种成本节约要远远大于内控增加的直接成本，为什么会如此说呢，一来任何企业本身都有内部控制，都有相应的成本，不是说不开展内控体系建设，就没有管理费用了，这完全是两回事；二来一旦内控体系真正完善起来，并有效运行，运行效率的提升给企业带来的成本降低，可能没办法通过一两笔业务或者几个人员与岗位的变动来体现了，而将是持久长远的一种企业组织能力的养成，这种成本节约才是真正的成本管理。而内控咨询顾问要做的，是需要客户去理解这一点。最后说说质量问题。从内控咨询顾问的角度来说，我们提供的是服务，从企业的角度来说，内控终究是一种内部管理行为，这两者的共同特点都是一种人的行为，而不是一个具体的产品，其质量就无法通过物理或化学的方式去衡量。而一套内控体系的最终质量高低可能只能取决于客户的满意度了。即便如此，但从通行的角度来说有一些定性的标准来衡量内控体系的质量的，正如前文第二章第三小节探讨什么样的内控手册最好的时候所提到的那样。因此对于这一问题，笔者的观点是一方面尽量满足客户的现实需求，另一方面又的确在每一个咨询顾问的内心深处还需要一杆秤，时时告诉自己给客户提供的服务究竟值多少，而一旦这么考虑，其实也就在很大程度上提高了客户满意度，内控体系的质量即便不能完全客观化衡量，但事实上就已经在客户和内控咨询顾问心里打出了客观的质量评分。而这个质量评分需要对得起内控咨询顾问自己的职业追求和良知。

三、内控提升与企业现实相遇

作为一名有责任感的内控咨询顾问，总是希望自己的工作能够给客户带来一些积极的改变，并且通过这些改变实现规范运营、效率提升这样的目的。这样的初衷在现实工作中就需要通过内控提升或者叫做内控体系的优化来实现，不过要按照内控咨询顾问的想法对一个企业的内部管理做出一些实质性的改变可能并没有想像的那么容易，这种不容易具体又体现在几个具体问题上：

第一个问题是：内控体系建设的初衷是为了外部规范，还是内在要求。对这一问题的准确回答是能否实现帮助企业实现内控提升的前提，不过如果直接拿着这个问题去问客户的老板，几乎非常一致的答案是“内外兼修”，那就是既要符合外部规范，又要能够实现管理提升，如果内控咨询顾问就按着这个说法去操作，那么预计很难达到客户的理想预期。因为就自己的经验来说，上述回答是一个非常“官方”的回答，可能并没有代表企业的真实需求。那么企业的真实需求又是什么呢？这是内控咨询顾……首先搞清楚的问题，否则只会是费力不讨好。

……一问题固然是没有唯一答案的，因为不同企业的考虑的确是不……如何来辨别呢？笔者通常会有一个宏观、中观和微观的基……观层面来说，不得不承认，内控基本规范刚出台的时……年左右时间，内控体系的建设基本上都是以满足外部……少有企业是真的抱着内部提升这样的目标而去的，……是大势。这个阶段宏观层面的政策最强，大部……留在合规内控这样的范畴上。不过随着内控……围越来越广，接受的企业也越来越多，内……功能逐步被更多的企业认识到，这是当前所处的阶段，即所谓的价值内控的探索阶段。这就是宏观层面的现实，因此，如果现在有企业要求提供内控建设，通常的确有一些内在管理提升的需求在里面了，这个时候如果还仅仅拿一个合规性质的内控出来可能很难满足客户的需求了。其次是中观层面，这是从企业的大致类别来分析，从企业的基本属性上可以按照所有制性质分为国有企业和私营企业，从是否上市可以分为上市公司和非上市公司等。不同类别的企业可能其根本出发点也是存在差异的，比较典型的是当初要求所有主板上市公司执行内控规范的时候可能大部分客户都是冲着满足合规要求而去的，而这一阶段的中小板或者创业板企业所作的内控体系建设，可能就有更多的内在需求在里面了。同样，国有企业和私营企业对内控的需求实际上也是存在较大差别的，如果一家非上市的私营企业聘请咨询公司完善内控体系，那么可能更多的还是考虑自身需求了。最后是微观层面，即具体到某家企业，那么又主要看两个方面，一是这个企业处于何种阶段，是否正在 IPO 过程中，是否正打算上新三板，还是处于成熟稳健阶段，还是已经上市了等，不同发展阶段的需求可能也是不同的。二是企业老板的意志了，不得不承认内控体系的建设这样的咨询服务并无强制要求，企业要花费代价来聘请咨询公司，老板的意志非常关键，而且其对内控体系的期待可能在大多数时候也就代表了企业的期待。

通过上面的分析，内控咨询顾问要能够从这些分析结论中得出一个自己的初步判断，而不仅仅是企业对这一问题的直接回答。为什么说这一问题会困扰咨询顾问呢？一方面因为理解客户需求是咨询顾问必须要做的事情，而且是精确的理解；另一方面就是因为其实很多时候企业可能并没有想清楚自己的内控体系要建设成什么样子，是否已经为可能带来的变革做好了准备。如果对于一个没有充分准备的企业提出一大堆超前的内控改善建议，可能效果是适得其反，作为内控咨询顾问可能不得不做出一个无奈的选择，那就是可能并不能选择最优，而只能选择次优。

第二个问题是：能够接受的变革程度有多大空间。即便是的确有着内部需求的动力，但还有一个问题是内控咨询顾问必须清楚的，也是最难把握的，那就是能够接受变革的程度有多大。笔者始终更愿意把每一个咨询项目都视为一场企业的变革，而一旦这么去想，就比单纯地完成一些程序化的工作所要面临的困难多。曾经有一个这样的客户，从项目投标阶段就开始强调一定要做出一些改变来，而且能够落地，对这样客户而言自然不是需要一个单纯的合规内控了，现实上其不是上市公司，也没有强制要求。但是在现场工作开始不久的交流中，该客户就拿出了一份公司自己在一年多以前采用公文形式公开发布的《内部控制实施指导手册》给我们，而且告诉我们，这次的工作一定要在这一框架之下来完成，因为这个实施指导手册颁布时间也不长，董事长钦定的，而且已经大范围宣传了，只是之后发现自己做不了，所以才请咨询机构来协助的，所以原则上还不能超越这个实施指导手册。这就是内控咨询顾问所要解决的第二个困扰问题——变革的程度问题。通过反复沟通，最后该项目的实施思路是用旧瓶装新酒，在不改变原有的规定前提下，做进一步的丰富细化工作，进一步完善公司的内控实施指导手册，并同时健全其他机制，以使该体系更为完备。实际上这就是取了一个折中方案，因为可能有一些内容站在我们的角度做一些改变更好，但客户还是建议放在今后再去修订，这就是内控咨询顾问的无奈，不得不接受的现实。

如果客户能够给定一个明确的要求，那这是最好的，但这样的客户现实中却是非常有限，更多的时候，究竟变革到何种程度，需要内控咨询顾问自己去把握，这种把握可能来自高层的访谈、对企业文化和管理氛围的判断等。无论是何种形式，内控咨询顾问在实施一个项目之前，不管是否写在纸面上去，实际上内心都必须给出一条红线，哪些能够触及，哪些不能够逾越，这并不是说需要对客户做太多的“迁就”或“妥协”，而是为了把内控更好地实现落地。内控指引颁布很长时间了，但为什么不同单位实施的效果却是千差万别的，这其中的关键也就是接受程度不同，一方面需要提高认识与接受程度，但另一方面也是更重要的是需要有一个开始，否则都是空谈。内控咨询顾问在提供服务过程中，不是去跟客户讲理论的，而是需要落地的，这既是无奈之举，也是明智之举。

第三个问题是：一般岗位对待变革的不适应或者说普遍性抵触情绪。变革意味着改变，改变意味着不自在、意味着新的流程、新的工作要求、新的工作任务，对于大部分岗位来讲，这都是一种挑战而非享受，因此对待内控有一些抵触情绪就是非常正常的了，明白了这一层，内控咨询顾问就可以更从容地面对企业的现实了。内控体系建设过程中，对原有业务做出的调整幅度与员工的抵触情绪之间是存在着正相关关系的，因此为了顺利推进项目的实施，就必须权衡一般员工能够接受的程度，并且保证这种抵触情绪不至于让辛辛苦苦建设起来的内控体系最终躺在书柜之中。当然，解决这一问题，一方面还是需要进行更多的宣传、领导推动，另一方面才是权衡改变的程度。

四、从上至下内控规范中的阻力

内控这一套管理体系在中国是典型的从上至下推动的，首先是国家监管机构出台了相关的部门规章，提出了要求，给出了相应的业务规范，然后企业才开始实施的，而不是企业已经实施之后通过总结上升为国家规范的。从上至下的过程，有其优势，不过今天此处只谈这种方式给企业内控实施的阻力因素，这种阻力因素按层次可以总结为三个层次：第一个层次是企业层面，对于大部分企业而言，在国务院国资委和财政部联合五部委发布相应的规范前，对内控的了解是非常稀少的。现在突然出了这样的一项政策，大部分企业容易先入为主地认为这是国家给企业增加的负担，就必然产生一定的抵触情绪。同时由于一套内控体系的建设又的确会带来一些成本的增加，使得这种观点进一步被强化。因此内控落地的第一层阻力实际上来自企业层面，也就是企业的管理层面。从事实上来看，2008 年发布了基本规范要求从 2009 年开始实行，但最后又不得在 2012 年再次出了一份上市公司分类分批实施内控规范的通知，换句话也就是说实际上基本规范发布后实施的单位并不多，这也与笔者自己的感受是一样的，直到分类分批实施要求出台后，上市公司才开始大规模的内控体系建设和评价。第二个层次是从领导到员工，从总部到二级单位、三级单位的推行阻力。基于同样的道理，下级单位或者说部门员工在接受内控的过程中，更多的时候也是来自于上级单位、来自于上级领导的要求，就如同前文所述的那样，存在一些抵触情绪就是很自然的事情了。这就是为什么我们会看到很多的大型企业几乎都是总部开始推行，然后逐步覆盖属下单位这样的实施步骤了。第三个层次是内控咨询机构在项目实施过程中的阻力了，对于从上往下推动的内控体系建设而言，很多人会认为内控是来“戴笼子”的，是来束缚手脚的，基于这样的认识，内控实施又怎么不会有阻力呢？所以很多项目实施前要组织正式的培训，要做一些基础性的沟通。惯常而言都会对内控牵头部门的岗位说：“等内控体系做完了，您肯定也升职了，因为没有哪一个岗位由您对企业的各个环节如此了解了。”这既是大实话，也是从内控咨询顾问的角度推动企业内控建设的方法。

对于这样一些阻力，内控咨询顾问能够做的可能仅仅局限于培训和解释工作，而培训和解释的重点又在于内控能够为企业和一般岗位带来什么？例如，对于国有企业而言，我们可以说内控也是防范廉政风险的有效手段之一，通过业务流程化、控制透明化，从而减少舞弊风险。当然具体该如何解释，这就只能根据不同企业的现实情况发挥了。

五、小企业如何完善内控

构建内控体系的确会带来一定的成本，这对于小企业而言更是如此，也因此很多企业以此为理由认为自己与内控无关，不过这就可能有点过了。

首先还是从理论角度来说说。实施内控对成本的增加实际上理论研究者也是承认的，对此，COSO委员会在2006年还专门针对小型企业发布了《较小型公众公司财务报告内部控制指南》（以下简称《指南》），就较小型公众公司如何按照成本效率原则使用《内部控制——综合框架》设计和执行财务报告内部控制提供指导，包括较小型公众公司在财务报告内部控制方面的主要观点以及解释性工具。不过这一《指南》并非是对《内部控制——综合框架》的取代抑或修改，而是就如何应用提供了指导。在中国，2016年4月，财政部也正式发布了《小型企业内部控制规范》的征求意见稿，并拟于2017年开始实施，该规范将中小板和创业板上市公司纳入了强制实施范围，同时也将非上市中小企业纳入其范围，从而实现所有企业内控规范的全覆盖。因此，小企业是可以而且应该完善内控体系的，这一点本身是毫无疑问的。

实际上对内控咨询顾问来说，更让人感到困难的是如何权衡内控实施成本和内控规范要求，以便中小企业能够在它们所能承担的成本范围内尽可能地完善内控体系。以目前火热的新三板挂牌为例，一家拟挂牌新三板的中小型企业可能也有内控体系建设的需求，但是对于一个完成整个挂牌过程可能只需要付出150万元的企业来说，甚至这150万元还可以通过各种补贴实现弥补，需要拿出像一家主板上市公司那样的成本来聘请咨询机构开展内控建设，实在是有些难为情。那么现实中又该如何来实现中小企业的内控咨询服务呢？在看到财政部发布的《小型企业内部控制规范》（征求意见稿）后，笔者也更坚信自己的感觉，那就是中小企业实施内控规范绝对是在坚持内控基本框架与原则下的有限变通。

从《小型企业内部控制规范》（征求意见稿）来看，实际上从体系的完整性角度来说，其与2008年的《企业内部控制基本规范》是一致的，小型企业内控规范依然坚持了原内控规范所定义的内控核心框架，从内控目标、核心原则、五大内控要素以及每个要素的核心要义来说都是一致的。在这一基本框架下却又同时做了一些灵活性的变通，这种变通主要体现在如下几个方面：第一，从规范的章节安排来看，没有如原规范严格按照内控五要素那样来安排章节，而是从内控建设与监督运行这条主线来安排，这样的安排实际上更贴合目前内控规范实施的路径，同时也体现了针对中小企业更多的任务可能是“建设”，也就意味着是一种从无到有的意味可能更为浓厚一些。第二，内控实施范围可以压缩。这种范围的压缩可以从内控目标的实现上看强调不需要同步实现所有的内控目标，而是可以根据自身需求分阶段目标实现；从规范的内容上来说，不要求所有内控主题一步到位建设一套覆盖完整的内控体系，而是可以选择性地挑选一部分重点业务先行建设；从风险评估的对象来说，可以针对性地选择评估对象开展风险评估，评估对象可以是整个组织或某个职能，也可以是某个业务领域、某个产品或某个具体事项。这些范围的缩减实际上直接降低了中小企业实施内控的成本。第三，内控规范内容更为细化。相比较于 2008 年的基本规范，操作性更强也是本次发布的规范的一大特点，如风险评估中需要关注的重要风险，控制活动中重要的对象和环节，控制活动设计的具体要求等都采用了列举的表达方式，将一些共性的内容直接写进了基本规范，这就大大提高了可操作性。第四，监督与持续运行更为关键。从章节篇幅上看，中小企业的内控规范也给予了监督和持续运行更多的关注，分别用了两个章节来阐述监督和持续运行的保障机制，尤其是有关持续运行部分的内容，在原规范中实际上是相对较少的。从笔者自己的经验来说，这一部分绝对是来自于内控体系建设的经验总结，很多单位的内控体系建设完成后成了摆设而没有最终落地实施，很重要的原因就是缺乏了保障机制。第五，更加侧重实质性而非形式上的控制。从通篇来看，中小企业内控规范最明显的特征是弱化了形式上对体系完整性的要求，而更加侧重于一些关键要点的把握，也就是更加侧重于一些实质性的内容了。如虽然不要求一次性符合内控的所有目标，但是要求必须分阶段规划建设，规定了控制措施设计的具体要求，这样一些规定应该说更接地气了，也更能体现一些“控制”要求了。最后总结一句，那就是在坚持内控原则与框架下选择性的接受应该是当前中小企业内控体系建设与运行实施的基本路径。

第二节 知识与技能

内控咨询顾问的工作意义在于实现内控思想及其原则在企业的实施落

地，从而帮助企业利用内控这一管理方法实现促进企业持续稳定发展的根本目的。内控咨询顾问的这一工作决定其特殊的角色，其既不是纯粹的理论研究者，也不是现实的企业管理者，但却要在二者之间发挥桥梁的作用，这就对内控咨询顾问自身提出了一定的要求。本节根据笔者自身的情况说一说感受，当然这仅仅是个人感受而已，不一定合理。

一、3 + N 型知识结构

这个世界上最浩瀚的莫过于知识的海洋，每个平常人所能了解和掌握的永远都是沧海一粟，更何况我们正处在一个知识爆炸的年代。作为一名需要给企业解决现实问题的内控咨询顾问，而不是一名单纯的学术专业研究人员，知识面自然是越宽越好，不过这在大部分情况下只能是一种美好的希望，终究还是要回到现实中来。如果一定要总结出具备哪些知识适合做内控咨询，那么笔者总结一下自己身边的同事教育背景后将这种知识结构归纳为：3 + N。

1. 说说这个"3"，这里指的是三个学科专业，即经济学专业、管理学专业和财务会计专业，自己的同事大部分都是这几个专业出身，按照存在即为合理的说法，那么从另外一个侧面也可以说这三个专业可能是相对适合做内控咨询顾问的。不过需要注意的，这里提到的三个专业并不是孤立的，而是应该集于一身，即同时具备这三个专业学科的知识储备，这是成为一名内控咨询顾问的基础。那么为什么会是这三个专业呢？总结来看，首先说说管理学。内控这一套体系终究而言是一种管理体系，是一套结构化的管理方法，因此从大的学科去划分的话，那么就可以直接划入该学科。从内控体系中所提示的一些基础性管理方法来说，基本上都可以在管理学的教材上找到出处，因此管理学作为内控咨询顾问的知识储备基础之一是最容易理解的。其次说说经济学，这可能一方面是因为自己是经济学出身，但更重要的可能还是经济学本身的特点。如果说管理学讲的是招式的话，那么经济学讲的就是内功，这是自己的理解。也许经济学可能不像管理学那样普遍地可以直接应用于企业日常管理过程中，但是经济学揭示的是更深层次的经济原理，而比这些原理可以直接解释一些经济现象更为重要的是，经济学提供了一套在商科中相对严谨的逻辑思维方式，通过假设、逻辑分析、得出结论并通过实证检验，这样的一个解决问题的思路对内控咨询顾问来说可能是至关重要的。之所以如此说，是因为作为一名内控咨询顾问，我们的服务对象是企业，而不是学生，那么更多的时候我们不是传授知识，而是解决问题，而在这一过程中很多时候就不能简单地直接告诉企业1或者2，而是还要告诉这背后的逻辑与原因。只有把内控体系的框架、要素乃至每一项原则背后的基本逻辑解释清楚了，客户才会认可内控咨询顾问所提出的一些改进建议。而要能够做出这样一些合理解释，就不能再仅仅停留在管理学上了，而是需要探讨更深层次的原因，这是内控咨询顾问的基本工作方式所决定的。当然可能不止经济学会有这样逻辑的锻炼，比如数学可能逻辑性更强，但是经济学本身相比较于数学又有着天然的优势，那就是经济学与管理学的联系更为紧密，都属于商科范畴，这就决定了二者之间必定会有一些共同的交流语言，而数学可能就相对困难了。最后说说财务会计。从两个维度可以说明这一专业知识储备对内控咨询顾问的重要性，一是财务会计是商科的基本语言，就如同我们语言至少学英语一样，这是世界语言，那么在商科范畴内，会计就是“世界语言”，不懂会计就没办法很好地交流。用内控的发展历程来说，内控这一思想最先也是在财务会计领域得到运用的，因此财务会计专业自然是作为一名内控咨询顾问所必须掌握的语言。二是就目前的实际情况来看，无论是美国的SOX法案，还是中国目前证监会和交易所的规范要求，都将财务报告相关的内部控制作为了监管的重点。因此这也就决定了内控咨询顾问的现实工作必须能够胜任解决这一最基础的客户需求的能力。综上，总结认为要成为一名合格的内控咨询顾问至少应该同时具备这三个学科专业的背景，当然不一定说要成为一名内控咨询顾问就必须拿到三个专业的学位，而更多的可能还是自己的知识储备，而这都可以通过自我学习实现，而不在于是否有个学位证书。

2. 说说这个“N”，这里指的是除了上述三个专业以外的其他学科专业背景，这是成为一名优秀内控咨询顾问的先天条件。经济学、管理学和财务会计相关基础知识的掌握，这只是一张内控咨询顾问的门票，但是要在这一行业做得优秀，那么仅仅只有一张门票还是不够的，还需要建立自己的品牌，而这种品牌就必须建立在基础知识之上，还需要在某些方面胜人一筹。内控咨询顾问所面临的客户来自众多的行业，有着不等的规模，运行着不同的管理模式和手段，因此这也就注定了没有哪两个企业的内控体系可以完全一样。而要设计一套有特点的内控体系，就必须在基础之上有创新，比如融入更多的这个行业的先进管理方法，比如针对特定行业或产品运用其独特的管理方式，而这些就必须借助于“N”来事项，比如一名化工专业出身的内控咨询顾问，那么可能对于化工企业的生产工艺理解和风险点把握就可能比一名经济学专业出身的内控咨询顾问把握得更准确。这个N的积累，一方面可能通过系统的专业学习实现，另一方面也是更重要的可能需要通过项目历练和自我学习实现，毕竟这个世界个性化的东西实在是太多，没有一个人能具备所有这些方面的专业背景。

二、三大基本技能

了解和掌握一定的知识还不足以成为一名合格的内控咨询顾问，其还需要具备一定的工作基本技能。结合现实的工作来说，口头表达能力、书面表达能力和总结汇报能力可能是一名内控咨询顾问所需要具备的。

如果按照工作时间来说，可能内控咨询顾问的大部分时间都是在跟客户沟通，这种沟通包括对企业现实情况进行了解所做的访谈沟通，与客户就咨询服务的单位、内容等方面的沟通，与客户就服务成果的沟通等等，总之内控咨询的很大一部分工作需要靠“嘴”去完成，因此一定的口头表达能力就是一名内控咨询顾问所应当掌握的基本技能。笔者自己并不是一名十分擅长沟通的内控咨询顾问，但是总结这几年的工作经历后认为做好口头沟通实际上可以从两个方面提高：一是沟通的态度，二是沟通的技巧。所谓沟通的态度就是要让客户看到自己的诚意和解决问题的态度，这种态度的表达一方面可以直接表达给客户，另一方面自己所提出的所有问题也应该都能表达自己的诚意，而最关键的还是莫过于这种诚意是需要发自内心的。如果仅仅是抱着完成一项工作任务，履行一项必经的咨询程序去完成沟通，自然是实现不了这里所说的沟通应有的态度的。与此同时，沟通的技巧也同样重要，比如内控咨询工作前期很重要的一项工作就是访谈，访谈的主要目的是要辨识风险点，但是如果一开始提问就紧紧围绕“风险”二字展开，那么可能这个访谈就很难开展下去了，因为至少在目前普遍性接受的观点中，风险还是越少越好，而如果一场访谈从头到尾都在问自己的访谈对象有何风险，估计效果不会太好，但如果转而去聊业务流程，可能被访谈人更愿意去介绍他每天所做的工作，内控咨询顾问也能够更好地去辨识这些业务环节中可能存在的风险点。

内控咨询顾问所提交的工作成果基本上还是需要通过书面方式表达出来的，这包括一些方案、一些管理提升建议，乃至一本内控手册，最终看得见摸得着的可能都还需要用“笔”来完成。而作为内控咨询工作成果这一特定性质的书面材料，笔者个人认为重点在于“逻辑严谨、简洁明了”。咨询成果不是小说散文，其有着特定的目的、特定的阅读对象以及特定的背景，最核心的在于内控咨询成果是要帮助企业解决某一个定问题的，而要解决问题就必须保持严谨的逻辑，能够自圆其说，思路清晰，能够给客户一个整体印象，同时又能够有血有肉。同时作为解决问题的工作方案或成果，也必须满足简洁明了的要求，只要能够说明问题，那么文字自然是越少越好，因为现在大家的时间都很宝贵。

总结汇报能力也是内控咨询顾问所必须掌握的基本技能之一，这是内控咨询顾问的特定角色所决定的，我们提出管理建议，但不是这些管理建议将来直接的执行者，因此这其中就有一个转换的过程，实现这一转换就要通过总结汇报来实现。总结汇报是集书面、演讲能力于一体的，不仅要能够制作一份外观美观、内容丰富的汇报材料，还要能够充分将内控咨询顾问的所思所想在特定的时间段内有效地展示给自己的客户，因为所作的大量工作能否为客户所接受，可能很大程度上也就是这几分钟的汇报了。

第九章

内控发展的一般见解

章节导读

内控发展到今天可以说依然处于初级阶段，目前大部分企业的内控体系还很难说完善和有效了，因此可以预见的是未来内控仍然将在理论和实践层面继续发展，甚至可能会有质的改变，内控对于促进企业持续发展所能发挥的作用也将进一步明显，内控也将被越来越多的企业所接受。总结笔者自己的内控咨询服务经验，可能只是一些自己的浅见，在此分享给读者。

第一节　专业化内控更具有生命力

内控这一事物在中国企业中的普及算算实际上已经走过十个年头，已经实现了“从无到有”的过程，那么获得更大发展的基础就是其必须具备自主的生命力，这样就可以让其在即便没有外部推动力的情况下，也能获得持续的发展，也只有这个时候的内控才能算是真正被企业所真心接受的内控。

一、内控发展遇到天花板了吗?

自己从事内控咨询服务的时间段，正是内控体系在中国大部分企业普及的时间，也是外部推动力最强的时期，但从监管机构颁发文件的速度，以及国家进一步强调政府职能转变，更多地还权于市场的基本立场来看，近年来，实际上监管机构对企业内控的要求是有所降低的，监管机构更希望内控提升能够成为企业的一种自觉行为，而不仅仅是满足监管要求。由此也出现了一些认为内控是否已经走到尽头的讨论？仔细思考这些问题之后，就会发现其实说内控发展已经遇到天花板的观点是站不住脚的。

第一种观点："监管机构都放松要求了，就没有必要完善内控了。"这种观点主要来自于主板上市公司或者国有企业，因为这部分企业的内控体系几乎都是在外部推动力的要求下被动完成系统性建设的，政策导向对企业的行为有着直接的影响。对于这种观点至少有两点是需要澄清的：第一是所谓的监管机构要求放松了，可能本身就是一个伪命题。从 2015 年拟上市公司 IPO 过程中反馈问题的类型统计来看，有超过 40% 的反馈问题是涉及内控的，这能说监管角度放松了吗？从近年来证监会及其各地监管局的查处来看，力度是有明显加强的，而只要是被查处的问题，仔细去看看又有几个是跟内控完全无关的呢？那么为什么会认为监管要求放松了呢？主要原因是很多企业感觉这两年监管机构直接的规范要求文件少了，其实这并不能代表监管要求放松了，而只能说内控监管可能已经从初期的制度建立阶段转向常态化监管了，因为现在的内控规范体系已经相对完备了，同时也是政府职能角色转变的效果，即可能更多的不再是事前对企业行为进行干扰，而是事后的监管。第二是企业建设内控体系的根本目的本就不应该是满足监管要求这一点，如果满足监管要求是唯一的目的，那么这样的企业本身就很难建立一套有效的内控体系。从 2013 年以来，笔者自己所服务的企业其实很多已经没有强制要求了，但这些企业之所以还选择聘请咨询机构完善内控体系，总结起来有一个比较明显共同特点，那就是很多企业都有着内控不完善导致巨额损失的血的教训，痛定思痛决定完善内控体系。因此，也可以说内控体系本身是否完善，应该跟监管机构没有必然的联系，无论外部监管如何，作为企业自身来讲，本身都是有完善内控体系的内在需求的。

第二种观点："内控体系都已经完成建设，内控手册也出了，剩下的就是执行问题，所以谈不上发展了。”对于很多已经完成内控体系建设的单位来讲，这种观点也比较普遍。针对这种观点则有三点是需要说明的：第一，这种观点是站在一种相对静态的角度来看待内控的，但实际上不仅企业的外部环境每时每刻都在发生变化，企业内部的资源条件可能也在发生着变化，所以以某一个特定时点为基础完成的内控体系建设是不可能永远适用于企业未来发展需要的，内控体系本身就需要跟随这种内外部环境的变化而做出相应的调整。第二，从内控自身的发展历程来说，其也经历了相互牵制、会计控制、内控框架等发展阶段，其体系本身也在不断地完善，因此，也很难说目前的内控框架就是最好的了，未来可能有更好的。未来的这种发展趋势在本章的剩余小节也会表达笔者本人的观点。第三，前文已经说明内控体系本身充其量只是提供了一个“书架”，而至于在这个书架上放哪些“书本”实际上是一个企业的自主选择问题。即便内控框架短期内不变，即便企业的主要业务活动没有发生变化，但也不排除企业可以探索更合理的管理方式来实现效率提升，而管理的变革无时无刻都在发生着，而且作为一个发展中的企业只能是选择去学习和消化吸收，而不是因循守旧。

第三种观点：“中石油集团这样的事实证明，即便建立了完善内控体系的企业也避免不了出问题，内控还有何完善的意义呢？”对于部分中小企业，或者还不理解内控的企业而言，这种观点就比较有代表性了。针对这种观点，这里想说明两点：第一，必须理解内控不是万能的，无论是哪个咨询公司，或者是文献资料上都不会说内控是万能的，其反而强调的是内控是存在局限性的，只能为内控目标的实现提供合理而非绝对的保证。而之所以如此，最典型的事例就是管理层凌驾，如果管理层完全凌驾于内控体系之上，那么内控是发挥不了作用的。而最根本的原因则在于内控终究是一种企业的管理行为，而管理行为终究还是受人的因素影响，所以说一切问题终究都是人的问题，不得不承认这一点。第二，但凡接触过中石油集团的人可能会知道这家企业有多复杂，业务的涉及面有多宽广，主体企业数量和层级有多繁杂，是绝大多数企业很难想像的。但就是这样一个巨无霸型的企业，通过内控体系的建设，可以说基本实现了所有业务的流程化和标准化，从反面来说，如果没有将这些业务活动流程化和标准化，那么可能正常运转都是问题，这其中内控所发挥出来的效益可能并没能量化出来，但作为曾经为其服务过的一名咨询顾问，笔者能深刻体会内控对其的价值创造。这也是为什么中石油从集团到属下企业，都投入了大量的人力和物力在维护这一体系的原因。

二、系统型内控向专业型内控转变

那么即便说内控还有进一步发展的可能，其又该如何发展呢？笔者个人倒是认为专业型内控可能更有生命力。何为专业型内控呢？专业型内控是相对于系统型内控而言的，而所谓系统型内控则是目前大部分企业建立的具有明显“大而全”特征的内控体系，通常按照内控基本规范的要求构建了完整的内控要素，覆盖了企业所有的业务活动，而专业型内控则摒弃“大而全”特征，专注于某一特定业务领域或者管理职能方面，比如针对企业财务活动的内控建设，或者可以更细致地为针对资金管理活动的内控建设，或者是针对企业某一个业务领域的控制活动，这个业务领域可能是以产品为划分的，可能是以地域为划分的等等。总结起来就是专业型内控的范围相对于系统型内控而言更窄。但是，专业型内控的深度更深，所谓深度更深则是指专业型内控相较于系统型内控而言，其所关注的流程更为细化，管理要求更为细化，更加倾向于实现从管理控制向操作控制的转变。因此，总结起来就是，专业型内控相比较于系统型内控而言，范围更窄、内容更深。

那么为什么会有这样的判断呢，一方面是来自客户的要求，现在一部分客户已经不要求做一个大而全的内控体系了，而更希望就某一方面更深入一些；另一方面从内控的发展来看，这可能本身也就是一种发展趋势，有其必然性。

1. 这是满足更多企业内部管理的需要。前文已经说过，任何一套内控体系都是站在特定立场而制定的，而目前大部分企业的内控体系实际上是站在一个企业的中层管理人员的立场来建设的，而普通管理岗位或者一线操作人员的工作内容在内控手册中所能找到的地方是相当有限的，这也是为什么很多企业虽然感觉内控手册已经很厚了，但是仍然感觉内容不够完整，而只是摘取了一些关键点才写进内控手册的原因。但是一个企业完整的管理行为，却不仅仅局限于中层管理人员，虽然说中层管理人员可能承担了大部分企业内部风险的防控责任，但是也不可能代表全部，基础性管理岗位和一线操作岗位实际上也有自身的风险，只是这些风险点发生的可能性和影响程度尚不足以引起中层管理人员的关注，因此没有纳入现有内控手册中，但这不代表没有这种需求，而如果也要满足这种需求，就必须将内控的关注点下移，而一旦下移就意味着内容成几何级数地增加，这个时候如果还要满足大而全，那么内控手册将没人能够“搬得动”，因此只能是缩小范围，这是满足深度的最直接的方式。

2. 是进一步提高内控手册可操作性的需要。由于现有内控体系的定位，因此其更多地强调的是对风险的分担方式，体现为一些内部基础的管理要求，但这些管理要求可能在中层角度来说已经具备一定的操作性了，因为中层管理人员已经理解其管控的目标和要点，但问题是中层管理人员在将这一要求和目的传递到基层岗位人员的时候，基层岗位可能会发现对于如何实现这些要求和目标尚无约定的流程或方式，而由于这种缺失导致基层岗位在完成上级领导要求时有了一些自主的选择性，这种选择性如果选对了，可能上级领导会满意，但如果选错了，则可能轻则受到批评，重则影响饭碗去留问题，基于此，更多的岗位不会去主动选择，而是选择抱怨，理由是内控手册的操作性不强，而中层管理人员回过头去看内控手册中可能的确没有过于详细的表达，因此也就慢慢认同了基层岗位的意见，由此内控操作性不强这一观点就在企业内部达成了共识。而实际上这其中的关键是他们并没有理解内控的特定立场问题。那么如何解决这一问题呢？那就只能是将基层岗位的内控要求也进行细化了，不仅强调从中层管理人员的角度需要防控风险，而且将如何防范这种风险进一步细化为基层岗位的操作流程和控制要求，而不是中层管理人员所理解的流程和控制要求，实现这一点，就要求内控更为深入，进一步深入到基层岗位操作层面的流程中去。而一旦实现这一点，那么内控缺乏可操作性的问题就迎刃而解了。

3. 也可说是丰富内控体系内涵的需要。内控体系本身并没有说是站在企业中层管理人员立场的，只是在落地到企业的时候，总是避免不了为特定管理层面服务而导致了内控的特定立场。那么也就可以进一步说，内控这一体系可以服务于中层管理人员，自然也可以服务于任何一个层级的岗位，这在前文已经有过分析了，这也就是说内控本身也是可以服务于高层岗位和基层岗位的，只是侧重点不同而已。传统系统型内控在建设过程中更多地代表了对企业内部风险影响最为重大的管理人员，即中层管理人员，但不代表内控只能为这一层级服务。而一旦开始专业型内控建设，如果能够在所有的“专业”方面都完成这种专业型内控的建设，那么实际上是拓展了其覆盖面的，即从更多地服务于中层管理人员，拓展到了服务更多的管理层级，甚至实现对所有岗位的全覆盖。那么这个时候，可能不仅实现了对一个企业而言相对重要风险的控制，可能也实现了对所有岗位相对重要风险的控制，正是从这个角度，也可以说专业型内控丰富了内控体系的内涵，通过这种工作实现了内控的多层级管理，是真正意义上的“全覆盖”。

那么是否所有企业都必然经历从系统型内控到专业型内控的过渡呢？从财政部颁布的小企业内控规范来看也并不如此，对于小企而言，可以分阶段地从某几个专业领域入手开始内控建设，进而逐步完善。那么，是否意味着有了专业型内控，就可以摒弃系统型内控了呢？答案也是否定的，前文已经分析过了，系统型内控和专业型内控之所以会有区分，是因为其定位不同、服务群体不同，那么自然二者之间也就不能是简单的替换关系了，而更应该是一种上下联动、互为补充的关系，系统型内控承担起体系的完整性以及整个企业角度的风险防控重点，而专业型内控是对这种要求的进一步细化和落实，并进而防范更为末级流程中的风险因素，从而实现防范风险因素的扩展，最终实现风险控制的“全覆盖”。

第二节　价值内控的含义

所谓价值内控，也有人称之为管理内控，目前为止也没有一个相对权威的定义，基本含义可以概括为它是基于对内控实施后所能实现的效果而言的，即更能够满足企业提升内部管理水平，提高经营的效率和效果，并进而对企业发展战略实现更有助益的内控体系。无论是从内控的本义出发，还是内控自身的生命力来说，这都将是未来发展的必然方向，内控体系必须能够为企业创造实实在在的价值，如此这一方法体系才会获得长久的发展。

一、合规内控与价值内控

价值内控这一概念，算是中国企业对内控理论的一种发展了，而之所以有这种发展也是因为有着独特的中国背景。这种背景就是，大部分开展过系统性内控体系建设的企业基本上还是为了满足外部监管要求而做出的被动行为，这种监管要求可能来自证监会、交易所等上市公司监管机构，也可能是来自国资委这样的监管机构要求。监管机构为了指导企业开展内控体系建设，先后出台了一系列的指导文件，这其中最具代表性的就是财政部联合五部委发布的《企业内部控制基本规范》及其配套指引，这些文件对企业内控体系建设的框架、主要内容实际上已经有了一些框框规定，很多被监管企业在内控体系建设初期，基本上就是围绕着这些指导文件展开的，当时有一个很流行的说法叫做“内控对标分析”，指的就是将企业的业务实际与内控指导文件中的要求去逐条对比分析，找出差异，并根据指导文件的要求调整企业的管理方式，从而达到形式上符合指导文件要求的目的。而通过这种方式建立起来的内控体系，则有了一个共同的名字叫做“合规内控”。

合规内控，有着其天然的缺陷。这种缺陷最核心的表现就在于监管机构所发布的内控指导文件，虽然说涉及的业务主题已经不少了，覆盖了很多企业的大部分业务，但是一方面无论如何，这些指导文件都无法覆盖一个企业完整的所有业务活动，最典型的就是对于制造业企业而言，内控配套指引中就没有“生产管理”这样的主题，同时整个指引也是以制造业企业为蓝本设计的，而对于一些非制造业的企业而言，很多业务都无法找到相应的指导文件；另一方面是这些指导文件是对众多企业实践的一种高度概括和总结，是放之四海而皆准的一些最为核心的管理原则和方法，而企业的实际管理行为比这些指导文件要复杂得多，仅仅在一些关键点满足了这些配套文件，也不一定就能够真的防范所有风险。同时对于企业来说，指导文件充其量只是挑选了一些比较有代表性的控制点进行了提示，相对于企业的所有业务活动而言，其所规范的范围是相当有限的，因此，这样的内控体系对企业的价值也是比较有限的，可以说基本上是满足一个合规检查的意义，而对于实际业务活动并无太大意义。从这个角度来说，单纯的合规内控是背离内控这一方法体系初衷的，是与最基本的内控目标相背离的。

也正是认识到了合规内控的这种先天性缺陷和不足，才有了价值内控这一概念，即企业希望辛辛苦苦建立起来的内控体系不仅仅是一个“花架子”，而是希望更能解决一些实际问题，能够切实提高企业的管理水平。以此也可以看出价值内控与合规内控的最典型区别所在，价值内控更多地时候体现的是企业的内在需求，而合规内控更多地体现为外部需求。不过此处需要强调的是，虽然合规内控有其局限性，但也不代表拥抱了价值内控，就需要完全摒弃合规内控，正确的心态可能是“内外兼修，内需为主”。这是因为，细读这些指导文件可以发现其指导意义还是很强的，每一条都是编写人精雕细琢的成果，仔细领会这些内容对企业的管理确实是有指导意义的，企业有必要去领会这些管理思想并进而建立起真正体现内控本义的内控体系。同时，合规内控和价值内控本身也并不是矛盾的，并不是非此即彼的关系，而是完全可以融合的，建立一套既满足外部监管要求，同时又能体现内部管理需要的内控体系才算功德圆满。

二、价值内控的内在本质

既然价值内控是企业的真实内在需求表达，又该如何去满足这种需求呢？价值内控又有哪些共性的内在本质呢？这是笔者作为一名内控咨询顾问经常思考的问题，至今也没有一个比较全面的答案，此处先分享两个方面。

第一个方面是：价值内控是融合现代管理思想的内控体系。回到前文中所提及的，目前的内控框架更多的意义在于提供了一个形成企业闭环控制的整体框架，但在这个框架之中实际上是可以融合其他的管理思想和方法进去的，而要实现所谓的价值内控，即通过内部管理实现效率和效果的改善，那么这种融合就从可能变成必须了。管理能够出效益，这一点几乎在所有企业实际上已经达成了共识，那么通过将一些现代管理理念融合到内控体系之中这首先就会直接带来管理效益。但与此相关联的一个问题是，既然还是需要引进其他的管理方法，那么为什么不直接引进呢，而还要在内控框架之下来引进呢？这里就可以体现出内控框架的优越性了，那就是内控框架本身提供了一个闭环管理体系，企业在选择引进哪些先进管理方法的时候，按照这套体系去筛选，就可以构建一套体系完备、覆盖完整的内部管理体系，就可以避免单纯的某一种管理方式的局限性，如质量管理体系仅限于质量控制，作业成本法仅限于提高成本的准确性，而内控是目前为止涉及面最广的管理体系，在此体系之下选择引进的管理方法，就可以避免重复，并且相得益彰。内控体系给出了一些内控原则，在这些原则的指引下对引进的管理体系进行“统一部署”，更能实现有效的风险防控，因为可以说风险是企业内部资源配置的基本导向或者方式，如果引进的这些管理方法已经能够实现企业内部风险的防控，那么促进企业提升管理的目的也就在无形中实现了。

第二个方面是：价值内控是在内控原则下的企业管理创新。价值内控要体现其为提高管理效益的价值，除了引进其他的管理方法之外，还有更重要的是企业可以在内控这一框架体系之下实现企业管理创新。无论行业有多么相近、业务模式多么雷同，任何两个企业实际上都不可能完全相同，甚至说任何两个企业的差别都是非常明显的，那么这也就注定了一个要实现长远发展的企业就不可能永远靠跟别人学习来实现自己的发展，而是必须要有自己的管理方法论，看看现如今成功的企业，无不都是如此。作为能够改善效益的价值内控体系，就必须是融合了企业的这种自主创新之后的内控体系，因为只有当内控的这些原则与企业的现实管理实现了内在的融合，并最终以企业管理创新的形式体现出来的时候，那么内控体系才能够真正实现改善企业经营效率和效果的目标，也才能称得上是真正意义上的价值内控。

第三节　量化内控实施效果

长久以来，内控实施效果不明显是内控推广实施过程中最为饱受诟病的地方，内控变成了一个只有投入、没有产出的管理体系，这也在很大程度上影响了企业推广内控体系建设的动力。由此，很多客户提出应该量化内控实施效果，从而实现对内控体系有效性水平的动态管理，笔者个人也认同这样一种观点。

一、内控体系有效性再认识

现有的内控体系框架之下，如果一个企业内控体系在设计层面和执行层面均为有效，那么就会判定这个企业的内控整体有效，而至于如何为设计层面和执行层面有效呢？最直接的依据就是没有出现重大缺陷和重要缺陷。而至于重大缺陷和重要缺陷，一方面目前本身主要还是依靠定性来判断为主，另一方面重大缺陷和重要缺陷的标准更多的时候也是由企业自身来认定的。由此一来，在现有的内控框架体系中，对于内控体系的真实有效性就更多地体现为一种定性判断了。同时，对于内控有效性的结论，目前也只会有两种，一种是内控有效，另一种是存在重大缺陷。显然目前这样一种对内控有效性结论的“简单粗暴”对待方式，已经不能满足当前需要了。

2011 年到 2012 年间，笔者所在的公司实际上已经开始做了一些这方面的尝试，当时的主要工作是与当地证监局合作，研究推出了一套上市公司内控评分标准体系，这套体系的基本内容分为内控基础部分和内控质量部分两个主体部分，通过分别在这两部分设置不同的指标，并通过量化指标评分从而最终实现对内控整体的有效性水平的定量评价。而在具体指标的设计与评分标准上，则主要是参考了内控规范及其配套指引，并从内控实施效果出发，从对一些关键风险的控制程度角度进行评分。通过这一套体系，可以对一家企业整体有效性水平进行评分评价，高分数的上市公司其内控体系的完善程度肯定高于低分数的上市公司，并且通过每年度的定期评价，就可以实现同一公司不同期间内控完善程度的比较，也就是内控提升程度。当时还设定了一个最低分数，即低于此分数的上市公司，算作是内控体系不合格的上市公司。虽然后来由于种种原因，该体系并未在辖区内得以完全推广，但至今笔者自己都认为这一工作还是有意义的。这种意义体现在：一是尝试了内控效果层面的定量研究，虽然这种研究依然停留在简单的评分基础上，但是依然实现了总体上的评分评价和动态的跟踪评价，这已经比相对单一的定性评价要好很多了；二是通过这次工作，也对何为有效的内控体系有了一个新的认识，那就是内控有效性应该不是简单的有效和无效这样一种区分，而应该是分层次的或者说是有不同成熟度的。

实际上，笔者认为可以就此做进一步的研究，那就是更多地从效果层面出发，去开发一套相对客观、具有一定普遍适用性的内控成熟度评价体系，通过这套评价体系，无论是开展过系统性内控体系建设的企业，还是尚未开始的企业，都可以通过这套评价体系了解自身的内控水平，并实现不同期间的比较，从而促进企业提升内控水平。

二、在流程环节量化内控效果

除了考虑在整体层面去量化内控实施效果以外，笔者的客户同时也为研究提供了另外一种思路，那就是如果在整体层面短期内难以找到一种能够普遍接受的量化方式的话，那么至少可以先从流程层面做一些尝试，而这种尝试可能相对而言要简单得多。

传统的内控评价项目过程中，我们依据外部规范和客户内部的内控政策，有的是内控手册来完成内控评价，只要没有发现重大缺陷和重要缺陷，就直接建议客户出具一份内控有效的报告，那么这个工作也就算是完成了，至多就是再指导企业就一些一般缺陷组织一些整改工作而已。但是在近几次的内控评价过程中，在与客户沟通过程中，客户除了需要知道最后的结论，这种结论通常是可以预期的，更希望能够了解内控实施的真实效果，为了达到这一目的，最后协商后决定采用样本合格率这一统计指标作为判别依据。所谓样本合格率，其实也就是现场抽样测试过程中，统计合格样本和抽查样本总量的比例。通过这样的一个比例，就可以在内控体系整体有效的基础上，依然可以对内控实施效果的真实程度做进一步的了解了，那就是样本合格率高的单位自然比样本合格率低的单位内控实施效果要好，合格率高的内控主题自然好过合格率低的内控主题，甚至可以比较不同部门、不同业务板块等。就这样一个简单的统计指标，就实现了一定程度的量化结果。

受此启发，那么实际上也就可以考虑在业务流程层面更多地量化内控实施效果了，这实际上也就是将上文中的样本合格率向前推进一个层级，即仅仅从样本的差错率提升到业务流程的效率层面。而之所以能够如此，其基础就在于内控处理的流程层面的业务大部分都是重复发生的日常业务，只要是重复发生的业务，那就基本上是可以量化效果的。后来在另外的几个项目中，也开始做了这样的尝试，那就是以内控主题为单元，在内控手册中直接列示了能够反映这一内控主题下内控实施效果的指标体系，而这些指标则是直接从具体的末级流程中提炼出来的，如销售业务这一内控主题，就设计了应收账款周转率、年度销售计划达成率、新签订销售合同变化率、销售退回次数变化率、临时及特殊授信次数变化率、销售合同、销售发票、发货单出现不一致的次数、客户满意率七个指标来反映内控的实施效果；财务报告主题则设计了会计档案装订及时率、账务处理差错次数、重新打开已关闭的会计期间发生次数、财务报告编制、提交及时率、开票错误率、罚金比率、税务登记或变更发生次数、税务减免金额变化率八个指标来反映内控的实施效果，而这些指标实际上已经基本上实现了量化。

当然这种局限于业务环节的内控效果量化，一方面指标设计可能不会完全的科学合理，另一方面也仅能反映该业务环节的内控实施情况，而无法从这些指标直接得出内控整体的有效水平，同时这些指标的统计计算在没有信息化之前可能也会带来一定的工作量。不过我们的这种尝试，还是得到了客户的充分认可，至少这是内控实施效果量化目前来看最接地气的方式。

第四节　内控3.0时代展望

内控在中国近十年的发展，有人将最初单纯为了满足外部监管要求的内控体系称之为内控1.0时代，即合规内控时代。后来随着价值内控的深入人心，因此也就自然有了内控2.0时代，即价值内控时代。那么同样也可以展望一下内控3.0时代了，这又该是一个什么样的内控时代呢？

个人将3.0时代的内控定义为创造型内控时代，即内控体系在与企业的业务活动深度融合之后，通过总结归纳各个企业的内控实践经验，从而创造性地形成独立的新的内控管理方法，这种方法不是1.0时代的外部灌输进来的方法，也不是2.0时代借鉴与引进其他管理方法的直接结论。3.0时代的内控具备这样的特征：一是这些新的管理方法具有原创性，是企业管理创新的产物，而不是简单的现有管理思想和方法的应用性产物；二是这些新的方法应该是众多企业内部管理创新的经验总结，具备一定的普遍适用性；三是这些管理方法被烙上了深深的内控特性的印记，从内容到形式都体现着内控的基本原则；四是这个阶段发展的最终成果应该是形成一套独有的内控管理方法论体系，从而实现内控从概念框架到内容的聚变。